JN026597

HRAM 数理人材育成協会 編

データサイエンティスト教程
応 用

学術図書出版社

本書のサポートサイト

https://www.gakujutsu.co.jp/text/isbn978-4-7806-0940-0/

本書のサポート情報や正誤情報を掲載します.

まえがき

　第4次産業革命が進行し，計測機器や計算機の発達に伴って得られた膨大なデータが，学術研究や経済活動の基盤となっている現代において，データサイエンスの活用による科学技術のブレークスルーと産業イノベーションの事例には，日々事欠くことがない．ICT革命，ビッグデータ，情報セキュリティ，IoT，AI，デジタルトランスフォーメーションと，矢継ぎ早に展開する技術革新に迅速かつ的確に対応できるデータサイエンティストや，高度の数理思考と情報リテラシーを有し，その利活用の最先端に立つデータ関連人材の育成が待望されている．

　社会人・学生のキャリア形成に資するべく，経済産業省は「第4次産業革命スキル習得講座認定制度」の実施要項を定めている．本書はその別表1-4「データサイエンス関連の知識・技術」[1]（以下，「経産省スキル項目」）に準拠し，数理人材育成協会（HRAM）が実施したリカレント講座「応用コース」による教育実践に基づいている．より正確には，同コースパイロット授業を担当した6名の講師による原案を，データサイエンティストおよびデータ関連人材育成の理念に沿って，HRAMが責任編集したものである．

　経産省スキル項目の要請に従い，本書のレベルは「ITスキル標準レベル4」相当であり，内容は，企画，データサイエンス，AI，マルチメディア，データエンジニアリング，情報理論，標準ソフトの基本動作にわたる．データサイエンスの教科書は，学部生向けを中心に，これまでに多種多様なものが出版されてきたが，社会人リカレント教育を対象の中心に置き，実務者育成を主眼として実践的な内容を扱ったものは，本書が嚆矢となる．

　本書には偏微分，重積分，行列を用いて説明しているところがいくつかある．これらの数学基礎は，大学初年次理工系学生が必ず学習するものであるが，大学においても文系学生に対しては必須のものではない．実際のと

---

[1] https://www.meti.go.jp/policy/economy/jinzai/reskillprograms/pdf/jisshiyoko.pdf

ころ，データサイエンスにおいて，数学基礎は理論の裏付けとして技術的に使われることが多いが，情報学やデータエンジニアリングにおいては，距離やアルゴリズムのように，抽象的で普遍的な概念が応用されていく側面が強い．

本書は，読者を職場や研究室でのデータ利活用実践に導くことを目的とし，統計学やデータサイエンスよりも，情報学やデータエンジニアリングに重点を置く．上記の数学基礎は内容を深く理解し，獲得したスキルを活用する際に役立つものではあるが，本書講読において必須のものではない．読者は多少の技術的な説明に臆することなく，データサイエンス・AI の本質を理解し，個々に必要なスキルを獲得してほしい．

各節はほぼ独立している．理解を助けるために図・表・コラムを多数用意し，節末問題解答はサポートサイト※2 に公開する．各章の並びは経産省スキル項目に準拠したものであり，高校 2 年次以降の中等教育での数学に習熟していない読者は，たとえば第 2 章に進む前に第 7 章で実践体験を試みるのもよいだろう．

とはいえ，数学の基礎知識は，習熟度に応じて内容をよりよく理解し，獲得したスキルを適切に適用して応用展開する力を与えてくれるものである．HRAM は「基礎コース」として 体系化したデータサイエンスのコースを提供しているが，その教育実践に基づいて，本書の姉妹編である『データサイエンティスト教程　基礎』を近く出版する予定である．

幸い，本書に準拠して HRAM が提供する応用コースは経済産業省「第 4 次産業革命スキル習得講座認定制度」に引き続き厚生労働省「専門実践教育訓練給付制度有効指定講座」にも認定された．編者は読者諸氏が本書を座右の書とし，習得した技術や手法を活用し，職場や研究室において課題の発見と解決をリードするとともに，後進育成に貢献し，新規の学術研究やサービスの創出に邁進されることを願うものである．

※2 https://www.gakujutsu.co.jp/text/isbn978-4-7806-0940-0/

目　　次

1 ビジネスにおけるデータ

・・・・・・・・・・・・・・・・・・・・・・・・・・・・・・・・・・

　データサイエンティストの役割の1つに，社会や企業における課題を新たに見出すことがあり，このことは，クライアントの課題を受け，その解決法を個々に提示する以上に重要なものとなっている．企画というビジネスプロセスにおいて，データサイエンスはどのように使われているのであろうか．まえがきで記載した，経産省スキル項目は「ソリューションライフサイクルプロセス」と「サイエンス・テクノロジ」の2つのカテゴリーからなり，前者のサブカテゴリとして「企画」さらにそのスキル項目として「ソリューション企画」があげられている．第4次産業革命スキル習得講座において「データサイエンス関連の知識・技術」スキル項目は企画から始まるのである．本章では，ビジネスプロセスマネジメントの視点からの業務プロセスの表現法や改善法について説明する．

1.1　ソリューション企画

1.1.1　ビジネスプロセスマネジメント (BPM)

　ICT，ビッグデータ，AI（人工知能），デジタルトランスフォーメーションなど，使われる言葉は変わっていくが，現代社会が情報システムに支援されていることはいうまでもない．企業内でも，顧客に連絡する，見積書を作成する，製造管理するなど，あらゆる過程にさまざまな粒度で情報システムが入り込んでいる．

　データサイエンスや AI 技術を学習した読者は，予測精度や単位時間あたりの処理量であるスループットのような技術的側面に着目するかもしれない．しかし，企業における情報システムを理解するには，技術的観点だけでなく経営的観点も考慮すべきである．産業界においては企業戦略を実現するためにビジネスプロセスが存在し，ビジネスプロセスの実行を支援するために情報システムが存在する．暗黙のうちに，経営陣，業務担当者，情報システム担当者の意思疎通が円滑に行われることが要求されているのである．

　AI やデータサイエンスの知見を用いて新技術が開発されるとしても，そ

れはより大きなプロセスの一部分であることが多い．たとえば，機械学習を用いた需要予測により，より高精度な予測が可能になったとしてもそれを活用するには，資材の調達や顧客へのサービス提供形態の調整など，前後のプロセスを含めての全体最適化が求められる．機械学習の技術単体としては，予測精度や必要な学習データの量などが検討事項となるが，顧客への付加価値については別の視点が必要である．

　一例として，社内での出張処理をIT化する場合を考えよう．出張処理もビジネスプロセスの1つである．これまで出張伝票を紙に印刷して提出していたものをメール添付で提出する．これは，別の出張先からでも出張申請ができるという点では進歩であるが，便益としてはまだ小さい．Webフォームで入力ができ，交通経路選択や経費計算が自動で行えるようにすると，IT化による便益は大きくなる．しかし，出張には外国出張や先方負担での出張なども存在する．これらに対して逐一異なるシステムを構築するのは無駄である．一方で，1つのシステムにまとめると記入項目が増えてかえって使いにくくなるかもしれない．また，この出張処理には，申請者本人，上長，経理部門担当者，場合によっては外部の旅行エージェントなど複数が関与する．申請者本人が予算残額を確認できると，申請・拒絶といったやり取りを省略できるが，予算情報の漏洩などのリスクが大きくなるかもしれない．要するに，出張処理といえども組織ごとに異なるプロセスが存在しており，IT化によって期待する効果を得るには，現状のプロセスをよく知り，それに合った技術を導入することでプロセス改善を図る必要がある．

　ビジネスプロセスについてはさまざまな定義がありうるが，本書では，顧客に製品・サービスを提供し，価値を生み出すための組織を横断した一連の活動の流れと定義する．今日の社会の変化は非常に速く，組織は戦略や目標を実現するために常に業務を改善する必要がある．しかし，誤った現状認識のもとでは，改善策が真の改善をもたらさない．真の改善を行うにはビジネスプロセスの可視化が必要であり，可視化することで現状 (As-Is) の把握ができ，それができて初めて望ましい状態 (To-Be) を洞察して，そこへの移行が可能となる．なお，本章全体を通して，ビジネスという用語は営利企業のみを指すのではなく，学校や図書館なども含まれる．学校は学生に教育というサービスを提供するための組織的活動が存在し，図書館は利用者

に図書を貸し出すというサービスを提供するための組織的活動が存在する．この点で，上述のビジネスプロセスの定義に合致している．

プロセス指向と機能指向を対比することで，プロセスの意味するものがより明確になる．たとえば，顧客→マーケティング→購買→製造→販売→管理→顧客といった過程を経て顧客に付加価値が提供されるとき，マーケティング，購買などを単位として組織分割する考え方を機能指向とよぶ．機能指向は，安定的な環境において組織の生産性を高める一方，なわばり意識が発生する，部門間の調整が過度に発生するなどの問題が生じ，動的な環境ではその弊害が大きくなる．それに対してプロセス指向は，顧客視点に立って必要な機能を有機的に結合するという考え方である．

ビジネスプロセスマネジメントには，戦略，設計，実装，制御という過程が含まれる．企業戦略を立案し，戦略に沿ったビジネスプロセスを設計し，プロセスを支援する情報システムを導入し，評価指標を計測することでさらなる改善を目指す．一度プロセスを設計すれば終わりでなく，To-Be が実現されるとそれが As-Is となり，次の To-Be を考え，それが実現されると As-Is となり，というようにサイクルを回すことで，市場への柔軟な対応が可能となる．

ビジネスプロセスマネジメントの必要性を理解できたとしても，その実現は簡単ではない．先に可視化が必要と述べたが，組織の構成・活動・機能を実務担当者や情報システム担当者が同じ認識をもって理解できるようにモデリングすることは難しい．現場の動きと乖離している，記述法に統一性がなく人によって解釈が異なる，記述の観点に偏りがあって全体像が見えない，大切なところが漏れどうでもいいところが詳しい，メンテナンス性が低いといった問題が生じる．

そこで，ビジネスプロセスモデリングの要件には，モデリングの成果物を分析対象として利用する（利用可能性），モデリング手法が統一されていて誰が見ても同じ解釈で理解する（一貫性・客観性），対象領域がすべて含まれている（完全性），実用可能な水準で具体的である（詳細性），継続的な維持管理が容易である（保守性）といったことが含まれてくる．

これらの要件を満たすものとして，以下のようなビジネスプロセス記述法がある．どの記述法も，定められた記述ルールのもとで一連の手続きを記述

するものであり，フローチャートの拡張と考えてよい．

- UML アクティビティ図
- ビジネスプロセスモデリング表記法 BPMN (Business Process Modeling Notation)
- イベント駆動プロセス連鎖図 EPC (Event-driven Process Chain)

以下では，3つ目のイベント駆動プロセス連鎖図 (EPC) という記述法について説明する．

1.1.2 ビジネスプロセスの記述

ビジネスプロセスにはさまざまな業務が含まれる．各業務にはそれぞれに特異的なデータが付随し，また，担当者も異なる．このようにビジネスプロセスは元々複雑なものである．プロセスの複雑さを減少させるために，データ・機能・組織・資源の各記述ビューにいったん分解して記述し，その後で統合することが考えられてきた．加えて，最初から詳細な記述を得るのではなく，抽象的なものから必要に応じて詳細な表現を得ることが有効である．以下ではその方策である，機能ビュー，組織ビュー，データビュー，制御ビューを説明する．

●**機能ビュー** ● 組織は目的を達成するために機能を実行する．機能とは，1つ以上の目的を達成するための，1つの対象に対する行為を表す．図 1.1 は，請求書という対象に対してチェックするという行為を組み合わせて1つの機能を表現している例である．

図 1.1 機能の表現

機能ビューにおける1つの表現法として機能樹形図がある．組織内に数多く存在する機能の中で重要なものを選択し，階層的に表現する．機能樹形図は抽象度の高い表現法である．このことから，機能樹形図は，その上でプロセス改善を検討するのではなく，どこに着目して検討を深めればよいかを

議論するブレインストーミングのツールとして用いられている.

● **組織ビュー** ●　組織ビューは，業務の遂行者，およびこれらの関係を構造化して表現する．組織ユニット，役職，要員，グループなどを表現することが可能であり，課題設定に応じて使い分ける．図 1.2 は，その一例である.

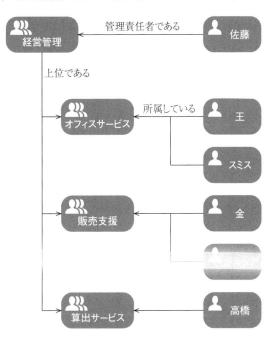

図 1.2　組織図

● **データビュー** ●　データビューは，データに関連する事項を表現する．データモデリングについてはデータ工学で議論されているが，ここでは，用語モデルについて触れておく．用語モデルはデータオブジェクトの同義語を管理するものである．組織内では，同じ用語が少し異なる意味で用いられる場合がある．たとえば，販売部門におけるオーダ（注文），設計部門におけるオーダ（指示），生産部門におけるオーダ（指図）など，類似はするがその語が指し示す範囲などが異なる場合には，プロジェクトメンバ間で用語の使用法に関して同意を取ったものを用語モデルとしてまとめる．データビューには他に，関係データベースを抽象的に表現する手法の1つである実

体関連モデルなどが含まれる.

●**制御ビュー**● 機能だけ,組織だけ,データだけに限定すれば,その記述は比較的容易である.しかし,それらは独立して存在するものではなく有機的に結合しているので,各ビューの記述を統合する必要がある.それが制御ビューの役割で,すべての関係を体系的に,かつ冗長性なしに把握する.以下のようにさまざまなレベルの抽象的記述方式が用意され,下にいくほど,詳細な記述となる.

- 付加価値連鎖図 (VACD):概要モデル
- 拡張イベント駆動プロセス連鎖図 (eEPC):抽象度が中程度
- 機能割当図:最も高いモデル分解能をもつ

組織によって競争力の源泉はさまざまである.たとえば,製造部門が競争力の源泉であるが,経理部門は同業他社と変わらない場合,あるいは,設計部門が競争力の源泉であるが,製造は外部委託しているので同業他社と変わらない場合などである.付加価値連鎖図は組織が付加価値を生み出すのに直接関わる機能を表現する.プロセス記述を含めてプロセス改善にはコストが発生する.組織内に存在するプロセスすべてを改善の対象とすることは費用も時間も要する.そこで,中核部分に着目することが必要であり,付加価値連鎖図を作成することで中核部分の認識を共通のものにする.

図 1.3 は付加価値連鎖図の例で,顧客の問い合わせをリストに加える,提案書を準備する,提案に関する費用を計算するといった機能が表現されている.イベント駆動プロセス連鎖図は,プロセスモデリング・プロセス改善における中心的な表現法である.プロセスとは機能の論理的連鎖である.

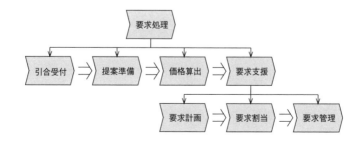

図 1.3 付加価値連鎖図

ここでは，機能を起動させる何らかのイベント（開始イベント）が存在して機能の実行が開始され，機能が要求する目的が新しいイベント（終了イベント）として達成されて終了すると考える．イベントはデータビューと機能ビューを結びつける役割を果たす．図 1.4 はイベント駆動プロセス連鎖図の例である．そこには，引合を登録するといった機能や，たとえば王さんとスミスさんが担当するといったような組織に関する情報が書き込まれている．細かいことは別として，全体像を把握していただければ十分である．

　実は図 1.4 で示したのは，イベント駆動プロセス連鎖図の中でも拡張イベント駆動プロセス連鎖図とよばれるもので，担当者や用いられる情報システムの記述も含まれる．イベント駆動プロセス連鎖図の別の表現としてはリーンイベント駆動プロセス連鎖図とよばれるものがある．こちらは，機能，イベント，結合演算子の基本要素のみが記述される．

　最後に，機能割当図は，機能ビューとデータビューの緊密な連携を可能にするものであり，1 つの機能に着目して，そこに関連する情報を詳細に記述する．

　イベント駆動プロセス連鎖図を作成する際は，誰が作成しても同じものが得られるように，以下のようなモデリング規則を設ける．

規則 1　eEPC はそれぞれ，1 つのイベントによって始まり終わる．

規則 2　イベントと機能は交互に現れる．

規則 3　機能から，および機能へ，1 つの接続線が引かれる．

規則 4　接続線なしにモデル内にオブジェクトが置かれることはない．

規則 5　1 つの接続線は 2 つの異なるオブジェクトを結びつける．

規則 6　イベントの後に OR 演算子や XOR 演算子[1]があってはならない．

規則 7　演算子によってプロセス（パス）が分岐し，また演算子によって再び結合する．

規則 8　複数のプロセス（パス）が 1 つの演算子によって結び付けられる場合には，その演算子からの出力（出口）は 1 つだけである．

規則 9　演算子から別の演算子に直接接続することができる．

---

[1] ビジネスプロセスには分岐，結合，反復処理などが含まれ，それらを表現するために OR 演算子，AND 演算子，XOR 演算子が用意されている．たとえば，見積依頼を受けた場合，期限内に見積が完成すると期限内に見積が完成しないの 2 つの結果がありうる．これはどちらか一方が生じるという XOR 演算子を用いて表現できる．第 3 章 3.2 節参照．

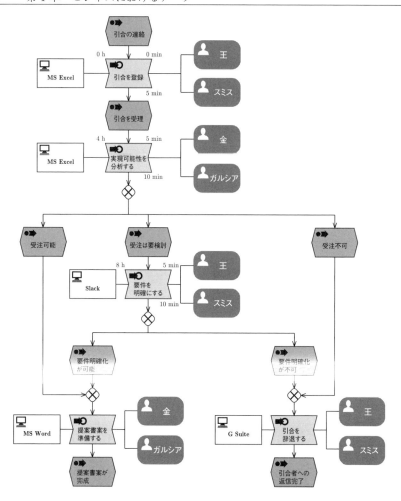

図 1.4　イベント駆動プロセス連鎖図

これらの規則は，プロセスモデリングの要件を満たすように，あえて記述の
自由度を下げているものとみることもできる．

●コラム1　　形式化と検証

　プロセスに誤りが含まれると，未処理案件の発生など深刻な問題を引き起こすので，ソリューション企画では正常に終了するか，デッドロックが生じないかといった検証を行うことが有益である．イベント→機能→イベントというモデリング規則は，図に含める要素が増えるためかえって理解を難しくすると考える読者がいるかもしれない．この表現はペトリネットと密接な関係がある．ペトリネットは分散システムを記述するための数学的モデリング言語の1つである．イベント駆動プロセス連鎖図のイベントと機能をプレースとトランジションに置き換えることでペトリネットの表現が得られ，いったんペトリネットの表現が得られれば，線形代数手法を用いて，正常終了するか，デッドロックが生じるかどうかなどの検証ができるのである．このような数学的背景を知ると，モデリング規則に対してそれまでとは異なる印象をもつであろう．

節末問題

1.1　適当なビジネスプロセスを選択し，そのモデリングを提案せよ．モデリングと改善案を検討する際は，実データを付すなど，より高精度なモデリングが行われているかどうかについて，考慮せよ．

ねらい　本節では，ビジネスプロセスのモデリング法を説明した．すでに記述された図を読むのは比較的簡単であるが，いざ自分でモデリングを行うとなると，どの範囲を記述の対象とするか，記述の詳細度をどう設定するか考えることが必要となる．また，正確なモデリングを行うために，どういうデータが入手可能か，誰にインタビューすればよいかといった点での検討が必要なこともわかる．これにより，自身がよく知っている業務フローであっても，他者に正確に伝えるのは容易でなく，標準的なモデリング法が存在することの価値に気づく．

1.2 ● IT ソリューション

1.2.1　ビジネスプロセスの分析

　前節で，ビジネスプロセスをどのように表現するかについてみてきた．表現が得られればそれで終わりではなく，そこから問題点を分析して，To-Beプロセスを設計することになる．本節では，プロセス分析の考え方について説明する．

　ビジネスプロセス分析を行う1つの方法は，類似のビジネスプロセスを比較することである．たとえば，小型自動車，中型自動車，商用車の設計・製造プロセスがあるとする．それらのイベント駆動プロセス連鎖図を得た後で，以下の点を検討する．

- プロセスのトリガーは現行のものでよいか．
- すべての製品に対してまったく同じやり方でよいか．
- すべての製品に対して同じやり方に統一することで弊害が生じるか.
- なぜこの製品にだけこの機能が含まれないか．
- 情報技術による支援は十分か．

　これらの問いに答え，問題が発見されれば当該箇所をさらに詳細に分析する．

　ビジネスプロセスモデリングツールを使うことで，モデル評価に関して情報技術の支援を受けることも可能である．定義されたモデリング規則が守られているかといった形式的構造の確認や，ループの有無などの確認ができる．ループはプロセス終了までに要する時間を事前に決定できないため，ループを含まないプロセスに修正することが望まれる．ループの発見くらい人手でもできそうに思われるが，プロセス改善の範囲が広い場合，どこから着手すればよいか手がかりを与えてくれる．この形式的構造の確認以外に，評価指標の計算機能を提供するツールも存在する．応用システム統合，情報メディアの統合，組織のプロセス指向の3つの指標について順に説明する．

●応用システムの統合指標●　この指標は，プロセス内のシステム統合を評価するため，機能を支援する応用システムの交替に着目する．システム統合の程度が高いと応用システムの交替が少なく，費用や時間などの潜在的摩

擦が減少する．たとえば，あるプロセスが 4 つの機能から構成されるとき，機能移行部（交替）は 3 つ存在する．この場合 2 回応用システムが交替すると，2/3 という値が計算される．定義から，指標値は 0〜1 の範囲となり，値が小さければ小さいほど，システム統合の程度が高い．

●**情報メディアの統合指標**●　この指標は，プロセス内での情報メディア（たとえば，紙の文書，電子ファイル，電話など）の統合の程度を評価する．データ統合の程度が高いと，潜在的摩擦が減り，費用や時間を短縮できる．機能移行部における情報メディアの交替を計算する．応用システムの統合指標と同じく，指標値は 0〜1 の範囲となり，値が小さければ小さいほど，情報メディア統合の程度が高いといえる．

●**組織のプロセス指向指標**●　この指標は組織のプロセス指向，つまり，プロセス内での組織の交替の程度を評価する．機能移行部に関して，組織ユニット，グループ，要員，役職などに交替があるかどうかを検査する．この指標も上記 2 つの指標と同様に，指標値は 0〜1 の範囲となり，値が小さければ小さいほど，組織のプロセス指向の程度が高いといえる．ただし，ある機能が複数の組織ユニットによって実行される可能性がある場合，最大値・最小値に注意が必要である．例として，2 つの前後する機能 F1 と F2，組織ユニット O1, O2, O3 があるとする．また，F1 は O1 あるいは O3 によって，F2 は O2 あるいは O3 によって実行されるとする．F1 が O1 によって実行されると，確実に組織の交替がある．一方，F1 が O3 によって実行される場合，組織の交替は F2 が O3 によって実行されるなら交替はない．よって，組織のプロセス指向指標は，最大で 1，最小で 0 となる．

　評価指標は分析に関する手がかりを与えてくれるが，限界もある．たとえば上記の指標の計算では，分岐演算子の影響が考慮されていない．「在庫を確認する」という機能が実行されると，「在庫がある」と「在庫がない」という 2 つのイベントに枝分かれするとする．この場合の指標計算のやり方は，2 つのプロセス各々で指標を計算して，その平均を取るというものである．しかし，実際には，一方のプロセスしか実行されない．平均値で考えるのか，最大値で考えるのか，発生頻度で重みづけするのか，どう扱うのが適切

か明確な解はない.

　モデリングツールが提供する分析機能について説明してきているが, シミュレーションもツールが提供する重要な機能である. いったんプロセス記述が得られれば, その上でシミュレーションを行うことで所要時間などを計算することができる. これによりたとえば, 人員の割り当てを変えたときに, 顧客満足度がどう変化するか, また, 労務コストがどう変化するかといった問いに答えることができるようになる.

　ビジネスプロセスのモデリングを行う際には, 以下の点に注意する. まず, 過剰に現実の再現にこだわることは避けるべきである. モデリング技術の進歩があっても, 企業のような複雑な社会システムを正確に描写することはできない. 関係者にインタビューなどを行って正確性を上げることは必要であるが, 正確な記述を得ること自体が目的となってはならない. また, 技術偏重になることは避けるべきである. プロセス改善を成功に導くには, 関係者を巻き込むこと, 経営陣に支援を確約させるなど, プロセス記述以外の要因も考慮することが必要である.

1.2.2　全体最適化

　ビジネスプロセスモデリングが目指すところは, 情報やタスクが属人化していることで生じる意思疎通の齟齬を排除することである. プロセス記述を得ることで, 組織内各所に散在する情報を整理することができ, それは調達コストの削減, 開発リスクの回避, 運用コストの削減, サービスレベルの向上に結びつく. これらは, エンタープライズアーキテクチャが目指す全体最適化の実現に貢献する. エンタープライズアーキテクチャ (EA) は, 省庁などの大きな組織を主な対象として, 経営戦略と IT を統合して全体最適化によって, 顧客ニーズ, 社会環境, 情報技術の変化といった動的な市場に迅速に対応するための枠組みである.

　局所的に見て有用な改善であっても, それは別のところで問題を生じさせるかもしれない. しかし, プロセス記述が得られていれば, このような副作用を事前に知ることができる. たとえば, サーバなどのシステムインフラを破棄・変更した場合に影響を受ける業務は何か, 顧客情報体系などのデータベース構造を見直した場合に影響を受けるシステムはどれか, 業務プロセス

を見直した場合に一緒に見直しが必要なシステムは何かといった問いに答えることができる．以下，業務，データ，応用システム，インフラの間で，どのような情報を得ることが可能になるかを整理する．

●業務とデータ●　情報管理の責任者がわかる．応用システム設計時に，データに関する要件抽出を行える．システム開発時の要件定義のあいまいさが減少する．業務が満たすべきサービスレベルが明確になる．

●データと応用システム●　データ構造の変更が影響を与える応用システムがわかる．システム開発において，マスタデータの統合に関する検討が可能となる．

●応用システムとインフラ●　応用システムと計算機ハードウェアとの関係が明確になる．システム開発において，物理的なコンポーネントの配置や非機能要件の定義に関する検討が可能となる．

●業務と応用システム●　応用システムが実装している業務機能がわかる．応用システム設計時の機能要件の抽出に使える．システム開発時の要件定義のあいまいさが減少する．業務改革時に影響を受ける応用システムがわかる．

1.2.3　ビジネスプロセスマネジメントの発展

　ビジネスプロセスマネジメントの守備範囲について見ておく．従来のプロセスモデリングが対象とする領域は静的プロセスであり，単純作業が繰り返される場面である．柔軟性が求められるかなり複雑な作業に関しては，抽象度の高い記述しか与えることができない．ビジネスプロセスモデリングの技術の拡張も検討されており，柔軟性が求められるかなり複雑な作業に対して抽象度の低い記述を与えることも可能となるかもしれない．ナレッジワークなどは非常に複雑で予測不可能な創造的活動であり，事前定義されたプロセスモデルが役立たない．これをどう扱うかは，さらなるモデリング技術の発展を待つ必要がある．

　本章では，データサイエンスや人工知能技術を用いた新規ビジネスやサービスなどの創出に当たり，まず業務上の本質的課題の発見が重要であるこ

と，課題発見にはビジネスプロセスモデリングの考え方が役に立つことを説明した．一方でビジネスプロセスモデリングの課題に対して，データサイエンスの知見を応用して解決することが期待される．たとえば，戦略策定の段階においては，財務指標以外の付加価値活動の評価（組織としての学習，個人の成長など）にデータ指向で取り組む．プロセス設計の段階においては，データからプロセス記述を獲得し，高精度なシミュレーション実現のためにデータを活用する．プロセス評価の段階においては，プロセス監視により得られるデータからの知見獲得といったことがあげられる[2]．

● コラム2　BPM とシリアスゲーム

　IBM から Innov8 という BPM 学習用のシリアスゲームが提供されていたことがある．プレイヤは BPM 担当者として 3D 空間で表現されたオフィスの中を移動してさまざまな情報を集めて As-Is プロセス図を作成し，コールセンター業務に問題があることを発見する．次に，各部門の関係者が集まって To-Be プロセス図を作成し，自動応答システムを導入して低スキルオペレータと高スキルオペレータに対応を振り分ける改善案を選択する．最後に，顧客満足度と雇用費用を指標として，低スキルオペレータと高スキルオペレータの人員数を調整する．所要時間は 30 分～1 時間程度で，ビジネスプロセスマネジメントの概要を理解できるものであった．BPM に触れる第一歩として有用なものと考えられるが，現在は入手できないようである．

節末問題

1.2　節末問題 *1.1* で取り上げたビジネスプロセスに対する改善案を提示せよ．モデリングと改善案を検討する際は，以下の点を考慮せよ．

- 実データを付すなど，より高精度なモデリングが行われているか．
- 分析指標を用いたプロセス分析が行われているか．
- 改善の効果が具体的な数値で示されているか．

[2] ビジネスプロセスモデリングについては，[12] に詳しい．プロセス改善については [16] に説明がある．ARIS Express というモデリングツールの無償版では付加価値連鎖図やイベント駆動プロセス連鎖図が作成できる．

- 複数プロセスの比較・統合が示されているか.
- 既存のビジネスをどう変えるか（横展開・縦展開）の議論が含まれるか.

ねらい　本節では，ビジネスプロセスの分析・改善法を説明した. 改善案は 1 つと限らず，さまざまな改善案が考えられる. それらの利点・欠点を比較することで，より優れた改善案に到達することができる.

2 データサイエンスの活用

・・・・・・・・・・・・・・・・・・・・・・・

経産省スキル項目において,「データサイエンス」はカテゴリ「サイエンス・テクノロジ」サブカテゴリ「データ活用」の中にあり,「データエンジニアリング」と並んでスキル項目に掲げられている. 求められていることは, そのスキルを習得することによって, 構造化／非構造化データの統計解析ツールを用いた分析, ビジネスへの活用ができることである. 統計解析ツールを用いた分析, 学術研究やビジネスへの活用例は第7章にゆずり, 本章では, 多方面で活用されている統計的手法である, ランダムフォレスト, スパースモデリング, 変分ベイズ法, パーティクルフィルタを取り上げ, その動作原理を説明する. 本書姉妹編である『データサイエンティスト教程　基礎』と一部重なる部分もあるが, 各節は独立に読むことができる.

2.1 ● ランダムフォレスト

2.1.1 決定木

入力とそれが分類される先のクラスが正解として付与されている多数のデータがあるとき, このデータセットを訓練データとして, 新たに与えられた入力データを分類する機械（識別器）を構築することを識別問題とよぶ. 識別問題に対してはこれまで次のような方法が知られてきた.

- 与えられた入力と各入力訓練データとの距離を計算して近い k 個の訓練データを求め, それらに付与されている分類クラスの多数決を採用する（k-近傍法 k-nearest neighbor, k-NN）
- クラス間の境界を関数として導出する（サポートベクターマシン Support Vector Machine, SVM）
- 入力に対して各クラスに分類される確率を求める（単純ベイズ分類器 Naive Bayes Classifier）（ロジスティック回帰モデル Logistic Regression）

- 分類構造を条件分岐として表現する（決定木 Decision Tree）

ランダムフォレスト (random forest) は決定木を複数用意し，各決定木が出力する分類クラスの多数決によって最終のクラスを計算するものである．優れた識別性能を有することから，近年広く利用されるようになった．

単純な決定木は，識別する条件を階層構造（木構造）で記述し，上位から下位の識別条件を照らし合わせながらデータを識別する．例として図 2.1 のような決定木を考え，テストデータを与えて正しく識別できるかをみてみたい．与えるテストデータは，属性 1 は 8，属性 2 は 25，属性 3 は 15 の数値をとるとする．

一番上位の分岐の条件は，「属性 1 が 10 未満かどうか」である．テストデータの属性 1 は 8 なので，10 未満という条件を満たしていることから，左の分岐 (yes) に進む．次の分岐条件は，「属性 2 が 20 未満かどうか」である．テストデータの属性 2 は 25 なので，この条件を満たしていないため，右の分岐 (no) に進む．この一連の結果，テストデータのクラスは B と判定されることになる．決定木では，分岐で与えられている条件を順番にデータと照らし合わせて，クラスを定めるのである．

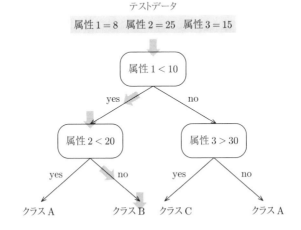

図 **2.1**　決定木の概略図

別の例をみてみよう．表 2.1 はマーケティング調査の結果である．消費者に 2 つの商品 A と B の好きなほうを選んでもらい，選択した商品と消費者

表 2.1　消費者の性別・年齢および選択した商品に関するデータ

ID	性別	年齢	商品
1	女性	11	A
2	女性	23	A
3	女性	24	A
4	男性	12	B
5	男性	15	A
6	女性	33	B
7	男性	37	B
8	女性	17	A
9	女性	21	A
10	男性	31	B

の性別と年齢をデータとして収集したものである．このデータから何がい
えるであろうか．

　はじめに，表の数字をもとにして，横軸に性別，縦軸に年齢を取り，各消
費者を点として布置した図を作成してみよう．すると図 2.2 のようになる．

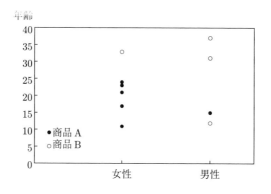

図 2.2　消費者の性別・年齢および選択した商品に関するデータの散布図

　このような図を散布図という [4]．商品 A を選択した消費者の点は黒，商
品 B を選択した商品者の点は白と色分けしている．図をみると，女性は商
品 A を選択する傾向があり，30 歳以上の消費者は商品 B を嗜好するという
ことがいえそうである．この性別・年齢と嗜好する商品の間に関係がありそ

うなデータから，消費者の属性（性別・年齢）から選択する商品を予測するための決定木を設計してみよう．

まず年齢に着目して，

条件1　年齢が 26 歳以上かどうか

という基準で，消費者を 2 つのグループに分ける．26 歳以上の消費者のグループでは，全員が商品 B を選択しているため，このグループに当てはまる消費者は商品 B を選択すると予測することができそうである．一方の 26 歳未満の消費者のグループでは，商品 A を選択する消費者，商品 B を選択する消費者が混在している．そこでこのグループの集団を，

条件2　性別が女性かどうか

という基準で，さらに 2 つのグループに分ける．女性のグループでは，全員が商品 A を選択しているため，このグループに当てはまる消費者は，商品 A を選択すると推測できる．男性のグループには，商品 A を選択する消費者，商品 B を選択する消費者がいる．同様に，この男性のグループに対して，

条件3　年齢が 13 歳以上かどうか

という条件で，消費者を分ける．これが図 2.3 である．この図から，13 歳以上の消費者は商品 A，13 歳未満の消費者は商品 B を選択すると予測できるようになる．条件1〜条件3 による消費者の分割は，図 2.4 のような決定木として表すことができる．

次に，この決定木を利用して「男性，年齢 20 歳」の消費者が商品 A，B のどちらを選択するか考えてみる．上段の条件から順に消費者の性別・年齢を照らし合わせていくと，

条件1　年齢が 26 歳以上かどうか　　（回答）no
条件2　性別が女性かどうか　　　　（回答）no
条件3　年齢が 13 歳以上かどうか　　（回答）yes

となるので，この消費者は商品 A を選択するであろうと予測できる．

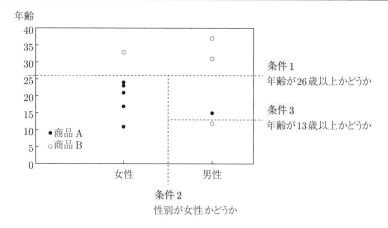

図 2.3　消費者の性別・年齢によるグループ分け

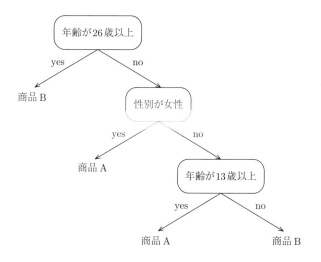

図 2.4　消費者の性別・年齢から商品選択を予測する決定木

2.1.2　情報量と分岐条件

　訓練データに従って，決定木の各ノードに設定される分岐条件をより適切に決定するにはどうしたらよいであろうか．

　入力データは分岐条件によっていくつかの部分集合に分離されていくので，分岐条件は各部分集合に同じクラスのデータが集まるように決めなければならない．同じクラスのデータが集まっているかどうかを数値化する指

標が，平均情報量（エントロピー）である．平均情報量が小さいほど，同じ
クラスのデータが集まっていることを示すので，平均情報量が小さくなるよ
うに分岐条件を定めて，決定木を構築すればよい．

　発生する割合が低い出来事が認識できたほうが，得られた情報量は大き
い．たとえば，すべて赤玉の箱から赤玉を引いても，得られた情報量はゼロ
であるが，赤玉と青玉が入った箱から赤玉を引いたとすると，何らかの情報
が得られたことになる．一般に，確率 p の事象を認識した場合，その情報の
大きさ I を

$$I - \log_2 \frac{1}{p} = -\log_2 p \tag{2.1}$$

と定義し情報量とよぶ．

　上式によって，個別事象の情報量はその発生確率から定まるが，平均情報
量 H は，すべての事象にわたる情報量の期待値（平均値）であり，

$$H = \sum_{k=1}^{K} p_k \log_2 \frac{1}{p_k} = -\sum_{k=1}^{K} p_k \log_2 p_k$$

で与えられる．ここで，p_k は，事象 k が発生する確率である．

$$p_k = \frac{1}{K}, \quad k = 1, 2, \dots, K$$

の場合，平均情報量は最大値 $H = \log_2 K$ となる．また

$$p_k = 0, \quad k = 1, 2, \dots, i-1, i+1, \dots, K, \qquad p_i = 1$$

の場合，平均情報量は最小値 $H = 0$ となる．ここで，$p_k = 0$ のときは
$p_k \log_2 p_k$ はゼロと約束する．統計力学のエントロピーとの類似から平均情
報量はエントロピーともよばれる．

例題 2.1　赤玉 3 個，青玉 3 個入っている箱から玉を 1 個引くときに得
られる平均情報量を求めよ．

解　赤玉を引く確率 $p(赤) = \dfrac{3}{6}$，青玉を引く確率 $p(青) = \dfrac{3}{6}$ となる．平
均情報量 H の式に代入すると，

$$H = -p(赤) \log_2 p(赤) - p(青) \log_2 p(青)$$

$$= -\frac{3}{6} \log_2 \frac{3}{6} - \frac{3}{6} \log_2 \frac{3}{6}$$

$$= 1$$

赤玉1個引く確率 $\frac{3}{6}$

$-\log_2 \frac{3}{6} = 1$　赤玉1個引く場合の情報量

$-\frac{3}{6} \log_2 \frac{3}{6} - \frac{3}{6} \log_2 \frac{3}{6} = 1$　平均情報量

$-\log_2 \frac{3}{6} = 1$　青玉1個引く場合の情報量

青玉1個引く確率 $\frac{3}{6}$

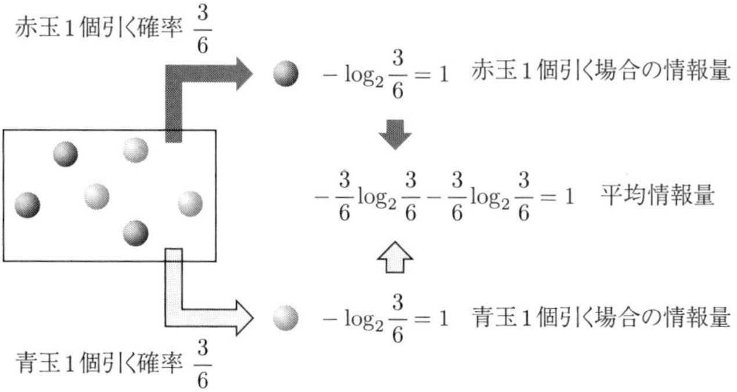

図 2.5　箱（赤玉3個，青玉3個）から玉を1個引くときの平均情報量

例題 2.2　赤玉5個，青玉1個入っている箱から玉を1個引くときに得られる平均情報量を求めよ.

赤玉を引く確率 $p(赤) = \frac{5}{6}$，青玉を引く確率 $p(青) = \frac{1}{6}$ となる. 平均情報量 H の式に代入すると,

$$H = -p(赤) \log_2 p(赤) - p(青) \log_2 p(青)$$

$$= -\frac{5}{6} \log_2 \frac{5}{6} - \frac{1}{6} \log_2 \frac{1}{6}$$

$$= 0.650$$

玉の数が均等（赤玉3個，青玉3個）の場合に比べて，平均情報量は小さくなっている.

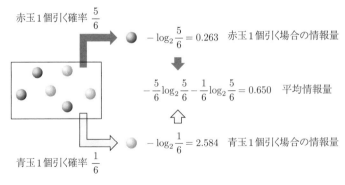

赤玉1個引く確率 $\frac{5}{6}$

$-\log_2 \frac{5}{6} = 0.263$ 赤玉1個引く場合の情報量

$-\frac{5}{6}\log_2 \frac{5}{6} - \frac{1}{6}\log_2 \frac{5}{6} = 0.650$ 平均情報量

$-\log_2 \frac{1}{6} = 2.584$ 青玉1個引く場合の情報量

青玉1個引く確率 $\frac{1}{6}$

図 2.6 箱(赤玉 5 個,青玉 1 個)から玉を 1 個引くときの平均情報量

　一般に,2 つのクラスのデータがある場合,両方のデータ数が同じ場合の
ほうが,一方のクラスのデータ数が多く,他方のクラスのデータ数が少ない
場合よりも平均情報量は大きい.平均情報量が小さいほど,同じクラスの
データが集まっていると考えれば,平均情報量がより小さくなるように決定
木の各ノードでの分岐条件を設定すればよいだろう.

　分岐前のデータ集合の平均情報量 H は,データが事象 k である確率を p_k
とすれば,

$$H = -\sum_{k=1}^{K} p_k \log_2 p_k$$

である.分岐によって,N 個のデータを 2 つのグループ L, R に分けたと
き,L と R のデータ数がそれぞれ $N^{\mathrm{L}}, N^{\mathrm{R}}$ であったとする.そのグループ
内においてデータが事象 k である確率をそれぞれ $p_k^{\mathrm{L}}, p_k^{\mathrm{R}}$ とすると,2 つの
グループへの分離後の平均情報量 $\hat{H}$ は,重みをつけて

$$\hat{H} = \frac{N^{\mathrm{L}}}{N} H^{\mathrm{L}} + \frac{N^{\mathrm{R}}}{N} H^{\mathrm{R}}$$

となる.ただし $N = N^{\mathrm{L}} + N^{\mathrm{R}}$ および

$$H^{\mathrm{L}} = -\sum_{k=1}^{K} p_k^{\mathrm{L}} \log_2 p_k^{\mathrm{L}}, \quad H^{\mathrm{R}} = -\sum_{k=1}^{K} p_k^{\mathrm{R}} \log_2 p_k^{\mathrm{R}}$$

である.

　グループへの分離前と分離後の平均情報量の増減

$$\Delta H = H - \hat{H}$$

を情報利得とよぶ. 分離条件を変更しても分離前の平均情報量 H は変化しないので, 分離後の平均情報量 $\hat{H}$ が最小となるような分岐条件を見つけることになる.

2.1.3　アンサンブル学習

「三人寄れば文殊の知恵」ということわざがあり, 凡人でも三人が集まって相談すれば, すばらしい答えが生まれるという意味で使われる. データの識別問題において, ひとつひとつの識別器の性能はそれほど良くなくても (弱識別器), 複数の弱識別器の出力を収集してその多数決によって最終の識別結果を決める (強識別器) という方法論があり, アンサンブル学習とよんでいる (図 2.7).

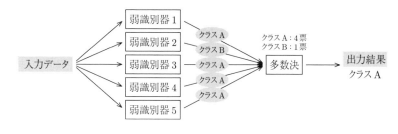

図 2.7　アンサンブル学習

たとえば, 表 2.1 のデータに対して, 以下の仮説に基づく弱識別器を設計する.

弱識別器 1　女性かつ 25 歳以上なら商品 A を選択. それ以外なら商品 B を選択
弱識別器 2　男性かつ 30 歳以上なら商品 B を選択. それ以外なら商品 A を選択
弱識別器 3　25 歳以下なら商品 A を選択. それ以外なら商品 B を選択

それでは,「男性, 20 歳」の消費者はどちらの商品を選択するだろうか?　弱識別器に消費者データを入力すると, 以下のような弱識別器の出力が得られる.

弱識別器 1 の回答　商品 B を選択
弱識別器 2 の回答　商品 A を選択
弱識別器 3 の回答　商品 A を選択

これら出力を集計すると,「商品 A を選択」が 2 票,「商品 B を選択」が 1 票となる. この多数決から,「男性, 20 歳」の消費者は「商品 A を選択す

る」と予測することになる.

　アンサンブル学習において，弱識別器に決定木を用いるとどうなるだろうか. まず訓練データから無作為に選ばれたデータセットを用いて決定木を構築する. 別に無作為に選ばれたデータセットを用いて，決定木を構築する. これを繰り返して，複数の決定木を作成・統合して強識別器を設計する. 木が集まって森を形成することになぞらえ，決定木によるアンサンブル学習をランダムフォレストという.

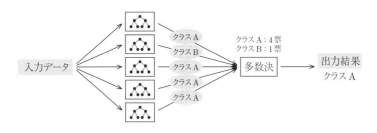

図 2.8　ランダムフォレスト

●コラム 3　情報

　我々は「情報社会」,「情報通信技術」,「交通情報」と漠然としたイメージを抱きながら「情報」という言葉を日常的に使っている. 人それぞれが異なる意味を思い描く「情報」に対して，シャノンは確率概念を持ち出して客観的・定量的に取り扱えるような理論体系を築き上げた. 情報とはある事象の不確実性を減らすものであり，その大きさを計量するのが情報量である.

　コインを投げて表か裏かを観察する場合，表と裏が出る確率はそれぞれ 1/2 である. したがってコインを投げる前は，2 面のどちらが出るかわからない不確実性がある. サイコロを振る場合，各目が出る確率は 1/6 であり，6 面のどれが出るかわからない不確実性はコインの場合より高い. 確率が小さい事象は不確実性が高く，そのような事象は逆に情報量を多くもっている. シャノンは情報量 I の単位をビットとし，確率 p の関係を

$$I = \log_2 \frac{1}{p} = -\log_2 p$$

で表した（第 6 章）. 実際，コンピュータの中では情報は電気信号の ON/OFF で表現され，ON/OFF の割合は 1/2 で，各状態が保持する情報量は 1 ビットで

ある．情報量の期待値（平均値）が平均情報量

$$H = \sum_k p_k \log_2 \frac{1}{p_k} = -\sum_k p_k \log_2 p_k$$

で，コインの場合は1，サイコロの場合は2.58である．

節末問題

2.1

(1) ビジネスや学術研究で，決定木やランダムフォレストが使用されている例を探索せよ．

(2) これらの例を，回帰（入力から量的データを予測する）と識別器（入力から質的データを予測する）のグループに分けよ．

(3) 自身の業務や興味ある対象について，決定木やランダムフォレストが活用できる課題をみつけ，それが回帰と識別のどちらに分類されるか述べよ．

ねらい　決定木やそれとアンサンブル学習を組み合わせたランダムフォレストは，機械学習を代表する有用な枠組みで，その活用・展開先は多岐にわたる[1]．どのような分野で使用されているのか，どのような成果を生み出しているかを調べて，活用領域の視野を広げる．機械学習の出力は，連続値と離散値（クラス）の場合があり，それぞれ回帰・識別の問題になる．さまざまな方法で機械学習が活用できることを再認識し，自分の業務や私生活などの身近な問題に対して，機械学習が利用できないかを検討して，どのような方法を用いるかを選定する．特に，どのツールをどのような分野に活用すると，課題に対する有効なソリューション，サービス，価値，効用が生み出されるかを俯瞰する．データサイエンスが社会やビジネスにどのような変化をもたらしているかを理解することが最終的な目的である．調査事例が多岐にわたるので，グループワークが有効である．

[1] 気象データを用いた商品の販売予測．https://eneken.ieej.or.jp/data/8359.pdf
景気動向指数予測．https://www.jstage.jst.go.jp/article/pjsai/JSAI2020/0/JSAI2020_2I1GS202/_pdf/-char/ja
体表面から骨までのセンサデータから骨格や姿勢の推定．
https://www.microsoft.com/en-us/research/publication/real-time-human-pose-recognition-in-parts-from-a-single-depth-image/

2.2 ● スパースモデリング

　方程式数に対して未知数が多い問題を不足決定系という．不足決定系では解が一意的に決まらないので，統計学では何らかの別の基準を決めて，常にそれを満たすものを指標として選ぶという手法をとる．疑似逆元は，条件を満たす解のうちで与えたノルムを最小にするものであり，正則化法は方程式を最小化問題に置き換え，その変分汎関数に正則化ノルムを加えて変形することで，疑似逆元を求める方法である [5,6]．

　スパースは全体に対して，少数の状態を表す用語である．当選宝くじの番号や宇宙線の測定値など，スパースなデータはごく少数のパラメータで決まっているため，通常の方法でモデルを探索しても有意な結論を得ることが難しい一方，適切に扱えば効率よく処理することができる．

　スパースモデリングは不足決定系からスパースな解を見つける操作であり，LASSO はその最も普遍的なスキームである．以下で述べるように，LASSO は正則化項に l_1 ノルムを使うが，一般に l_1 ノルムの単位球は各座標を頂点とした，（高次元）多面体であるため，特徴的な座標（変数）を鋭敏にとらえることができる．本節ではスパースモデリングを高度化したスパースコーディングのアルゴリズムを示し，LASSO の適用例はコラムで紹介する．

2.2.1　スパースコーディング

　以下 $\mathbb{R}^l$ は l 次元ユークリッド空間，T はベクトルや行列の転置を表す．観測量 $\boldsymbol{x} = (x_i) \in \mathbb{R}^l$, $1 \le i \le l$ を，$m\,(>l)$ 個のベクトル $\boldsymbol{d}_k \in \mathbb{R}^l$, $k = 1, 2, \ldots, m$ の線形結合

$$\boldsymbol{x} = \sum_{k=1}^{m} c_k \boldsymbol{d}_k \tag{2.2}$$

で表示することを考える．データ $x_1, \ldots, x_l$ の数 l よりも，説明変数 $c_1, \ldots, c_m$ の数 m のほうが大きいので，解は一意には決まらない．そこで係数ベクトル $\boldsymbol{c} = (c_1\ c_2\ \cdots\ c_m)^T \in \mathbb{R}^m$ のうち少数の c_k のみが非ゼロの値をとり，それ以外はゼロとなるようなスパースな表現を解として選択することにする．以後 $D = (\boldsymbol{d}_1\ \boldsymbol{d}_2\ \cdots\ \boldsymbol{d}_m) \in \mathbb{R}^{l \times m}$ を辞書行列という．

　スパースコーディングは，最小化問題

$$\underset{\boldsymbol{d}_k, \boldsymbol{c}}{\text{minimize}} \left\| \boldsymbol{x} - \sum_{k=1}^{m} c_k \boldsymbol{d}_k \right\|_2^2 + \lambda \phi(\boldsymbol{c}), \quad \lambda > 0 \tag{2.3}$$

を解くことで，上記の辞書行列 D と係数ベクトル $\boldsymbol{c}$ を同時に見出す方法である．式 (2.3) の第 1 項は，データ $\boldsymbol{x}$ が辞書行列と係数ベクトルで近似できる性能を表す．第 2 項が係数ベクトルをスパースとするための正則化項であり，λ は正則化パラメータである．たとえば

$$\phi(\boldsymbol{c}) = \sum_{k=1}^{m} e^{c_k{}^2} \tag{2.4}$$

とすれば，この値が小さいほど c はゼロに近い成分が多くなる．

　式 (2.2) は辞書 $D = (\boldsymbol{d}_1 \ \boldsymbol{d}_2 \ \cdots \ \boldsymbol{d}_m) \in \mathbb{R}^{l \times m}$ を用いて

$$\boldsymbol{x} = D\boldsymbol{c}$$

のように行列表現することができる．n 個の観測データを辞書・係数で再構成することを考えて次のように置く．

　観察行列　$X = (\boldsymbol{x}_1 \ \boldsymbol{x}_2 \ \cdots \ \boldsymbol{x}_n) \in \mathbb{R}^{l \times n}$
　辞書行列　$D = (\boldsymbol{d}_1 \ \boldsymbol{d}_2 \ \cdots \ \boldsymbol{d}_m) \in \mathbb{R}^{l \times m}$
　係数行列　$C = (\boldsymbol{c}_1 \ \boldsymbol{c}_2 \ \cdots \ \boldsymbol{c}_n) \in \mathbb{R}^{m \times n}$
　誤差行列　$E = (\boldsymbol{\varepsilon}_1 \ \boldsymbol{\varepsilon}_2 \ \cdots \ \boldsymbol{\varepsilon}_n) \in \mathbb{R}^{l \times n}$

観察行列は，辞書行列，係数行列，誤差行列を用いて以下のように表現できる．

$$X = DC + E \tag{2.5}$$

この条件を近似的に満たし，できるだけスパースとなるような係数行列 C と辞書行列 D を求めることをスパースコーディングという．したがってスパースコーディングは，観察行列 X から辞書行列 D と係数行列 C を見出す最適化問題で表すことができる．たとえば正則化関数を (2.4) からミンコフスキーノルム[※2]に置き換えれば以下のようになる：

$$\underset{C, D}{\text{minimize}} \|X - DC\|_2^2 + \lambda \sum_{i=1}^{n} \|\boldsymbol{c}_i\|_p^p \tag{2.6}$$

[※2] 第 7 章 7.2 節参照．n 次元ベクトル $\boldsymbol{x} = (x_1 \ x_2 \ \cdots \ x_n)^T$ に対する l_p ノルムで，以下の式で定義される．$\|\boldsymbol{x}\| = (|x_1|^p + |x_2|^p + \cdots + |x_n|^p)^{1/p}$．$p = 1$ が LASSO で用いられる l_1 ノルムで，$p = \infty$ に対応する $\|\boldsymbol{x}\| = \max_i |x_i|$ がマンハッタンノルムである．

式 (2.6) の第 1 項は行列成分の 2 乗和で, 対応するノルムをフロベニウスノ
ルムという[※3]. フロベニウスノルムは, 観測行列を辞書行列と係数行列で
再構成できる性能を表し, 第 2 項の l_p ノルムは, 係数ベクトルがスパース
となるように機能するための正則化項である (図 2.9).

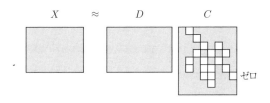

図 2.9　辞書行列と係数行列を用いた観測行列の再構成

最適な辞書行列 D と係数行列 C は

1. 辞書行列 D を固定して, 係数行列 C を最適化する.
2. 係数行列 C を固定して, 辞書行列 D を最適化する.

という手順を繰り返して求める.

2.2.2　スパースコーディングのアルゴリズム (1)

最初に, 辞書行列 D を固定して, スパース表現である係数行列を求める.
そのために, 与えられた 1 つの観測データ $\boldsymbol{x}$ に対して, 最適係数ベクトル $\boldsymbol{c}$
を求める. 実際, $\boldsymbol{x}$ と, 辞書ベクトル $\boldsymbol{d}_i$ を用いた近似式 $c_i\boldsymbol{d}_i$ との誤差は

$$e = (\boldsymbol{x} - c_i\boldsymbol{d}_i)^T (\boldsymbol{x} - c_i\boldsymbol{d}_i) \tag{2.7}$$

であり, 誤差 e が最小となる係数 c_i は, 以下の最適性の条件から求めるこ
とができる.

$$\frac{\partial e}{\partial c_i} = 2(\boldsymbol{x} - c_i\boldsymbol{d}_i)^T \boldsymbol{d}_i = 0$$

この方程式を解いて得られる

$$c_i = \frac{\boldsymbol{x}^T \boldsymbol{d}_i}{\boldsymbol{d}_i{}^T \boldsymbol{d}_i}$$

[※3] 行列 $A = (a_{ij})$ のフロベニウスノルムは, 式で表すと $\|A\|_2 = \sqrt{\sum_{i,j} a_{ij}{}^2}$.

を式 (2.7) に代入して，最小誤差を求めると

$$e = \left(\boldsymbol{x} - \frac{\boldsymbol{x}^T \boldsymbol{d}_i}{\boldsymbol{d}_i{}^T \boldsymbol{d}_i} \boldsymbol{d}_i \right)^T \left(\boldsymbol{x} - \frac{\boldsymbol{x}^T \boldsymbol{d}_i}{\boldsymbol{d}_i{}^T \boldsymbol{d}_i} \boldsymbol{d}_i \right)$$

$$= \boldsymbol{x}^T \boldsymbol{x} - 2 \left(\frac{\boldsymbol{x}^T \boldsymbol{d}_i}{\boldsymbol{d}_i{}^T \boldsymbol{d}_i} \right) \boldsymbol{x}^T \boldsymbol{d}_i + \left(\frac{\boldsymbol{x}^T \boldsymbol{d}_i}{\boldsymbol{d}_i{}^T \boldsymbol{d}_i} \right)^2 \boldsymbol{d}_i{}^T \boldsymbol{d}_i$$

$$= \boldsymbol{x}^T \boldsymbol{x} - \frac{\left(\boldsymbol{x}^T \boldsymbol{d}_i \right)^2}{\boldsymbol{d}_i{}^T \boldsymbol{d}_i} \tag{2.8}$$

となる．そこで辞書行列の中から，(2.8) で定まる e が最小となる単語（辞書ベクトル）$\boldsymbol{d}_j$ を選び出す．

　直交マッチング追跡 (Orthogonal Matching Pursuit: OMP) では，$c_i \boldsymbol{d}_i$ で表すことができない残差ベクトル $\boldsymbol{x} - c_i \boldsymbol{d}_i$ を探索し，この残差ベクトルを $\boldsymbol{d}_i$ 以外の辞書ベクトルを用いて近似する．次にこの手順を繰り返し，残差ベクトルを最もよく表すことができる辞書ベクトル $\boldsymbol{d}_j$ と近似式 $c_j \boldsymbol{d}_j$ を求める．さらに，残差ベクトル $\boldsymbol{x} - c_i \boldsymbol{d}_i - c_j \boldsymbol{d}_j$ を表すのに適した辞書ベクトル $\boldsymbol{d}_k$ を定める．こうして順番に辞書ベクトルを選択して，関連する係数を求めていく．したがって，OMP は観測量 $\boldsymbol{x} \in \mathbb{R}^l$ に対して，以下のアルゴリズムで係数ベクトル $\boldsymbol{c} \in \mathbb{R}^m$ を求める方法である．

1. $k = 0$，サポート集合を空集合 $S^k = \emptyset$，残差ベクトル $\boldsymbol{r}^{(k)}$ を観測データ $\boldsymbol{r}^{(k)} = \boldsymbol{x}$ とする．

2. k 次の残差ベクトル $\boldsymbol{r}^{(k)}$，係数ベクトル $\boldsymbol{c}^k \in \mathbb{R}^m$，サポート集合 S^k が定まったとき，残差ベクトルと各辞書ベクトル $\boldsymbol{d}_i$ による近似との誤差を以下のように求める．

$$e_i = \min_{c_i} \left(\boldsymbol{r}^{(k)} - c_i \boldsymbol{d}_i \right)^T \left(\boldsymbol{r}^{(k)} - c_i \boldsymbol{d}_i \right)$$

$$= \boldsymbol{r}^{(k)T} \boldsymbol{r}^{(k)} - \frac{\left(\boldsymbol{r}^{(k)T} \boldsymbol{d}_i \right)^2}{\boldsymbol{d}_i{}^T \boldsymbol{d}_i}, \quad i = 1, 2, \ldots, m$$

3. この誤差を最小とする辞書ベクトルを選び，その番号をサポート集合に追加する（貪欲法）[4]．

$$\hat{i} = \underset{i \notin S^k}{\arg\min}\, e_i, \quad S^{k+1} = S^k \cup \left\{ \hat{i} \right\}$$

---

[4] 第 1 式は $\hat{i}$ が $\min_{i \notin S^k} e_i$ を達成することを表す．以下同様．

4. サポート集合に登録されたベクトルを用いた場合の係数ベクトルを，次の最小化問題によって計算して更新する

$$\boldsymbol{c}^{(k+1)} = \arg\min_{\boldsymbol{c}} (\boldsymbol{x} - D_{S^{k+1}}\boldsymbol{c})^T (\boldsymbol{x} - D_{S^{k+1}}\boldsymbol{c})$$

$$= \left(D_{S^{k+1}}{}^T D_{S^{k+1}}\right)^{-1} D_{S^{k+1}}{}^T \boldsymbol{x}$$

ただし係数ベクトルの非ゼロ要素数があらかじめ決められた数値以下であることとし，$D_{S^{k+1}}$ は与えられた係数行列 D のサポート集合 S^{k+1} に対応する部分である．

5. サポート集合の辞書行列 $D_{S^{k+1}}$ と係数ベクトル $\boldsymbol{c}^{(k+1)}$ を用いた近似 $D_{S^{k+1}}\boldsymbol{c}^{(k+1)}$ と観測データ $\boldsymbol{x}$ を用いて，残差ベクトルを更新する．

$$\boldsymbol{r}^{(k+1)} = \boldsymbol{x} - D_{S^{k+1}}\boldsymbol{c}^{(k+1)}$$

$$= \left(I - \left(D_{S^{k+1}}{}^T D_{S^{k+1}}\right)^{-1} D_{S^{k+1}}{}^T\right)\boldsymbol{x}$$

6. $k \to k+1$ として，第 2 ステップに戻る．

2.2.3 スパースコーディングのアルゴリズム (2)

辞書行列 D を固定し，与えられた n 個の観測データ $\boldsymbol{x}_i, i = 1, 2, \ldots, n$ に対して，それぞれに OMP を適用すると，この辞書に対してスパースな最適係数行列 $\boldsymbol{c}_i, i = 1, 2, \ldots, n$ を求めることができる．そこで次に，この係数行列 C を用いて最適な辞書行列 D を求めることを考える．すなわち

$$\hat{D} = \arg\min_{D} \|X - DC\|_2{}^2 = XC^T\left(CC^T\right)^{-1} \tag{2.9}$$

を解く．実際，この $\hat{D}$ の導出は，最適性の条件から，以下のフロベニウスノルムの微分公式の右辺を 0 とすればよい．

$$\frac{\partial}{\partial D}\|X - DC\|_2{}^2 = 2(DC - X)C^T$$

辞書行列を求める式 (2.9) では逆行列が含まれるが，逆行列の計算では，行列の階数が落ちて計算が不安定になることがあるので，逆行列を利用せずに辞書行列を計算することが普通である．K-特異値分解法 (K-Singular Value Decomposition: K-SVD) は，辞書行列全体を 1 回の計算で求めるのではなく，係数行列のスパース性を利用しながら，効率的に辞書行列を列ごとに更新する方法である．

この方法で辞書行列 D の第 i 列ベクトル $\boldsymbol{d}_i$ の最適値を求めるために，観測行列の近似式 DC を次のように分解する．

$$DC = \sum_{i=1}^{m} \boldsymbol{d}_i \tilde{\boldsymbol{c}}_i{}^T \tag{2.10}$$

ここで，$\tilde{\boldsymbol{c}}_i{}^T$ は係数行列 C の第 i 行ベクトルで，注目している辞書ベクトル $\boldsymbol{d}_i$ に対応する．式 (2.10) を，$\boldsymbol{d}_i \tilde{\boldsymbol{c}}_i{}^T$ とそれ以外の部分に分けることができる．

$$X - DC = X - \left(\sum_{j \neq i} \boldsymbol{d}_j \tilde{\boldsymbol{c}}_j{}^T + \boldsymbol{d}_i \tilde{\boldsymbol{c}}_i{}^T \right)$$

したがって，以下の関係式を満たす辞書ベクトル $\boldsymbol{d}_i$ が存在すれば，観測行列は辞書行列と係数行列によって完全に構成されることになる（図 2.10）．

$$X - \sum_{j \neq i} \boldsymbol{d}_j \tilde{\boldsymbol{c}}_j{}^T = \boldsymbol{d}_i \tilde{\boldsymbol{c}}_i{}^T \tag{2.11}$$

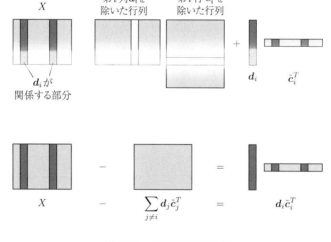

図 **2.10**　DC の分解操作

式 (2.11) の右辺は，図 2.11 に示すように特異値1つの特異値分解[※5]の形に書き表すことができる．また，式 (2.11) の左辺を特異値分解して求めら

[※5] 一般に，行列 $A \in \mathbb{R}^{m \times n}$ ($\operatorname{rank} A = r$) は，直交行列 $U \in \mathbb{R}^{m \times m}, V \in \mathbb{R}^{n \times n}$ と対角行列 $\Sigma \in \mathbb{R}^{m \times n}$ の積に分解することができる：$A = U \Sigma V^T$．対角行列 Σ の対角成分が非ゼロとゼロの部分があり，U, V^T をそれに応じて分割すると，以下のように表すこ

$$d_i \tilde{c}_i^T \qquad \text{特異値分解} \qquad \text{特異値}$$

図 2.11 特異値分解

れる行列は，元の行列の近似となる．そこで

$$X - \sum_{j \neq i} d_j \tilde{c}_j{}^T$$

を求め，その特異値分解（最大特異値を 1 個と設定）を行うことによって，d_i と $\tilde{c}_i{}^T$ が得られる．

　しかし，これだけでは，$\tilde{c}_i{}^T$ がスパース（非ゼロ要素数が少数）になる保証はない．そこで，$\tilde{c}_i{}^T$ の非ゼロ要素の位置情報を活用する．図 2.12 のように，観測行列 X および行列

$$\sum_{j \neq i} d_j \tilde{c}_j{}^T$$

から，$\tilde{c}_i{}^T$ の非ゼロ要素の位置に対応する列ベクトルだけを残してその差分の行列を計算し，この行列の特異値分解を用いて，辞書ベクトル d_i を求めることで，係数行列のスパース性を維持しながら，最適な辞書行列を導出することができるのである．

　まとめると，観測行列 X を再構成する辞書行列 D と係数行列 C を求めるために，辞書行列 D を固定して，係数行列 C を最適化する OMP 法を適用し，次に係数行列 C を固定して，式 (2.9) や K-SVD 法によって辞書行列 D を最適化するというプロセスを繰り返す．

とができる．

$$U\varSigma V^T = (U_r\, U_{m-r}) \begin{pmatrix} \varSigma_r & 0 \\ 0 & 0 \end{pmatrix} \begin{pmatrix} V_r{}^T \\ V_{n-r}{}^T \end{pmatrix} = U_r \varSigma_r V_r{}^T$$

$$\varSigma_r = \mathrm{diag}\,(\sigma_1, \sigma_2, \ldots, \sigma_r)$$

行列 A を上記のように表現することを特異値分解といい，σ_k を特異値とよぶ．第 4 章 4.1 節でも用いる．

$\tilde{c}_i^T$ の非ゼロ要素の位置情報を活用する

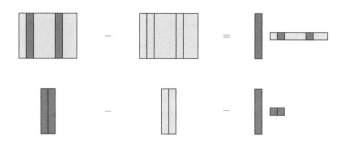

図 2.12　K-SVD 法

●コラム 4　ブラックホールの撮影

　ブラックホールは宇宙で最も高密度な天体であり，その強力な重力によってさまざまな天体現象を引き起こす．たとえば ブラックホールの中心では光が脱出できなくなり，漆黒の影（ブラックホールシャドウ）ができる．ブラックホールが存在することは確実とされつつも，ブラックホールシャドウを直接観測することは長い間の懸案事項であった．ブラックホールの撮影では，複数の電波干渉計を用いた計測値を再構成することが必要である．電波干渉計の計測値 V と天体画像 I の間には線形関係 $V = FI$ が成り立つ．この関係式を観測方程式，F を観測行列という．限られた数の計測系で取得できるデータ V のサイズは，天体画像 I の画素数と比較して小さくなるため，観測方程式を満足する天体画像 I の候補は無数に存在することになり，天体画像は一意に定まらない．観測行列 F を既知として LASSO (Least Absolute Shrinkage and Selection Operation) を用いると，天体画像は以下の最適化問題で推定される．

$$\arg\min_{I \geq 0} \left(\|V - FI\|_2^2 + \Lambda \|I\|_1 \right)$$

これにより，観測方程式をできる限り近似する画像の中から，画像中の各画素が非負であり，かつ多くの画素がゼロ（黒）になるような天体画像を求めることができる（下図）．膨大な説明変数に対して少しの計測データから重要な低次元特徴量を抽出するスパースモデリングは，宇宙だけでなく MRI データから鮮明な映像を生成する技術，製造ラインにおける欠陥品を検出する技術のように，医療・産業などのさまざまな分野で活用されている．

図 2.13 イベント・ホライズン・テレスコープで撮影された銀河 M87 中心ブラックホールの画像 (Credit: EHT Collaboration)

節末問題

2.2 スパースモデリングが適用されている例を検索し，スパースモデリングによる利点を説明せよ．

ねらい スパースモデリングは，データが複雑膨大になりつつある社会において，現象を簡潔に説明するうえで必要不可欠な技術となっている．さまざまな適用例を通して，スパースモデリングの重要性や応用範囲の広さを体験する．

2.3 ● 変分ベイズ法

データに最もよく適合するモデルを見出すことは，データサイエンスの重要な役割の 1 つであり，回帰分析など，そのプロセスは最適化として定式されることが多い．最適化は変分法のひとつであり，オイラー・ラグランジュ方程式はその 1 つのアプローチである間接法の基礎となるものである．本節では最初にオイラー・ラグランジュ方程式を導出し，次にベイズ統計の基本的な考え方を解説する．最後に，両者が融合した適用例として，不完全データに対する統計的推測で有効な変分ベイズ法，特に混合ガウスモデルを

用いたクラスタリングなどで用いられる EM (Expectation Maximization)
アルゴリズムについて述べる.

2.3.1　変分法

　関数に対して実数を対応させる関数を汎関数という. 関数 $y = y(x)$ を変
数にもつ汎関数を $I[y]$ と記述することにする. ここでは汎関数として, 独
立変数 x, 関数 $y(x)$ およびその導関数 $y'(x)$ を変数にもつ関数 $F(x, y, y')$ の
積分として以下のように表されるものを考える.

$$I[y] = \int_{x_0}^{x_1} F(x, y(x), y'(x)) \, \mathrm{d}x$$

このような積分の形で与えられる汎関数を特に積分汎関数とよぶ. そして,
この積分汎関数 $I[y]$ を最小もしくは最大にする関数 $y(x)$ を求める問題を
変分問題とよび, それを解く方法を変分法という. 変分法の応用範囲は広
い[※6].

例 2.1　2 点 $P_0(x_0, y_0), P_1(x_1, y_1)$ を結ぶ曲線 $y = y(x)$ を考える. 微小な
$\Delta x, \Delta y$ に対して, この曲線上の 2 点 $P(x, y), Q(x + \Delta x, y + \Delta y)$ 間の距離 Δs
は, 以下のように表すことができる.

$$\Delta s^2 = \Delta x^2 + \Delta y^2 = \Delta x^2 + \left(\frac{\mathrm{d}y}{\mathrm{d}x} \Delta x \right)^2 = \left(1 + \left(\frac{\mathrm{d}y}{\mathrm{d}x} \right)^2 \right) \Delta x^2$$

曲線 $y = y(x)$ の $x_0 \le x \le x_1$ 間の距離は, $x = x_0$ から $x = x_1$ にわたる,
微小な Δs の和として求めることができるので

$$I[y] = \int_{x_0}^{x_1} \mathrm{d}s = \int_{x_0}^{x_1} \sqrt{1 + y'(x)^2} \, \mathrm{d}x$$

と表現される. すなわち, P_0, P_1 の距離が最小となる曲線を求める問題は,
上述の積分汎関数 $I[y]$ を最小化する変分問題になる. 特に, P_0, P_1 を端点
として, 長さが最小となる曲線の関数は P_0, P_1 を通る直線となる.

　変分問題の典型的なものが, 関数 $y = y(x)$ の両端 $x = x_0, x_1$ における
$y(x_0), y(x_1)$ を固定するという条件のもとで, 積分汎関数 $I[y]$ を最小もしく

[※6]　[4] 口絵には消防署の最適配置の例があげられている.

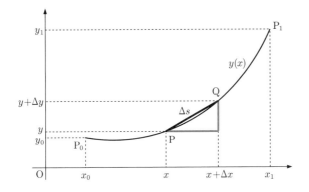

図 2.14　最短距離，積分汎関数と変分問題

は最大にする問題であり，以下のように表される.

$$I[y] = \int_{x_0}^{x_1} F(x, y(x), y'(x)) \, \mathrm{d}x$$

を最小もしくは最大にする $y(x)$ を求めよ. ただし，以下の境界条件を満足するものとする.

$$\begin{cases} y(x_0) = y_0 \\ y(x_1) = y_1 \end{cases}$$

なお，y_0, y_1 は与えられている.

図 2.15 に示すように，最適な関数 $y = y(x)$ と境界条件を満たしながら $y(x)$ に少しだけ変動を加えた関数 $y_\varepsilon(x) = y(x) + \varepsilon\eta(x)$ を考える. ここで，ε は微小パラメータ，$\eta(x)$ は任意の連続微分可能な関数である. 境界条件から，任意関数は以下を満たさなくてはならない.

$$\begin{cases} \eta(x_0) = 0 \\ \eta(x_1) = 0 \end{cases}$$

積分汎関数 $I[y]$ に y_ε を代入する.

$$I[y_\varepsilon] = \int_{x_0}^{x_1} F(x, y_\varepsilon(x), y_\varepsilon{}'(x)) \, \mathrm{d}x = \tilde{I}(\varepsilon)$$

$\tilde{I}(\varepsilon)$ を，微小パラメータ ε の関数とみなすと，$\varepsilon = 0$ のときに $\tilde{I}(\varepsilon)$ は最小

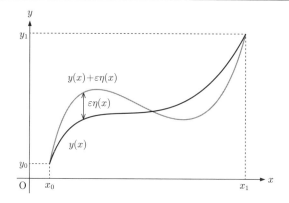

図 2.15 境界固定条件での最適関数と微小変動

となる. すなわち, 最適性条件を満足することになる.

$$\left.\frac{\mathrm{d}\tilde{I}(\varepsilon)}{\mathrm{d}\varepsilon}\right|_{\varepsilon=0} = 0$$

上式の左辺を以下のように変形する.

$$\frac{\mathrm{d}\tilde{I}(\varepsilon)}{\mathrm{d}\varepsilon} = \frac{\mathrm{d}}{\mathrm{d}\varepsilon}\int_{x_0}^{x_1} F(x, y_\varepsilon(x), y_\varepsilon{}'(x))\,\mathrm{d}x$$

$$= \int_{x_0}^{x_1}\left(\frac{\partial F}{\partial y_\varepsilon}\frac{\partial y_\varepsilon}{\partial \varepsilon} + \frac{\partial F}{\partial y_\varepsilon{}'}\frac{\partial y_\varepsilon{}'}{\partial \varepsilon}\right)\mathrm{d}x$$

$y_\varepsilon = y(x) + \varepsilon\eta(x)$ およびその導関数 $y_\varepsilon{}' = y'(x) + \varepsilon\eta'(x)$ を上式に代入すると,

$$\frac{\mathrm{d}\tilde{I}(\varepsilon)}{\mathrm{d}\varepsilon} = \int_{x_0}^{x_1}\left(\frac{\partial F}{\partial y_\varepsilon}\eta(x) + \frac{\partial F}{\partial y_\varepsilon{}'}\eta'(x)\right)\mathrm{d}x$$

が得られる. $\varepsilon = 0$ のときの最適性の条件の式より, 以下の関係式が導かれる.

$$\left.\frac{\mathrm{d}\tilde{I}(\varepsilon)}{\mathrm{d}\varepsilon}\right|_{\varepsilon=0} = \int_{x_0}^{x_1}\left(\frac{\partial F}{\partial y}\eta(x) + \frac{\partial F}{\partial y'}\eta'(x)\right)\mathrm{d}x = 0 \qquad (2.12)$$

部分積分により, 上式の第2項は以下のように書き換えることができる.

$$\int_{x_0}^{x_1}\frac{\partial F}{\partial y'}\eta'(x)\,\mathrm{d}x = \left[\frac{\partial F}{\partial y'}\eta(x)\right]_{x_0}^{x_1} - \int_{x_0}^{x_1}\left(\frac{\mathrm{d}}{\mathrm{d}x}\frac{\partial F}{\partial y'}\right)\eta(x)\,\mathrm{d}x$$

これを式 (2.12) に代入すると，

$$\frac{\mathrm{d}\tilde{I}(\varepsilon)}{\mathrm{d}\varepsilon}\bigg|_{\varepsilon=0} = \left[\frac{\partial F}{\partial y'}\eta(x)\right]_{x_0}^{x_1} + \int_{x_0}^{x_1}\left[\frac{\partial F}{\partial y}\eta(x) - \left(\frac{\mathrm{d}}{\mathrm{d}x}\frac{\partial F}{\partial y'}\right)\eta(x)\right]\mathrm{d}x$$

$\eta(x_0) = \eta(x_1) = 0$ なので，上式の第 1 項は 0 となる．したがって，以下のような関係式が導かれる．

$$\frac{\mathrm{d}\tilde{I}(\varepsilon)}{\mathrm{d}\varepsilon}\bigg|_{\varepsilon=0} = \int_{x_0}^{x_1}\left[\frac{\partial F}{\partial y} - \frac{\mathrm{d}}{\mathrm{d}x}\left(\frac{\partial F}{\partial y'}\right)\right]\eta(x)\,\mathrm{d}x = 0 \tag{2.13}$$

任意の関数 $\eta(x)$ に対して式 (2.13) が成り立つので，最適解 $y(x)$ は以下の関係式を満足しなければならないことになる．

$$\frac{\partial F}{\partial y} - \frac{\mathrm{d}}{\mathrm{d}x}\left(\frac{\partial F}{\partial y'}\right) = 0 \tag{2.14}$$

式 (2.14) をオイラー・ラグランジュ方程式とよび，この解が積分汎関数の停留関数となる．関数が積分汎関数を最小もしくは最大にするには，$y(x)$ が停留関数，すなわちオイラー・ラグランジュ方程式の解でなければならない．

例 2.2 例 2.1 の場合は

$$F(x, y, y') = \sqrt{1 + y'^2}$$

であり

$$\frac{\partial F}{\partial y} = 0, \quad \frac{\partial F}{\partial y'} = \frac{y'}{\sqrt{1 + y'^2}}$$

よってオイラー・ラグランジュ方程式は

$$-\frac{\mathrm{d}}{\mathrm{d}x}\left(\frac{y'(x)}{\sqrt{1 + y'(x)^2}}\right) = 0$$

これより $y''(x) = 0$ となり，$y(x)$ は 1 次関数．したがって，2 点 P_0, P_1 を通る最短曲線は，これらの点を端点とする線分であることがわかる．

2.3.2 ベイズ推定

統計学の目的の 1 つに，現実世界（観測データ）から背後構造（モデル）を推測することがある．ここに観測事象（データ）とモデルパラメータからなるデータセットがあり，モデルパラメータ θ が発生する割合（事前確率）$P(\theta)$ が各 θ について推定されているものとする．一方，特別な事象 X

について，モデルパラメータが θ のときに X が発生する割合（条件確率）$P(X|\theta)$ がすべての θ について知られていたとする．するとベイズの定理

$$P(\theta|X) = \frac{P(X|\theta)P(\theta)}{\int P(X|\theta)P(\theta)\,\mathrm{d}\theta} \tag{2.15}$$

によって，事象 X のもとで，モデル θ が発生する割合（事後確率）$P(\theta|X)$ を，すべての θ について求めることができる．ベイズ推定は事後確率 $P(\theta|X)$ によって事前確率 $P(\theta)$ を修正し，上記課題に対処するものである．

　例として迷惑メールの判定について述べる．1 通のメールを受け取り，その中に「請求書」という単語が使用されていたとする．メールを始めた段階では，メールに関する知識や経験がないので，このメールが「迷惑メール」なのか「正常メール」なのか判断が付かなかったが，メールを使い続けるにつれてデータが集まり，「賞金が当たりました」「請求書を送ります」などの文言があるメールは高い精度で「迷惑メール」であると気が付いていたとする．

　すでに 1 万通のメールが手元にあり，そのすべてについて正常メール，迷惑メールが分類されているのであれば，請求書という単語を含むメールが迷惑メールである確率 $P(迷惑メール|請求書)$ を計算することができる．しかしこのようなタスクは，データが大量であるということと，迷惑メールか正常メールかの分類が明確にできないという 2 つの点で，実際的ではない．ここでベイズ推定を適用するのであれば，メールが正常であるか迷惑であるかという事前確率を与えなければならない．たとえばおおよその経験から「迷惑メール」である確率 0.5，「正常メール」である確率 0.5 であると判断するのであれば，

$$P(迷惑メール) = 0.5, \quad P(正常メール) = 0.5 \tag{2.16}$$

とすることになる．

　今必要なのは，「請求書」という単語が含まれているメールが迷惑メールであるという確率である $P(迷惑メール|請求書)$ である．そこでこれを事後確率として，「請求書」という単語が迷惑メールに入っている確率と，同じ単語が正常メールに入っているという確率を調べる．そのために，「迷惑メール」「正常メール」が明確であるサンプルをとって計算する．たとえば迷惑

メールを 10 通取り出して そのうち 6 通のメールに「請求書」という単語が含まれていること，また正常メールを 10 通取り出して，そのうちの 1 通のメールにだけ「請求書」という単語が使用されていたとする．

この場合ベイズ推定では次のように議論する．まず，モデルパラメータ θ は「迷惑メール」「正常メール」の 2 つで，事象 X は「請求書」であるから，(2.15) より

$$P(\text{迷惑メール} | \text{請求書}) = \frac{P(\text{請求書} | \text{迷惑メール})P(\text{迷惑メール})}{P(\text{請求書})}$$

$$P(\text{正常メール} | \text{請求書}) = \frac{P(\text{請求書} | \text{正常メール})P(\text{正常メール})}{P(\text{請求書})} \tag{2.17}$$

となる．次に条件確率については (2.16) を用いて

$$P(\text{請求書} | \text{迷惑メール}) = \frac{6}{10} = 0.6, \quad P(\text{請求書} | \text{正常メール}) = \frac{1}{10} = 0.1$$

を適用する．(2.17) で $P(\text{請求書})$ で割る操作を省略したのが確信度で，それぞれ

$$P(\text{迷惑メール} | \text{請求書}) \propto 0.6 \times 0.5 = 0.3$$

$$P(\text{正常メール} | \text{請求書}) \propto 0.1 \times 0.5 = 0.05$$

となる．左辺同士をたすと 1 になるので，事後確率は

$$P(\text{迷惑メール} | \text{請求書}) = \frac{0.3}{0.3 + 0.05} = 0.86$$

$$P(\text{正常メール} | \text{請求書}) = \frac{0.05}{0.3 + 0.05} = 0.14$$

と計算される．

以上のようにベイズ統計による推論は，データから事象 X に関する条件確率の族 $\{P(X|\theta) | \theta\}$ を求めることにより，X が発生したときの各モデル θ の事後確率（確信度）を事前確率から割り出すものである．その骨子は，データの不明瞭性をその大量性によって補完して事前確率を定め，少数の明瞭なデータをサンプリングして条件確率を求めることで，事後確率を説得力のあるものにすることにある．次節に述べるベイズフィルタは，上記ベイズ理論を活用してデータ（メール）を振り分ける処理である．

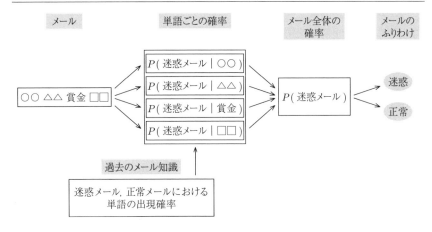

2.3.3　変分ベイズ法

ベイズの定理 (2.15) における右辺の分母

$$f(X) = \int P(X\,|\,\theta)P(\theta)\,\mathrm{d}\theta$$

を周辺尤度とよぶ. 古典的なベイズ統計は事前分布 $P(\theta)$ を与え, 既存の
データから $P(X\,|\,\theta)$ を求め, (2.15) を

$$P(\theta\,|\,X) \propto P(X\,|\,\theta)P(\theta) \tag{2.18}$$

と読み替えて, 確信度を計算する. さらにフィルタをかける場合には, (2.18)
右辺の分布から最適の θ を推定する.

　しかしのちに述べる隠れ変数を仮定しなければならないときは, 事前分布
$P(\theta)$ も未知であるとしなければならない. この場合には, 周辺尤度 $f(X)$
を最大にする $P(\theta)$ を求めるのが合理的で, この方法をより簡便にしたもの
が変分ベイズ法である.

　変分ベイズ法では

$$P(X,\theta) = P(X\,|\,\theta)P(\theta)$$

とおいたとき, $q(\theta)$ を任意の確率分布としたときイェンセンの不等式[7]に

---

[7] 離散的な場合は, 凸関数 $g(x)$ に対して成り立つ不等式 $\lambda_1 g(x_1) + \lambda_2 g(x_2) + \cdots + \lambda_n g(x_n) \geq g(\lambda_1 x_1 + \lambda_2 x_2 + \cdots + \lambda_n x_n)$ を指す. ただし $\lambda_i \geq 0, 1 \leq i \leq n$, かつ $\lambda_1 + \lambda_2 + \cdots + \lambda_n = 1$ である. ここでは $g(x) = -\ln x$ として適用する.

よって成り立つ

$$\ln f(X) = \ln \int P(X,\theta)\,\mathrm{d}\theta = \ln \int q(\theta)\frac{P(X,\theta)}{q(\theta)}\,\mathrm{d}\theta$$

$$\geq \int q(\theta)\ln\frac{P(X,\theta)}{q(\theta)}\,\mathrm{d}\theta = L(q(\theta)) \tag{2.19}$$

に着目して，$L(q(\theta))$ を最大化する $q(\theta)$ を選ぶ．

ベイズの定理 (2.15) によって

$$P(X,\theta) = f(X)P(\theta\,|\,X)$$

であり，このことから

$$\ln f(X) - L(q(\theta)) = \ln f(X) - \int q(\theta)\ln\frac{P(X,\theta)}{q(\theta)}\,\mathrm{d}\theta$$

$$= \ln f(X) - \int q(\theta)\ln\frac{f(X)\,P(\theta\,|\,X)}{q(\theta)}\,\mathrm{d}\theta$$

$$= \ln f(X) - \int q(\theta)\ln f(X)\,\mathrm{d}\theta - \int q(\theta)\ln\frac{P(\theta\,|\,X)}{q(\theta)}\,\mathrm{d}\theta$$

$$= \ln f(X) - \ln f(X)\int q(\theta)\,\mathrm{d}\theta - \int q(\theta)\ln\frac{P(\theta\,|\,X)}{q(\theta)}\,\mathrm{d}\theta$$

$$= \int q(\theta)\ln\frac{q(\theta)}{P(\theta\,|\,X)}\,\mathrm{d}\theta = \mathrm{KL}(q(\theta)\,\|\,P(\theta\,|\,X)) \tag{2.20}$$

が得られる．ただし

$$\mathrm{KL}(q(\theta)\,\|\,P(\theta\,|\,X)) = \int q(\theta)\ln\frac{q(\theta)}{P(\theta\,|\,X)}\,\mathrm{d}\theta$$

はカルバック・ライブラー情報量である[8]．等式 (2.20) より，変分ベイズ法はカルバック・ライブラー情報量を最小化する $q(\theta)$ を求めることと同値であることがわかる．

　観測できるデータ（観測データ）は現実の一断面であり，すべての情報が観測できているわけではない．観測データと観測できないデータ（非観測データ）の組を完全データとよぶ．不完全データのうち，非観測データのモ

---

[8] x を確率変数とする 2 つの分布 $p(x), q(x)$ 間のカルバック・ライブラー情報量は

$$\mathrm{KL}(p(x)\,\|\,q(x)) = \int p(x)\ln\frac{p(x)}{q(x)}\,\mathrm{d}x$$

で与えられる．2 つの分布が等しいときはゼロ，異なるとき正となり，分布間の非類似度の指標として扱われる．

デルパラメータ z を隠れ変数という. このとき事前分布は $P(\theta, z)$ で表示され, 既知であるとすることはできない. 隠れ変数の例としては, 文書中におけるトピックスや, 時系列信号の変化点などがある. 変分ベイズ法はトピックス推定など, 隠れ変数が想定される場合に適用することが多い.

このとき, 観測データ $X = \{x_1, x_2, \ldots, x_N\}$ に対する周辺尤度は

$$P(X, z, \theta) = P(X \,|\, z, \theta) P(z, \theta)$$

を用いて

$$f(X) = \int P(X, z, \theta) \,\mathrm{d}z\mathrm{d}\theta \tag{2.21}$$

で与えられ, ベイズの定理は

$$P(X, z, \theta) = f(X) P(z, \theta \,|\, X) \tag{2.22}$$

で表される.

変分ベイズ法によって

$$\int q(z, \theta) \ln \frac{P(X, z, \theta)}{q(z, \theta)} \,\mathrm{d}z\mathrm{d}\theta = L(q(z, \theta))$$

を最大化する確率分布 $q(z, \theta)$ を求めるため, 隠れ変数 z とモデルパラメータ θ が独立であり,

$$q(z, \theta) = q_1(z) q_2(\theta)$$

と分離することができるものと仮定する[※9]. したがってこの方法は

$$\operatorname*{maximize}_{q_1(z),\; q_2(\theta)} \int q_1(z) q_2(\theta) \ln \frac{P(X, z, \theta)}{q_1(z) q_2(\theta)} \,\mathrm{d}z\mathrm{d}\theta \tag{2.23}$$

のように変分問題として定式化できる.

最初に隠れ変数 z の分布関数 $q_1(z)$ について最大化する. 式 (2.23) において $q_2(\theta)$ を固定し, 積分汎関数

$$I[q_1] = \int F(z, q_1(z)) \,\mathrm{d}z$$

$$F(z, q_1(z)) = \int q_1(z) q_2(\theta) \ln \frac{P(X, z, \theta)}{q_1(z) q_2(\theta)} \,\mathrm{d}\theta$$

[※9] 統計力学における平均場近似に相当する.

を定める．この積分汎関数を最大化する $q_1(z)$ は，オイラー・ラグランジュ
方程式

$$\frac{\partial F}{\partial q_1} - \frac{\mathrm{d}}{\mathrm{d}z}\left(\frac{\partial F}{\partial q_1'}\right) = 0 \tag{2.24}$$

を満たす．$F(z, q_1(z))$ は，$q_1' = q_1'(z)$ を陽に含んでいないので，式 (2.24) は

$$\frac{\partial F}{\partial q_1} = 0 \tag{2.25}$$

に帰着される．ここで

$$\frac{\partial F}{\partial q_1} = -\frac{\partial}{\partial q_1}\int q_1(z)q_2(\theta)\ln\frac{q_1(z)q_2(\theta)}{P(X, z, \theta)}\,\mathrm{d}\theta$$

$$= -\int q_2(\theta)\ln\frac{q_1(z)q_2(\theta)}{P(X, z, \theta)} + q_1(z)q_2(\theta)\frac{P(X, z, \theta)}{q_1(z)q_2(\theta)}\frac{q_2(\theta)}{P(X, z, \theta)}\,\mathrm{d}\theta$$

$$= -\int q_2(\theta)\ln q_1(z) + \ln\frac{q_2(\theta)}{P(X, z, \theta)} + q_2(\theta)\,\mathrm{d}\theta$$

$$= -\ln q_1(z) - \int q_2(\theta)\ln\frac{q_2(\theta)}{P(X, z, \theta)}\,\mathrm{d}\theta - 1$$

であるから，式 (2.25) から

$$\ln q_1(z) - \int q_2(\theta)\ln\frac{P(X, z, \theta)}{q_2(\theta)}\,\mathrm{d}\theta - 1$$

したがって

$$q_1(z) = \exp\left(\int q_2(\theta)\ln\frac{P(X, z, \theta)}{q_2(\theta)}\right)\exp(-1)\,\mathrm{d}\theta$$

$$\propto \exp\left(\int q_2(\theta)\ln\frac{P(X, z, \theta)}{q_2(\theta)}\,\mathrm{d}\theta\right) \tag{2.26}$$

が得られる．

同様に，式 (2.23) において $q_1(z)$ を固定し，$q_2(\theta)$ について最大化すれば

$$q_2(\theta) \propto \exp\left(\int q_1(z)\ln\frac{P(X, z, \theta)}{q_1(z)}\,\mathrm{d}z\right) \tag{2.27}$$

が得られるので，変分ベイズ法を使った解法アルゴリズムでは，隠れ変数と
モデルパラメータを交互に更新する．ここで $\{P(X\,|\,z, \theta)\,|\,z, \theta\}$ は既知量と
し，$P(X, z, \theta)$ も式

$$P(X, z, \theta) = P(X\,|\,z, \theta)q_1(z)q_2(\theta)$$

を用いて更新する．

以上をまとめると次のようになる.

1. 隠れ変数やモデルパラメータの分布を初期化する.
2. 分布 $q_2(\theta)$ を使って，$q_1(z)$ を更新する.
3. 分布 $q_1(z)$ を使って，$q_2(\theta)$ を更新する.
4. 第2，第3ステップを繰り返す.

節末問題

2.3　変分ベイズ法が利用されている例を検索せよ.

ねらい データの処理において隠れ変数が意識され，その統計的な取り扱いにおいて最適化の方法が使われていることを，実例によって理解する[※10].

2.4 ● パーティクルフィルタ

2.4.1　ベイズフィルタ

　前小節で述べたように，隠れ変数がある場合，観測データは不完全であり，状態量の一部を反映したものでしかない. ベイズフィルタは，ベイズ推定によってデータを分類したり判別したりするフィルタである. その時点での観測データから状態遷移を先験的に与えるのではなく，次の時点での観測データを活用し，計算機資源を有効に利用しながらシミュレーションして次の時点の状態を推定するものである. たとえばカメラ映像中の物体の3次元姿勢を推定する場合，さまざまな3次元姿勢の撮影画像を人工的に作成し，実際の映像と比較して各3次元姿勢の推定の良し悪しを計算する. この良し悪しを姿勢の分布とみなして，再度3次元姿勢をリサンプリングして同じ操作を繰り返すと，少しずつ撮影画像に整合する物体姿勢を求めることができる[※11].

[※10] セキュリティ，運用管理，バックアップなどのIT関連支出データから企業を分類する例として https://www.nikkei.com/article/DGXLRSP497156_T01C18A2000000/ がある.

[※11] 第4章4.3節参照. 光や音を用いて距離を測る Lidar センサを用いて地図作製やロボットの自己位置を同定することにも活用されている.
https://xtech.nikkei.com/dm/atcl/mag/15/00141/00057/

カルマンフィルタはベイズフィルタの1つで，状態と観測の遷移は線形として，混合正規分布に従うノイズを仮定する．パーティクルフィルタは，線形性を仮定せず，状態量の変化を記述するダイナミックモデルと，状態量の観測状況を表す観測方程式を用いて，以下のような手続きをとるものである．

1. ダイナミックモデルにより，現在の状態分布から複数の次の状態（粒子，パーティクル）を生成する．
2. 観測方程式により，生成された各状態と観測データとの整合性を数値として評価する．
3. 評価値に基づいて，生成された状態量の分布を修正する．
4. 最初のステップに戻る．

具体的に記述するために次のような変数を用意する．

- 時刻 k の状態量 $\boldsymbol{x}_k \in \mathbb{R}^n$
- 時刻 k の観測値 $\boldsymbol{y}_k \in \mathbb{R}^p$
- 時刻 k の状態変数ノイズ $\boldsymbol{w}_k \in \mathbb{R}^m$，観測値ノイズ $\boldsymbol{v}_k \in \mathbb{R}^r$

このとき，状態量については状態方程式より

$$\boldsymbol{x}_{k+1} = f_k(\boldsymbol{x}_k, \boldsymbol{w}_k)$$

で遷移し，状態量と観測値との関係は観測方程式

$$\boldsymbol{y}_k = h_k(\boldsymbol{x}_k, \boldsymbol{v}_k)$$

によって定まる．ノイズは平均0の正規分布に従う，k について独立な確率変数（白色雑音）で，状態方程式や観測方程式は事前に与えられているものとする．さらに次の量を与える．

- 時刻 k までの観測値集合 $D_k = \{\boldsymbol{y}_1, \boldsymbol{y}_2, \ldots, \boldsymbol{y}_k\}$
- 時刻 $k = 1$ での初期状態確率 $p(\boldsymbol{x}_1 | \boldsymbol{y}_1) = p(\boldsymbol{x}_1)$

ここで $p(\boldsymbol{x}_1 | \boldsymbol{y}_1)$ は前節でも用いた条件確率で，観測値が $\boldsymbol{y}_1$ であるような状態量 $\boldsymbol{x}_1$ が生起する状態確率であり，上記は初期状態 $\boldsymbol{x}_1$ の分布 $p(\boldsymbol{x}_1)$ は観測値 $\boldsymbol{y}_1$ の影響を受けず，あらかじめ定まっていることを表している．

パーティクルフィルタの方法は，時刻 k の観測データを用いて時刻 k の状態分布予測を修正するために，時刻 $k-1$ までの観測値から時刻 k の状態

の分布 $p(\boldsymbol{x}_k \,|\, D_{k-1})$ を計算する予測と，時刻 k の観測値を用いて時刻 k の状態の分布 $p(\boldsymbol{x}_k \,|\, D_k)$ を計算する更新とを繰り返し，観測データに整合するように状態の分布を逐次的に推定する．

最初に，時刻 $k-1$ までの観測値 $D_{k-1} = \{\boldsymbol{y}_1, \boldsymbol{y}_2, \ldots, \boldsymbol{y}_{k-1}\}$ のもとで，時刻 $k-1$ で状態量 $\boldsymbol{x}_{k-1}$ が生起する確率は $p(\boldsymbol{x}_{k-1} \,|\, D_{k-1})$ であるので，観測値 D_{k-1} のもとで状態量 $\boldsymbol{x}_k$ が生起する確率は

$$p(\boldsymbol{x}_k \,|\, D_{k-1}) = \int p(\boldsymbol{x}_k \,|\, \boldsymbol{x}_{k-1}) p(\boldsymbol{x}_{k-1} \,|\, D_{k-1}) \, \mathrm{d}\boldsymbol{x}_{k-1} \tag{2.28}$$

となる．(2.28) をチャップマン・コルモゴロフの式という．

同様に，状態 $\boldsymbol{x}_{k-1}$ のもとで，$\boldsymbol{x}_k$ が生起する確率 $p(\boldsymbol{x}_k \,|\, \boldsymbol{x}_{k-1})$ は

$$p(\boldsymbol{x}_k \,|\, \boldsymbol{x}_{k-1}) = \int p(\boldsymbol{x}_k \,|\, \boldsymbol{x}_{k-1}, \boldsymbol{w}_{k-1}) p(\boldsymbol{w}_{k-1} \,|\, \boldsymbol{x}_{k-1}) \, \mathrm{d}\boldsymbol{w}_{k-1} \tag{2.29}$$

を満たす．式 (2.29) において，ノイズ $\boldsymbol{w}_{k-1}$ と状態 $\boldsymbol{x}_{k-1}$ が独立であるとすると

$$p(\boldsymbol{w}_{k-1} \,|\, \boldsymbol{x}_{k-1}) = p(\boldsymbol{w}_{k-1}) \tag{2.30}$$

であり，$p(\boldsymbol{x}_k \,|\, \boldsymbol{x}_{k-1}, \boldsymbol{w}_{k-1})$ に対しては状態方程式が適用されるので，

$$p(\boldsymbol{x}_k \,|\, \boldsymbol{x}_{k-1}) = \int \delta(\boldsymbol{x}_k - f_{k-1}(\boldsymbol{x}_{k-1}, \boldsymbol{w}_{k-1})) p(\boldsymbol{w}_{k-1}) \, \mathrm{d}\boldsymbol{w}_{k-1} \tag{2.31}$$

が成り立つ[12]．式 (2.31) は，サンプリングによって大量の $(\boldsymbol{x}_{k-1}, \boldsymbol{w}_{k-1})$ を獲得すれば，$p(\boldsymbol{x}_k \,|\, \boldsymbol{x}_{k-1})$ が計算できることを表している．

式 (2.28) において，$p(\boldsymbol{x}_{k-1} \,|\, D_{k-1})$ は既知であるので，求めた $p(\boldsymbol{x}_k \,|\, \boldsymbol{x}_{k-1})$ を用いて $p(\boldsymbol{x}_k \,|\, D_{k-1})$ が計算できる．すなわち，このプロセスによって時刻 $k-1$ までの観測データ D_{k-1} から時刻 k での状態分布 $p(\boldsymbol{x}_k \,|\, D_{k-1})$ を予測する．

次に，時刻 k の観測値 $\boldsymbol{y}_k$ を用いて $p(\boldsymbol{x}_k \,|\, D_k)$ を推定する．ベイズの定理

$$p(\boldsymbol{x}_k \,|\, D_k) = p(\boldsymbol{x}_k \,|\, D_{k-1}, \boldsymbol{y}_k) = \frac{p(\boldsymbol{x}_k, \boldsymbol{y}_k \,|\, D_{k-1})}{p(\boldsymbol{y}_k \,|\, D_{k-1})}$$

$$= \frac{p(\boldsymbol{y}_k \,|\, \boldsymbol{x}_k, D_{k-1}) p(\boldsymbol{x}_k \,|\, D_{k-1})}{p(\boldsymbol{y}_k \,|\, D_{k-1})}$$

---

[12] 式 (2.31) において δ はディラックのデルタ関数である．平均 0，分散 0 の正規分布に対応する．

において，観測方程式から観測値 $\boldsymbol{y}_k$ は他の観測値 $\boldsymbol{y}_1, \boldsymbol{y}_2, \ldots, \boldsymbol{y}_{k-1}$ に依存しないので，

$$p(\boldsymbol{x}_k \,|\, D_k) = \frac{p(\boldsymbol{y}_k \,|\, \boldsymbol{x}_k)p(\boldsymbol{x}_k \,|\, D_{k-1})}{p(\boldsymbol{y}_k \,|\, D_{k-1})} \tag{2.32}$$

が成り立つ．上記の予測過程により，式 (2.32) において分母 $p(\boldsymbol{x}_k \,|\, D_{k-1})$ は推定済みである．分子の $p(\boldsymbol{y}_k \,|\, \boldsymbol{x}_k)$ に関しては，チャップマン・コルモゴロフの式

$$p(\boldsymbol{y}_k \,|\, \boldsymbol{x}_k) = \int p(\boldsymbol{y}_k \,|\, \boldsymbol{x}_k, \boldsymbol{v}_k)p(\boldsymbol{v}_k \,|\, \boldsymbol{x}_k)\,\mathrm{d}\boldsymbol{v}_k$$

を用いる．雑音 $\boldsymbol{v}_k$ と状態 $\boldsymbol{x}_k$ は独立であるので

$$p(\boldsymbol{v}_k \,|\, \boldsymbol{x}_k) = p(\boldsymbol{v}_k) \tag{2.33}$$

であり，また観測方程式より

$$p(\boldsymbol{y}_k \,|\, \boldsymbol{x}_k) = \int \delta(\boldsymbol{y}_k - h_k(\boldsymbol{x}_k, \boldsymbol{v}_k))p(\boldsymbol{v}_k)\,\mathrm{d}\boldsymbol{v}_k \tag{2.34}$$

となる．したがってこの値もサンプリングによって計算可能である．

式 (2.32) の $p(\boldsymbol{y}_k \,|\, D_{k-1})$ に対してもチャップマン・コルモゴロフの式

$$p(y_k \,|\, D_{k-1}) = \int p(y_k \,|\, x_k)p(x_k \,|\, D_{k-1})\,\mathrm{d}x_k \tag{2.35}$$

を適用する．式 (2.35) において，$p(\boldsymbol{y}_k \,|\, \boldsymbol{x}_k)$ は式 (2.34) より，$p(\boldsymbol{x}_k \,|\, D_{k-1})$ は式 (2.28) によりすでに求めているので，$p(\boldsymbol{y}_k \,|\, D_{k-1})$ が計算できることになる．以上から式 (2.32) の $p(\boldsymbol{x}_k \,|\, D_k)$ は，式 (2.28), (2.34), (2.35) を用いて求めることができる．

2.4.2 パーティクルフィルタのアルゴリズム

上述のパーティクルフィルタの理論式は，一見複雑であるが，実装はそれほど難しくない．実際，時刻 $k-1$ での状態から状態方程式を用いて時刻 k での状態を定めるにあたり，観測値と整合性の高い状態は確率は高く，整合性の低い状態は確率が低くなるように状態分布を更新し，この分布に従って，時刻 k での状態をサンプリングによって生成すればよい．以下がそのアルゴリズムとなる．

1. $k-1$ 時点での状態の分布 $p(\boldsymbol{x}_{k-1} \,|\, D_{k-1})$ に基づいて，N 個の状態

$$\left\{ \boldsymbol{x}_{k-1}^{(1)}, \boldsymbol{x}_{k-1}^{(2)}, \ldots, \boldsymbol{x}_{k-1}^{(N)} \right\}$$

をサンプリングによって生成する.

2. 分布 $p(\boldsymbol{w}_{k-1})$ に基づいて生成された雑音 $\boldsymbol{w}_{k-1}^{(i)}$ と状態 $\boldsymbol{x}_{k-1}^{(i)}$ を状態方程式に代入して,時刻 k での状態を求める:

$$\boldsymbol{x}_k^{(1)} = f_{k-1}(\boldsymbol{x}_{k-1}^{(1)}, \boldsymbol{w}_{k-1}^{(1)})$$

$$\boldsymbol{x}_k^{(2)} = f_{k-1}(\boldsymbol{x}_{k-1}^{(2)}, \boldsymbol{w}_{k-1}^{(2)})$$

$$\vdots$$

$$\boldsymbol{x}_k^{(N)} = f_{k-1}(\boldsymbol{x}_{k-1}^{(N)}, \boldsymbol{w}_{k-1}^{(N)})$$

3. 各状態 $\boldsymbol{x}_k^{(i)}$ を観測値 $\boldsymbol{y}_k$ を用いて,尤もらしさの評価値 $p(\boldsymbol{y}_k|\boldsymbol{x}_k^{(i)})$ を計算する.

4. 評価値 $p(\boldsymbol{y}_k|\boldsymbol{x}_k^{(i)})$ が確率値として扱えるように修正する:

$$q^{(i)} = \frac{p(\boldsymbol{y}_k|\boldsymbol{x}_k^{(i)})}{\displaystyle\sum_{i=1}^{N} p(\boldsymbol{y}_k|\boldsymbol{x}_k^{(i)})}$$

5. $q^{(i)}(i=1,2,\ldots,N)$ を k 時点での状態分布 $p(\boldsymbol{x}_k|D_k)$ に採用する.

6. 時点を k として第1ステップに戻る.

● コラム5　赤池情報量規準 (AIC : Akaike's Information Criterion)

　統計的推測は,入力と出力からモデルを作って未知の出来事を予測するものである.回帰は1つの最適化手法で,統計的推測では基本的なツールである [4].モデルを学習データセットから求める回帰問題を考えるとき,パラメータ数が少ない簡易なモデルを仮定すると,入出力間の代表的な特徴を把握することができる一方,学習データへの当てはまりの良さが劣ることがある.パラメータの数を増やすことはモデルの表現力を上げることに相当するため,入力から高い精度にて出力を再現することができる.しかし,パラメータの数を増やしすぎると,学習データセットの分布に特化して学習することになるため,未学習の入力に対して,予測精度が悪化するという問題が発生する.学習データに過剰に適合する「過学習」に陥り,データに含まれる誤差部分を無視する「汎化性能」が劣化する.すなわち,単純なモデルでは学習データへの当てはまりが悪く,複雑すぎるモデルでも過学習になる.無数のモデルの候補の中から,学習データを表現するに最良なモデルはどのように選択したらよいであろうか.赤

池情報量規準 (AIC: Akaike's Information Criterion) は最良の度合いを数値化するために提案されたもので，以下の式で計算する．

$$\text{AIC} = -2\ln P(x\,|\,\theta) + 2K$$

ここで，x は学習データ，θ はモデル，$P(x\,|\,\theta)$ は θ のもとで x が生起する確率，K はモデルのパラメータ数である．上式の第 1 項は，モデルが学習データに適合するほど小さくなり，第 2 項はモデルが複雑になるほど大きくなる．さまざまなモデルにおいて AIC を計算し，AIC が小さいモデルを選択することによって，適合度が高くかつ簡易なモデルを採用することが可能になる．ちなみに，下図に示すように，モデルの回帰モデルの多項式の次数を上げていくと，学習データへの当てはまりが良くなるが，次数を上げすぎると過学習になり，未学習データに対する出力精度が悪くなることがわかる．

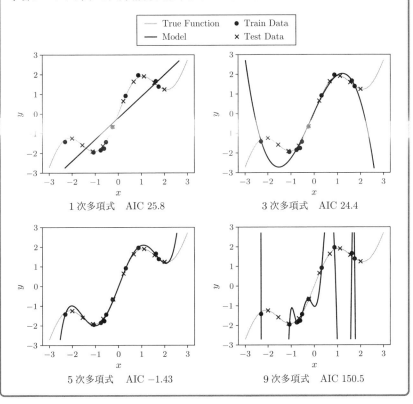

3 AI

・・・・・・・・・・・・・・・・・・・・・・・・・・・・・・・・・

　AI を厳密に定義することは，困難であるとともにその可能性を制限することでもあり，必ずしも生産的であるとはいえない．しかし今や科学技術や事業経営における現代の基盤技術であり，それがどのような原理で成り立ち，どのようにして発展し，どのような可能性があるかについて，基礎から習得しておくことは，データサイエンティストのみならず，現代に生きるすべての人の基本的なリテラシーである．

　HRAM が編集した初級コース教科書 [4] では AI が社会にもたらしている変化と検討すべき事項について述べ，本書の姉妹編である『データサイエンティスト教程　基礎』では，教師あり学習や強化学習の基礎を解説している．また，経産省スキル項目において，「AI の基礎」として求められているのは，弱い AI・強い AI，フレーム問題，探索・推論，知識表現，機械学習などに関する知識を活用できることである．本章はこれらに対応する 3 つの部分からなる．

　最初に扱うのは AI の基本概念である．そこでは，弱い AI・強い AI，フレーム問題，探索・推論，知識表現を概観する．次に取り上げるのは，三次にわたる AI ブームの起爆剤となってきた多層ニューラルネットワークである．構造，教師あり学習，教師なし学習，深層学習の概念に加えて，適用例として，畳み込みニューラルネットワークと再帰型ニューラルネットワークを解説する．最後に AI 技術のビジネス活用について概観し，意思決定支援やプロセス自動化など，ビジネスのさまざまな場面への人工知能技術の活用では予測精度や効率性だけでなく，モデルや結果が説明可能であることが求められることを述べる．

3.1 ● AI の基礎

3.1.1　AI とその歴史

　ラッセルとノーヴィグによる [14] は，知能には 2 つの軸があると述べている．1 つ目の軸は人間らしさ (human) と合理性 (rational)，2 つ目の軸は思考 (thought) と行動 (behavior) である．

(a)　人間らしく行動する

チューリングテストは「人間らしく行動する」という考え方から生まれた．部屋に隔離されたコンピュータまたは人と，部屋の外部にいる観察者が文字だけで通信し，観察者にとってコンピュータと人の区別がつかなければ，コンピュータはチューリングテストに合格したことになる．

チューリングテストに合格するためには，コンピュータには自然言語処理，知識表現，自動推論，機械学習の能力が必要である．さらに，文字だけで通信するにとどまらず，見た目も含めて人と区別がつかないことを目指せば，コンピュータビジョンやロボティクスも必要になる．これは一見もっともな考え方に思えるが，たとえば航空工学の目標が，「鳩とまったく同じように飛べて，鳩にとっても鳩に見えてしまうような機械を作ること」だと言われれば，少し変な気がするかもしれない．

(b)　人間らしく考える

「人間らしく考える」という考え方からは，認知科学が生まれた．ヒトの思考について学ぶために，内省のみならず，心理学実験や脳機能イメージングが用いられている．認知科学は人工知能とは区別された学問領域であるが，互いに影響を与え続けている．

(c)　合理的に考える

「合理的に考える」という考え方からは，論理学が生まれた．アリストテレスの三段論法にはじまり，この考え方の歴史は長い．より最近には，確率を用いて不確実な現象を扱うこともできるようになってきている．しかし，合理的に思考するだけでは知的な行動が生まれないこともまた事実である．

(d)　合理的に行動する

「合理的に行動する」という考え方からは，行動するもの，すなわちエージェントが想定される．ここでいう行動には，自律的に動作する，環境を感知する，長期間動作できる，変化に対応できる，目的を設定・追求できる，などが含まれる．合理的なエージェントとは，期待される結果が最良になるように行動するエージェントをいう．合理的なエージェントの研究および構築が人工知能研究の課題である．ここで，合理的の定義は，エージェントにあらかじめ与えられる目的関数によって定まる．

　チェスの場合であれば，目的関数は容易に定まる．もっと複雑な状況，た
とえば自動運転の場合，複数の価値のトレードオフを考慮に入れる必要が
生じてくる．安全性だけを目的とすれば，車は永遠に車庫から出られない．
また，目的関数は機械にとっての目的ではなく，それを使う人間にとっての
目的であることにも注意する必要がある．

　弱い AI・強い AI は哲学者 J. サールが 1980 年に提唱した概念で，前者は
「知能があるかのように振る舞うことができる機械」，後者は「思考を単にシ
ミュレートしているだけではなく，実際に意識をもって考えている機械」の
ことを意味していた．しかし，その後強い AI の定義が変化し，human-level
AI や汎用 AI のように，新しいことも含めて，どんな幅広いタスクでも人間
と同じレベルでこなすことができる機械を指すようになった．

　サールは「中国語の部屋」という思考実験でも有名である．中国語の部
屋には中国語のまったく理解できない人間が 1 人いて，中国語で書かれた
質問が投げ入れられる．部屋の人は分厚いマニュアルを読み，指示に従っ
て作業をすることで中国語の返事が紙に書かれる．これを部屋の外に返す．
もしこのようなことが可能であるとしたら，チューリングテストが主張する
ように，外から見た行動だけで知能の有無を判断することはできない，とい
うことになる．

　AI という言葉は 1956 年の「ダートマス会議」で提唱された．そこでは複
数の課題が整理されて，AI に求められる機能や性能が明確になり，多くの
科学者が諸問題に挑戦する土壌が整う．以後，AI の研究は盛り上がりを見
せるとともに，科学としての地位を確立していく．

　記号処理を土台とした推論・探索が中心であった 1960 年代までの第一次
AI ブームでは，迷路などの限られたルールに支配された単純な問題 (Toy
Problem) を解くことまでにしか至らなかった．1980 年代に再燃した第二次
AI ブームにおいて，専門家が培ってきた知識を計算機が処理できるように
記述することで実世界の問題解決に一歩近づいた．しかし，計算機が自ら学
習することはできず，専門知識や判断基準が明確化されている領域に限定せ
ざるをえなかった．2000 年代から現在まで続く第三次 AI ブームによって
はじめて，計算機の性能向上とビッグデータが利用できる環境が整い，機械
学習により計算機が自ら物事を分類・予測することを学習できるようになっ

たのである.

　第三次 AI ブームでは，機械学習の一手法として深層学習が AI の発展を
さらに加速させた．深層ニューラルネットワークは，2012 年の画像認識競
技会 (ILSVRC2012) において突如現れ，それまでの毎年 1〜2％程度の性能
改善がみられていた画像識別研究において，識別性能を 10％も大きく上回
る成績を上げて衝撃を与えた（3.6 節）．それまでの画像認識が人手によっ
て試行錯誤的に画像特徴量を設計していたのに対し，深層ニューラルネット
ワークの高い識別性能は，自動で識別に適した画像特徴を抽出する機能に裏
打ちされていたのである．現在では，深層学習の枠組みは画像処理分野にと
どまらず，音声認識・合成，機械翻訳，自動運転，ロボット制御と多岐に活
用されるようになっている．

3.1.2　フレーム問題

　ロボットが環境に働きかけをしたときに，それによって変化することとし
ないことがある．そのことをコンピュータに教えるために，無数に存在する
変化しないことを明示的に記述しようとすると，記述量が爆発してしまっ
て手に負えなくなる．これがフレーム問題である．記述の問題だけでなく，
処理の問題も同時に考えたものを一般化フレーム問題とよぶこともある．

　たとえばテーブルの上に積み木 A と B があって，A は B の上に乗ってい
るとする．ロボットハンドが A を持ち上げるとき，「A は B の上に乗ってい
る」という状態はなくなるが，たとえば別の積み木 C が A の上に乗ってい
れば，C も一緒に持ち上げられるので，A だけを持ち上げさせたければ，C
を除外する処理を記述しておかなければならない．

　人間が問題を解決するときに，必要な情報をあらかじめ枠（フレーム）で
囲み，枠の中だけで考えていれば適切な答えが得られることが多い．しか
し，コンピュータはそのような枠をもっていないので，与えられた問題を解
決するためにどの情報を使ってよいかわからない．かつては，知能の本質は
論理的な記号操作にあり，記号に関する十分な知識と論理を与えれば知能が
実現できると考えられた時代もあったが，世の中のすべての物事に適切な
ルールを設計して記述することは現実的ではない．

　人間の場合には学習や身体性を使って，一般化フレーム問題に対処してい

るが，それでもまったく予想外の出来事が起これば何をしてよいかわからなくなる．限られた情報処理能力しかもたない主体であるコンピュータが一般化フレーム問題をもつのはある意味で自然なことである．

　これに対して記号接地問題（シンボルグラウンディング問題）は，コンピュータ上の表現であるシンボル（記号）を実世界上の対象にどうやって結びつけるかという問題である．たとえばロボットに「赤いコップを持ってきて」と頼んだとき，ロボットは赤が色の一種であること，コップは何かを飲むために使うもの，という辞書的な知識はもっているかもしれないが，赤色やコップが現実世界で何に対応しているかがわからなければ，何をしてよいかわからない．

　現在では，人間が外界を認識するときに視覚情報が感覚の大部分を占めることや，統計的機械学習や深層学習によって画像認識の精度が著しく向上したことから，さまざまな概念の画像へのグラウンディングが試みられている．

3.1.3　探索・推論

　探索・推論は，1950-60 年代の第一次 AI ブームで注目された考え方である．ダートマスワークショップに参加した研究者たちによって，数学の定理の証明や，チェスを指すプログラムが作られた．この流れは 21 世紀に入り，囲碁や将棋を解く人工知能プログラムに受け継がれていると考えることができる．

　命題論理と述語論理はいずれも記号論理の一種である．命題論理では，命題間の論理的関係を表現するが，命題自体は分析できない．一方，述語論理では，命題を主語と述語に分け，命題の内部を記述することが可能である．命題論理で用いる論理記号に加えて，述語論理では全称記号 ∀ や存在記号 ∃ も用いる．

例題 3.1　例にならって，次の (1)〜(3) の文を述語論理式で表せ．
　例：私は本を持っている．$\exists x(\text{have}(私, x) \land 本\,(x))$
(1)　すべての男子はケーキが好きだ．
(2)　誰も自分の背中を触れない．
(3)　ペンギン以外の鳥は飛ぶ．

解 例は,「ある x が存在して,私は x を持ち,x は本である」と読める.

(1) $\forall x (男子\,(x) \to \mathrm{like}(x, ケーキ))$

(2) $\neg \exists x (人間\,(x) \to \mathrm{touch}(x, 背中\,(x)))$

(3) $\forall x (鳥\,(x) \wedge (\neg ペンギン\,(x)) \to \mathrm{fly}(x))$

迷路やチェスなどは,進行に応じて取りうる状態が変わっていくゲームと考えることができる.取りうる状態の全体を状態空間とし,状態空間を探索することを考える.状態空間の遷移は有向グラフで表すことができる.

1. 問題をグラフ $G = (V, E)$ で表現する.
2. 状態全体が頂点集合 V となる.
3. 状態 i でオペレータが適用可能であり,その適用で状態が j に変化するとき,グラフの頂点 i, j 間には辺がある,すなわち $(i, j) \in E$.
4. 探索による問題解決とは,初期状態 $s \in V$ とゴール状態 $g \in V$ が与えられたとき,s から g に到達するグラフ上の経路を見出すことである.

探索には縦型探索(深さ優先探索)と横型探索(幅優先探索)がある.OL (open list) と CL (closed list) を用意して,OL にこれから探索する状態を格納し,CL にすでに探索した状態を記録する.

縦型探索では,OL の先頭に,次に探索する子ノードをすべて追加するので,Last In First Out のスタック構造に対応する.一方,横型探索では,OL の末尾に,次に探索する子ノードをすべて追加するので,First In First Out のキュー構造に対応する.

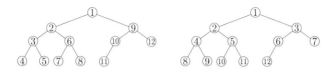

図 3.1 左図:縦型探索の例,右図:横型探索の例.番号順に探索される.

3.1.4　知識表現・エキスパートシステム

　知識表現は，1980 年代の第二次 AI ブームで注目された考え方である．そこでは，後述のエキスパートシステムを用いて，医療診断や有機化合物の特定を行うプログラムが作られた．この流れは 21 世紀においても，IBM の AI システムであるワトソンなどに受け継がれていると考えることができる．知識表現とは，人工知能プログラムが扱える形式で知識を表現することで，扱いやすいよう，適切に構造化されていることが必要になる．これまでに次のようなものが，知識表現の方法として研究されてきた．

- **オントロジー**：エージェント間で用いる言葉を統一した語彙体系で，ドメイン内の概念と概念の間の関係によって知識を記述する．たとえば，大学において学生が食事する施設を「学生食堂」「学食」「レストラン」「カフェテリア」「ビュッフェ」などさまざまによべば混乱してしまう．

- **意味ネットワーク**：認知心理学における長期記憶の構造モデルとして，M. R. クイリアンによって 1969 年に考案された．たとえば「生物」「動物」「犬」のような概念をラベルのついたノード（節点）で示し，「動物は生物である」「犬は雑食である」といったような概念間の関係をラベルの付いた有向枝で表すことで，知識全体をネットワークで表現するものである．

- **フレーム表現**：意味ネットワークを拡張したもので，M. ミンスキーによって 1975 年に発表されたフレーム理論が基礎となっている．たとえば「生物」というフレームに「動物」「犬」「ライオン」のような下部フレームがあり，「動物」であれば，「属性：動く」といったスロットが入る．さらにこれらの概念の上下関係をポインターで表示する．

- **プロダクションシステム**：IF-THEN 形式で概念の関係を表す．ルールで知識を記述する方法で，断片的な知識の表現に向いている．プロダクションという言葉は，ルールが適用されるたびに，新しい知識やデータが生成されるという意味で用いられている．

- **述語論理**：述語は「x は素数である」「x はコンピュータである」など，ある具体的事例を与えると真偽を決定できる記述をいう．述語論理は，論理記号や，不特定の対象を表す変数を導入することにより，より一般的な知識を表現できるようにした形式論理のことである．

　意味ネットワークに記述された知識以外にも知識が存在するという立場を開世界仮説，意味ネットワークに記述された知識は完全であり，それ以外に知識は存在しないという立場を閉世界仮説という．どちらを採用するかで，未知の問いに対するAIの答えが変わってくる．すなわち，閉世界仮説による推論では，証明できない命題は知識が不足しているためとは考えないので，「偽」とみなす．もちろん現実は開世界である．

　エキスパートシステムは専門家のもつ知識を大量に活用した問題解決システムである．質量分析のデータから有機化合物の分子構造の候補を出力する「DENDRAL」，感染症の診断と治療についてのコンサルテーションを行う「MYCIN」などの成功が，第二次AIブームを準備した．専門家の知識を大量に利用する一方，人間の問題解決のやり方をそのまま真似なかったことが成功の鍵であったといわれている．

　エキスパートシステムは知識ベースと推論エンジンからなる．知識ベースは長期記憶に相当し，IF-THENの形の知識（プロダクションルール）の集まりで，推論エンジンは知識ベースを用いた推論を実行する．ワーキングメモリは短期記憶に相当し，事実や推論の途中状態を保持する．前向き推論と後ろ向き推論があるが，前向き推論では，ワーキングメモリ中の事実と，長期記憶中のルールの条件部の照合を行い，条件部が成立するすべてのルールを求めて，選択したルールの実行部をワーキングメモリに追加する．後ろ向き推論では，ユーザが与えたゴールがワーキングメモリの中の事実として存在するか確認し，存在しなければ，ゴールを実行部に含むルールを探し，ルールの条件部を新たなゴールとする．

　上記エキスパートシステムのMYCINでは，第2章の2.3節で述べた確信度によって，事実に対する確信度とルールに対する確信度を表現した．さらに進んだ，曖昧な知識を表現する方法としては，古典論理（命題論理，述語論理）を拡張した非古典論理があり，真理値が0, 1, 0.5をとる3値論理や，真理値が0から1の連続値をとるファジー論理がある．また，第2章2.3節でその一端を解説したベイズ統計は，知識獲得による確率の変化（事前確率から事後確率へ）を記述するものであるとみなすことができる．

節末問題

3.1　現在のところ実現していない AI の例をあげ，これまで実現していないのはなぜか，実現できれば社会にどのようなインパクトがあるかについて論じよ.

ねらい　AI の歴史と原理を理解し，何がなされ，何ができていないか，次のブレークスルーがあるとすればどこにあるかを，自身の仕事や興味と絡めて議論する.

3.2　探索・推論もしくは知識表現が活用できる例を考えよ．次にその問題に必要なデータを列挙し，問題解決によって期待されるサービス・価値・効用を説明せよ．問題解決において予想される困難と，それへの対処案を検討せよ.

ねらい　知識表現を活用すると，どのような成果が得られるかを，自身の仕事や興味と絡めて議論する.

3.2 ● ニューラルネットワークの構造と学習

3.2.1　脳神経系

　人間の普段の営みは，識別，判断，予測，意思決定などの高度な知的情報処理に支えられている．どのようにして高度な知的処理を行うコンピュータを創ることができるだろうか．人間ができているのだから，人間の脳の中で行われている処理を模擬した計算を実装すれば人間と同じような知能が創れるのではないかという考えもありうるであろう．脳の構造は大変複雑であるが，基本要素として細胞体，樹状突起，軸索，シナプスを取り上げ，それらの働きから，脳内での情報の流れを簡単に見ていくことにする（図 3.2）.

　細胞体は，神経ネットワークの中心であり，ここから樹状突起や軸索が伸びる．細胞体から複雑に枝分かれする突起が樹状突起である．細胞体へ情報が入ってくる入り口となる．軸索は，細胞体から 1 本伸びた神経線維であり，他の細胞に信号を伝達する役割を担っている．1 本の伸びた神経線維

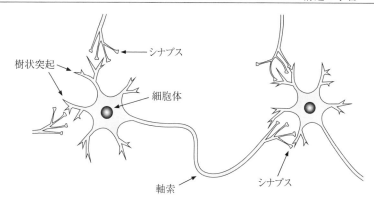

図 3.2 神経回路網

は，他の細胞体近傍で枝分かれする．シナプスは，神経接合部であり，軸索を伝ってきた情報を他の細胞体に伝達する．細胞体，樹状突起，軸索，シナプスから構成される神経細胞をニューロンとよぶ．細胞体は，他の細胞体からの電気信号を軸先，シナプス，樹状突起を介して受け取ることになる．その蓄積が内部状態となり，ある閾値を超えると発火する活動状態に入る．発火に伴って，外部へ電気パルス信号として放出される．電気信号の放出に伴い，細胞体内部の電位は下がり，静止状態に戻る（図 3.3）．

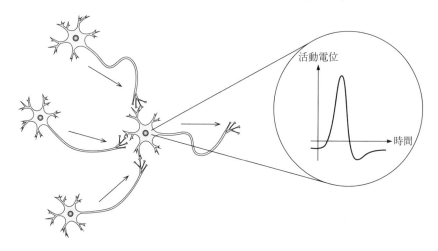

図 3.3 ニューロンの活動特性

3.2.2 脳神経の数理モデル

ニューロン間の電気信号の流れを簡単な数理モデルで表してみる．入力信号はシナプスの結合強度に応じて増幅されそれらの総和が内部状態となるので，内部状態が閾値を超えると出力信号として放出されるモデルを考えることにする（図3.4）．

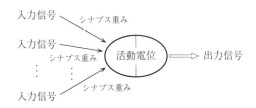

図 3.4 シナプスを介した入出力関係

細胞体の状態は，発火しているか，発火していないかの2つの状態をとる．コンピュータの情報表現でも，電気が付いているか，付いていないかの2つの状態である．コンピュータの中では，情報はこのような2つの状態を数字の1と0に置き換えてデジタル化している．

実際，論理も正しいという真と，誤りという偽の2つの状態で表す．論理演算の例として，2つの入力がともに1（真）のときのみ出力が1となる論理積（ANDゲート）がある（図3.5）．この論理積を，2つの入力信号がシナプスを介して入力され，何か出力するニューロンの数理モデルで表すために，内部状態 z を

$$z = w_1 x_1 + w_2 x_2 - h \tag{3.1}$$

とする．ここで，x_1, x_2 は2つ入力値，w_1, w_2 は各入力に対するシナプス結合の強度を表す重みパラメータ，h は活動の閾値を表すバイアスパラメータである．

内部状態 z と出力 y の関係は，内部状態が0より大きければ1を出力，内部状態が0以下なら0を出力するものとする．

$$y = \begin{cases} 0 & (z \leq 0) \\ 1 & (z > 0) \end{cases} \tag{3.2}$$

論理積		
入力 A	入力 B	出力 Z
1	1	1
0	1	0
1	0	0
0	0	0

論理和		
入力 A	入力 B	出力 Z
1	1	1
0	1	1
1	0	1
0	0	0

AND ゲート

OR ゲート

否定論理積		
入力 A	入力 B	出力 Z
1	1	0
0	1	1
1	0	1
0	0	1

排他的論理和		
入力 A	入力 B	出力 Z
1	1	0
0	1	1
1	0	1
0	0	0

NAND ゲート

XOR ゲート

図 3.5 論理演算の真理値表と記号表現

たとえば $w_1 = 1, w_2 = 1, h = 1.5$ と設定し，入力に

$$(x_1, x_2) = (1, 1),\ (0, 1),\ (1, 0),\ (0, 0)$$

を代入すると，以下のように内部状態が求まる．

$$z = \begin{cases} 0.5 & (x_1 = 1, x_2 = 1) \\ -0.5 & (x_1 = 0, x_2 = 1) \\ -0.5 & (x_1 = 1, x_2 = 0) \\ -1.5 & (x_1 = 0, x_2 = 0) \end{cases} \tag{3.3}$$

したがって，このニューロンモデルの出力は

$$y = \begin{cases} 1 & (x_1 = 1, x_2 = 1) \\ 0 & (x_1 = 0, x_2 = 1) \\ 0 & (x_1 = 1, x_2 = 0) \\ 0 & (x_1 = 0, x_2 = 0) \end{cases} \tag{3.4}$$

となり，ニューロンモデルと論理積の出力が一致する.

　この計算結果は，このニューロンモデルが論理積を表現できたことを示唆しているように思われる. 同様にして，$w_1 = 1, w_2 = 1, h = 0.5$ と設定すると，論理和の真理値表と一致すること，$w_1 = -1, w_2 = -1, h = -1.5$ に設定すると否定論理積を表せることが確認できる.

　しかし，ニューロンモデルのパラメータにどのような値を設定しても，任意に与えられた 2 つの命題に対し，いずれか一方のみが「真」のときに「真」で両方「真」や両方「偽」のときは「偽」となる演算，すなわち排他的論理和を表現するようなパラメータを見つけることはできない.

　それでは論理積，論理和，否定論理積を組み合わせて排他的論理和を表すことができないだろうか. ここで 図 3.6 のように論理和と否定論理積を並列に並べて，それらの出力を y_1, y_2 としてみよう.

$$(y_1, y_2) = \begin{cases} (1,0) & (x_1 = 1, x_2 = 1) \\ (1,1) & (x_1 = 0, x_2 = 1) \\ (1,1) & (x_1 = 1, x_2 = 0) \\ (0,1) & (x_1 = 0, x_2 = 0) \end{cases} \tag{3.5}$$

これら出力を論理値に入力すると，出力 y は以下のように求められる.

$$y = \begin{cases} 0 & (x_1 = 1, x_2 = 1) \\ 1 & (x_1 = 0, x_2 = 1) \\ 1 & (x_1 = 1, x_2 = 0) \\ 0 & (x_1 = 0, x_2 = 0) \end{cases} \tag{3.6}$$

したがって，論理和と否定論理積を並置して，それら出力を論理積に入力するような階層構造を設計すれば，排他的論理和をつくることができるのである.

　実際，排他的論理和だけでなく，論理和，否定論理積，論理積を階層的につなげたネットワークによって，ニューロンモデル単体では表すことができないような入力・出力関係を表すことができるようになる. 複数のニューロンモデルを組み合わせて，ネットワークにしたものがニューラルネットワークである.

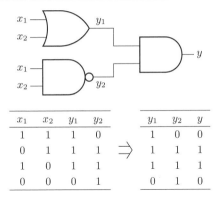

図 3.6 論理和，否定論理積，論理積の階層構造

3.2.3 シナプス可塑性とヘブ則

n 個の入力信号 $x_1, x_2, \ldots, x_n$ を受け取るニューロンを考える．各入力に対するシナプス結合の重み $w_1, w_2, \ldots, w_n$ から，ニューロンの内部状態 z は以下のように与えられるものとする．

$$z = w_1 x_1 + w_2 x_2 + \cdots + w_n x_n = \sum_{k=1}^{n} w_k x_k = \boldsymbol{w}^T \boldsymbol{x}$$

ここで，$\boldsymbol{w}$ は，シナプスの重みパラメータを要素とする列ベクトル

$$\boldsymbol{w} = (w_1 \; w_2 \; \cdots \; w_n)^T$$

であり，$\boldsymbol{x}$ は入力信号を要素とする列ベクトル

$$\boldsymbol{x} = (x_1 \; x_2 \; \cdots \; x_n)^T$$

である．図 3.7 のような発火特性をニューロンが有しているとすると，内部状態と出力の関係は以下のように与えられる．

$$y = f(z) = \begin{cases} 0 & (z \le 0) \\ 1 & (z > 0) \end{cases}$$

入力に対する出力応答が訓練データとして与えられたとき，この訓練データと合うようにニューロンモデルを設計する．具体的には，各成分が 0 または 1 である入力 $\boldsymbol{x}^{(i)} \in \mathbb{R}^n$ に対する出力が $t^{(i)} \in \{0, 1\}$ である訓練データが N 個 $(i = 1, 2, \ldots, N)$ 与えられているとして，上記ニューロンモデルが訓練

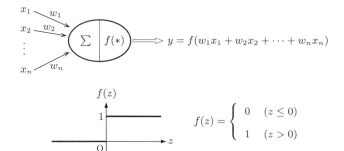

図 3.7 n 入力，1 出力ニューロンの数理モデル

データの入出力関係を表すようにシナプスの重みパラメータ $\boldsymbol{w} \in \mathbb{R}^n$ を探索する．

実際，訓練データの出力 $t^{(i)}$ とニューロンの数理モデルの出力 $y^{(i)} = f(\boldsymbol{w}^T \boldsymbol{x}^{(i)})$ の一致・不一致は以下のように場合分けすることができる．ここで，訓練データとニューロンモデルの出力が一致するときはニューロンモデルの出力は正解であり，一致しないときは不正解である．

1. $t^{(i)} = 0$ かつ $\boldsymbol{w}^T \boldsymbol{x}^{(i)} \leq 0$ のとき，訓練データとニューロンモデルの出力は一致する．

2. $t^{(i)} = 1$ かつ $\boldsymbol{w}^T \boldsymbol{x}^{(i)} \leq 0$ のとき，訓練データとニューロンモデルの出力は不一致である．

3. $t^{(i)} = 0$ かつ $\boldsymbol{w}^T \boldsymbol{x}^{(i)} > 0$ のとき，訓練データとニューロンモデルの出力は不一致である．

4. $t^{(i)} = 1$ かつ $\boldsymbol{w}^T \boldsymbol{x}^{(i)} > 0$ のとき，訓練データとニューロンモデルの出力は一致する．

上記の 4 つの場合から，特に以下のような関係が得られる．

1. $\boldsymbol{w}^T \boldsymbol{x}^{(i)} t^{(i)} > 0$ のとき，訓練データとニューロンモデルの出力は一致する．

2. $\boldsymbol{w}^T \boldsymbol{x}^{(i)} t^{(i)} < 0$ のとき，訓練データとニューロンモデルの出力は一致しない．

そこで評価関数

$$\Phi(\boldsymbol{w}) = \sum_{i=1}^{N} \boldsymbol{w}^T \boldsymbol{x}^{(i)} t^{(i)} \tag{3.7}$$

が最大となるように重みパラメータ $\boldsymbol{w}$ を探索する．i を固定して $\boldsymbol{x}^{(i)} = (x_j)$，$t^{(i)} = t$ とすると，このとき $\boldsymbol{w}$ は，第 j ニューロン入力が $x_j = 1$（活性）かつ出力 $t = 1$（活性），もしくは同入力ニューロンが $x_j = 0$（不活性）かつ出力 $t = 0$（不活性）の場合その間のシナプス結合が増強するように，逆に，入力 $x_j = 1$（活性）かつ出力 $t = 0$（不活性），もしくは入力 $x_j = 0$（不活性）かつ出力 $t = 1$（活性）の場合その間のシナプス結合が抑制されるように，更新される．これがヘブ則で，2つのニューロンが同時に発火するときには，その間のシナプス結合が強まり，同時に発火しない場合はシナプス結合が弱まるというシナプス可塑性（図 3.8）と合致している．

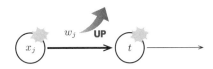

図 3.8　シナプスの可塑性

3.2.4　ニューラルネットワークモデルの出現

マッカロックとピッツは 1943 年に上述のニューロンモデルを結合した回路網で論理関数の計算ができることを示し，ローゼンブラットは 1961 年に学習することが可能な神経回路網様のパターン識別機械であるパーセプトロンを提案した（図 3.9）．

その後，1969 年にミンスキーとパパートによって単層パーセプトロンの論理関数の計算機としての性能限界が示される．たとえば図 3.7 を変形したパーセプトロン（図 3.10）で AND 論理素子を実現した場合，図 3.11 のように直線で分割するロジックを表現することは可能であるが，図 3.12 のように直線では分割できない XOR 回路を実現することはできない．

しかし AND，NAND，OR などの線形分離しかできない論理素子であっても，図 3.13 のように，2 層構造にすると XOR 回路を作成することができるようになる．かくして，多層化学習理論，論理関数からパターン認識回路

パーセプトロン   オリジナルは 3 層構造だが，学習できる場所は出力層
Rosenblatt (1961)   の手前だけなので単層パーセプトロンとも呼ばれる

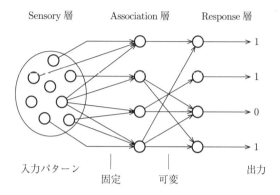

図 3.9   パーセプトロン型ネットワーク

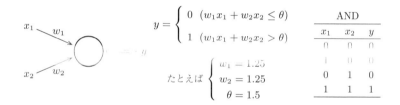

$$y = \begin{cases} 0 & (w_1 x_1 + w_2 x_2 \le \theta) \\ 1 & (w_1 x_1 + w_2 x_2 > \theta) \end{cases}$$

たとえば $\begin{cases} w_1 = 1.25 \\ w_2 = 1.25 \\ \theta = 1.5 \end{cases}$

AND		
x_1	x_2	y
0	0	0
1	0	0
0	1	0
1	1	1

図 3.10   AND 回路

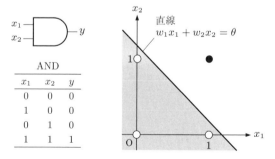

AND		
x_1	x_2	y
0	0	0
1	0	0
0	1	0
1	1	1

図 3.11   論理回路による線形分離

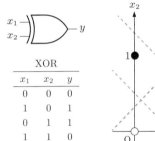
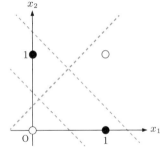

直線では分割できない.
入力を増やしても変わらない.
＝線形分離不可能

⇩

パーセプトロンでは
XOR は表現できない.

XOR		
x_1	x_2	y
0	0	0
1	0	1
0	1	1
1	1	0

図 3.12 XOR 回路

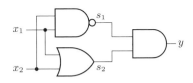

x_1	x_2	NAND s_1	OR s_2	AND
0	0	1	0	0
1	0	1	1	1
0	1	1	1	1
1	1	0	1	0

図 3.13 XOR 回路の実現

への拡張, 閾素子の非線形関数化など, ニューラルネットワークは次の段階
へと移行することになる.

3.2.5 ニューラルネットワークモデルのポイント

現実の世界をモデル化する際には, いくつかのステップを簡略化する. 簡
略化した部分が本質的な意味をもつ場合には, モデル化の結果必要な機能が
再現できなくなる. 簡略化に当たっては, モデルのどの部分がどのような機
能を実現していくかを一歩一歩検証していく必要がある.

前述したように, ニューラルネットワークモデルは入力情報を線形関数を
用いて処理する. ニューロン素子に入力された信号 $x = (x_i)$ は, 素子間の
重み $w = (w_i)$ との乗算によって計算された値

$$w^T x = \sum_i w_i x_i$$

によって次の階層に伝達される．双曲線関数 $y = (w_i/x_i)$ のような非線形関数を用いれば，単層パーセプトロンでも，たとえば図 3.12 で示した XOR を表現することができるが，このような解決法は複雑さを増加させ神経回路の理解を困難にさせる．ニューラルネットワークモデルでは線形関数を用いた情報処理によって見通しを良くする一方，階層的に回路を組み立てて複雑な応答ができるようにする．

　情報処理された $\boldsymbol{w}^T\boldsymbol{x}$ をどのように出力するかを決めるのが活性化関数である．活性化関数に線形関数を用いた場合には，ネットワークを多層化しても線形分離不可能な例題を解くことができない．図 3.10（パーセプトロン）ではある値 θ を閾値としたスイッチ応答を使っていたが，これではノイズに対して脆弱なので，ニューラルネットワークモデルではシグモイド関数のような非線形関数を用いる．このモデルは，実際の神経細胞の興奮現象を模倣することを考えても無理がない．

　一方で，モデルの発展や多機能化は，少ない層で実現しようとするのではなく，ネットワークを多層化することで対処する．素子を増やすことにより，パーセプトロンは 2 層あれば任意の連続関数を表現することが可能であることが知られているが，回路そのものが複雑になり人が直感的に理解することが難しくなる．一般に少ない層で素子数を増やすより多層化した場合の方が，必要となるパラメータ数が少なくなり，学習などさまざまな面で有利であることが知られている．

●コラム 6　アポロ計画で使われたコンピュータ

　アポロ計画は 1961 年から 1972 年に行われた有人宇宙旅行計画である．アポロ計画では，すでに AGC (Apollo Guidance Computer) とよばれるコンピュータ[1]が宇宙船の軌道計算のために使われていた．AGC の IC（集積回路）は論理素子である 3 入力 NOR 回路の組み合わせのみで作られ，複雑な軌道計算を行うコンピュータも単純な論理素子の組み合わせで設計可能であることが，この当時から認識されていた．ローゼンブラットによるパーセプトロンの提唱も 1961 年で，脳機能の実現については，当時から神経細胞に類似した論理回路が注目されていたことがわかる．

---

[1] http://klabs.org/history/ech/agc_schematics/

節末問題

3.3 ニューラルネットワークなどの AI が活用される社会について考える.

(1) AI が活用されている具体例を調査せよ.

(2) 各具体例において必要とされているデータを列挙し，その収集，計測，取り扱いの困難さ，留意点などを考えよ.

(3) 上記 AI の導入によって期待されるサービス・価値・効用を考えよ.

(4) それによって社会，ビジネスモデル，学術研究がどのように変わりつつあるか述べよ.

> **ねらい** 多岐にわたる AI 技術活用領域を現在進行形で調査し，取り上げられている課題と，それに対する新たなソリューション，サービス，価値，効用について知る. 可能であればグループ討論によってそれらを俯瞰し，社会の変化を理解する.

3.3　ニューラルネットワークを用いた教師あり学習

　訓練データを使った機械学習を教師あり学習という. この節では，ニューラルネットワークにおける教師あり学習の一般的な形を考える. 入力信号に対して出力層に出力されるべき信号（教師信号）が提示されるので，それに合わせて各層間の重みを学習することになる.

　より詳しくは，図 3.14 のような入出力をもつネットワークに対して入力信号が与えられたとき，最初は層間の重みが学習されていないため出力層には正しい出力が得られない. このため入力に対応する正しい出力（教師信号）と，実際に得られた出力との差が可能な限り小さくなるように重み w を変更すればよい.

　以下において，〇印がニューロン素子，w が入力側の素子からの情報処理に用いる重みを表す. w の添え字の詳細については図 3.15 を参照されたい.

3.3.1　誤差逆伝播法

　多層ニューラルネットワークにおける効率の良い学習法として，初期に考え出された方法が誤差逆伝播法である. この方法はミンスキーとパパート

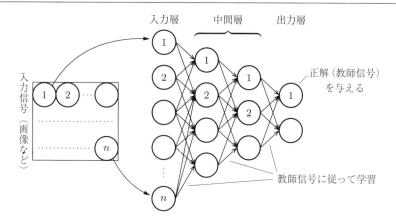

図 3.14　ニューラルネットワークにおける教師あり学習

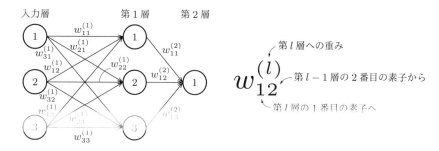

図 3.15　重み w の添え字

によってパーセプトロンの性能限界が示される少し前の 1967 年にすでに甘利によって示されていたが，当時の計算機の能力ではその性能を明確に示すことができなかったために埋もれていた．

　この方法を要約すると，パラメータの更新は出力層の最終的な出力と教師信号との差分から始まるため，出力層に近いパラメータから順に計算すればその後の計算が容易になるという計算方法である（図 3.16）．簡単のため 3 層のニューラルネットワークについて学習過程を説明する．

　勾配法は反復列によって最適値を求める計算法で，評価関数（または損失関数）$f(x)$ の最小値を求めるために，図 3.17 のように x を少しずつ移動させる[※2]．

[※2] 一般に「$:=$」は，新しく定義し直すことを意味する．ここでは「新しい（左辺の）x を，

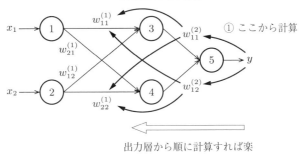

図 3.16　誤差逆伝播法の計算順序

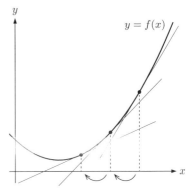

勾配が正（負）なら負（正）の方向へ
移動することで，最適値に近づく．

$$x := x - \eta \frac{\partial f(x)}{\partial x}$$

接線の傾きが正であれば x を小さくする．
負であれば x を大きくする．

図 3.17　勾配法による最適値への移動

　ニューラルネットワークモデルのバイアス値 b は，図 3.10 における θ の
ように，ニューロンの活性化の閾値を設定する値である．損失関数 E を図
3.18 で定め，勾配法を用いてニューラルネットワーク (NN) のパラメータで
ある重み w とバイアス b の値を更新して，NN からの出力をその極小値に近
づける．

　この更新式は図 3.19 のように書くことができる．L 層は出力の最終層を
表す．ここでは 3 層構造を想定しているため $L = 3$ である．これらの式で

古い（右辺の）x を使って再定義する」ことを示す．

勾配降下法の式に従えば，w, b の更新規則は以下のように記述できる．

$$
w_{ij}^{(l)} := w_{ij}^{(l)} - \eta \frac{\partial E}{\partial w_{ij}^{(l)}}, \quad b_{ij}^{(l)} := b_{ij}^{(l)} - \eta \frac{\partial E}{\partial b_{i}^{(l)}}
$$

$E = \dfrac{1}{2} \displaystyle\sum_{k=1}^{n} (y_k - h(\boldsymbol{x}_k))^2$ 損失関数（誤差の評価関数：二乗誤差）

$h(\boldsymbol{x})$：出力層での最終出力

y：正解ラベル

n：学習データ数（学習するべきデータの総数）

k：k 番目のデータ（学習データにおける k 番目のデータ）

$\boldsymbol{x}_k$：（k 番目のデータにおける）出力層の素子の内部状態．
　　この後，活性化関数を経て出力される．

図 3.18　損失関数の定義と更新規則

更新式全体は

$$
w_{ij}^{(l)} := w_{ij}^{(l)} - \eta \boxed{\frac{\partial E}{\partial w_{ij}^{(l)}}} = w_{ij}^{(l)} - \eta \cdot \boxed{\delta_i^{(l)} x_j^{(l-1)}}
$$
　　重みの更新式

$$
b_{ij}^{(l)} := b_{ij}^{(l)} - \eta \frac{\partial E}{\partial b_{i}^{(l)}} = b_{ij}^{(l)} - \eta \cdot \delta_i^{(l)}
$$
　　バイアスの更新式

$$
\delta_i^{(L)} = \left(h^{(L)} \left(z_i^{(L)} \right) - y_k \right) \cdot h'^{(L)} \left(z_i^{(L)} \right)
$$
　　出力層の δ

$$
\delta_i^{(l)} = h'^{(l)} \left(z_i^{(l)} \right) \cdot \sum_{r=1}^{m^{(l+1)}} \left(\delta_r^{(l+1)} \cdot w_{ri}^{(l+1)} \right)
$$
　　中間層の δ

活性化関数の微分形．活性化関数は微分可能な関数である必要がある．
この値が小さいと，入力に近い層の補正値ほど極端に小さい値を取る．

図 3.19　重みとバイアスの更新式

最も重要な部分は出力層および中間層の δ である．出力層の δ は，前段の活性化関数の入力値 z と教師信号 y がわかれば決まる値であり，中間層の $\delta_i^{(l)}$ については，その 1 つ出力側の層である $\delta_i^{(l+1)}$ の漸化式のような形になる．このことから出力層から順に逆伝播する形で δ を更新することができ，これによって重みの更新式およびバイアスの更新式が計算できる．

3.3.2　逆伝播法に関する注意

ここでは図 3.19 の δ の式について補足し，誤差逆伝播法の重みの更新式

$$w_{ij}^{(l)} := w_{ij}^{(l)} - \eta \frac{\partial E}{\partial w_{ij}^{(l)}} \tag{3.8}$$

において $\partial E / \partial w_{ij}^{(l)}$ が簡明な式で表されることを示す．

最初に，活性化関数の入力値 z を導入して式 (3.8) の偏微分を分割する：

$$z_i^{(l)} = \sum_j w_{ij}^{(l)} x_j^{(l-1)} + b_i^{(l)} \tag{3.9}$$

次に E は n 個の学習データそれぞれによる損失関数 E_k の合計

$$E = \sum_{k=1}^{n} E_k$$

であり，個々の学習データ E_k について

$$\frac{\partial E_k}{\partial w_{ij}^{(l)}} = \frac{\partial E_k}{\partial z_i^{(l)}} \frac{\partial z_i^{(l)}}{\partial w_{ij}^{(l)}} \tag{3.10}$$

が成り立つことに注意する．式 (3.10) の右辺で $\partial z_i^{(l)} / \partial w_{ij}^{(l)}$ は，たとえば $i = j = 1$ のときは

$$\frac{\partial z_1^{(l)}}{\partial w_{11}^{(l)}} = \frac{\partial}{\partial w_{11}^{(l)}} \left(w_{11}^{(l)} x_1^{(l-1)} + w_{12}^{(l)} x_2^{(l-1)} + \cdots + b_1^{(l)} \right) = x_1^{(l-1)}$$

であり，一般には

$$\frac{\partial z_i^{(l)}}{\partial w_{ij}^{(l)}} = x_j^{(l-1)} \tag{3.11}$$

となる．同じく式 (3.10) の右辺の $\partial E_k / \partial z_i^{(l)}$ を，δ を用いて次のように表す：

$$\delta_i^{(l)} = \frac{\partial E_k}{\partial z_i^{(l)}} \tag{3.12}$$

以上から式 (3.10) は

$$\frac{\partial E_k}{\partial w_{ij}^{(l)}} = \delta_i^{(l)} x_j^{(l-1)} \tag{3.13}$$

となり，図 3.19 の重みの更新式は

$$w_{ij}^{(l)} := w_{ij}^{(l)} - \eta \frac{\partial E}{\partial w_{ij}^{(l)}} = w_{ij}^{(l)} - \eta \delta_i^{(l)} x_j^{(l-1)} \tag{3.14}$$

となる.

次に式 (3.12) についても偏微分を分割する. そのために

$$v = y_k - h^{(L)}\left(z_i^{(L)}\right) \tag{3.15}$$

を用いて

$$E_k = \frac{1}{2}(y_k - h(x_k))^2 = \frac{1}{2}v^2 \tag{3.16}$$

と書き, 式 (3.12) から

$$\delta_i^{(L)} = \frac{\partial E_k}{\partial z_i^{(L)}} = \frac{\partial E_k}{\partial v} \cdot \frac{\partial v}{\partial z_i^{(L)}} \tag{3.17}$$

を導出する.

一方, 式 (3.16) から

$$\frac{\partial E_k}{\partial v} = \frac{\partial}{\partial v}\left(\frac{1}{2}v^2\right) = v \tag{3.18}$$

であり, 式 (3.15) より

$$\frac{\partial v}{\partial z_i^{(L)}} = -(h')^{(L)}\left(z_i^{(L)}\right)$$

となる.

上式と式 (3.15), (3.17), (3.18) から

$$\delta_i^{(L)} = \frac{\partial E_k}{\partial z_i^{(L)}} = \frac{\partial E_k}{\partial v} \cdot \frac{\partial v}{\partial z_i^{(L)}} = v \cdot \frac{\partial v}{\partial z_i^{(L)}} = v \cdot \left(-(h')^{(L)}(z_i^{(L)})\right)$$

$$= \left(h^{(L)}(z_i^{(L)}) - y_k\right) \cdot \left((h')^{(L)}(z_i^{(L)})\right)$$

となり, 図 3.19 の出力層の δ の式が得られる.

3.3.3　勾配消失問題

図 3.19 の式から, 誤差伝播法には勾配消失問題という問題が発生していることがわかる. 実際, δ を出力側から順に計算するとき, 各ステップで係数 $(h')^{(l)}$ がかかる. この量は活性化関数を一回微分したものであるが, この 値が小さくネットワークの層が深ければ, δ はすぐに 0 に近づいてしまう (図 3.20). これは計算の更新が極めてわずかになることであり, 活性化関数によっては学習が進まなくなってしまう. この問題はネットワークの層が深くなればなるほど顕著になっていくため, ニューラルネットワークの性

計算ステップが進むにつれ補正量が少なくなり次第に学習が進まなくなってくる. 多層になると入力に近い層は学習が進まない.

原因は中間層の δ の値の減少 $\delta_i^{(1)} = h'^{(1)} \cdot h'^{(2)} \cdot h'^{(3)} \cdot h'^{(4)} \cdots h'^{(L-1)} \cdot \delta_i^{(L)} \cdots$

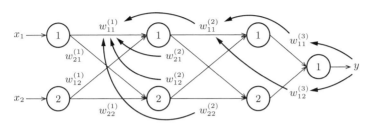

図 3.20   勾配消失問題

能の限界を示すものとして理解された. 第二次 AI ブーム終焉の原因になったともいわれるが, その後, 活性化関数および学習則の改良によって徐々に解消されていった.

3.4 ● ニューラルネットワークを用いた教師なし学習

3.4.1   オートエンコーダーによる特徴抽出

k-means クラスタリング, 階層クラスタリングなど, グループ化を行うアルゴリズムは, あらかじめ正解のデータセットを与えるのではなく, データの特性を解析することによってデータを分類していく. 一般に, 正解を与えない学習を教師なし学習という. ニューラルネットワークを用いた教師なし学習によって, その構造を生かしたデータの特徴量を抽出することができる.

3 層以上のニューラルネットワークでは, 入力層と出力層の他に中間層が存在する. 通常, 中間層は入力層の素子数よりも少ない素子で構成する. 中間層の役割を説明するために, 入力層と中間層, そして出力層の 3 層からなり, 中間層から出力層への出力の重みづけが入力層と中間層で用いたものと同一であるようなニューラルネットワークを考える. もし入力層と中間層との間で十分な学習が行われている場合には, 入力層での入力と同一の信号が出力層に現れることになる. 入力層で提示された情報に冗長性がある場合, 中間層の素子数は入力層より少なくても上述のような機能が実現できる. このとき中間層では入力層におけるデータの特徴がよく圧縮され特徴

抽出されたことを意味する．これが図 3.21 に示す，オートエンコーダーに
よる特徴抽出の基本的な原理である．

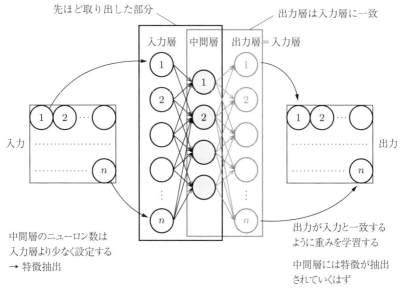

図 **3.21**　オートエンコーダー

この原理に基づく機械学習の例として，特に有名なものが ICML2012 [20]
において公開されたネコの画像である（図 3.22）．これは外部からの教師信
号がない状態でデータのみから特徴抽出を行った結果，ネコの概念を自律的
に学習したと考えられるものである．

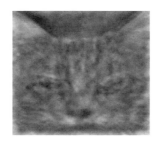

図 **3.22**　ネコの概念を自動的に学習[3]

[3]　［出典］Dean, J., and Ng, A., *Using large-scale brain simulations for machine learning and A.I.*
https://blog.google/technology/ai/using-large-scale-brain-simulations-for/

　中間層による特徴抽出は，中間層の段数が深まるにつれてより高度になると考えられている．図3.23は，一般物体認識コンペティション ILSVRC2012 において前年と比較して大幅に高い認識性能を出して注目された AlexNet [19] の概念図である．図中 Conv1 には最初の中間層が特徴抽出したパターンが現れている．中間層におけるニューロンが画像の抽象化された特徴の一部を捉えているわけである．

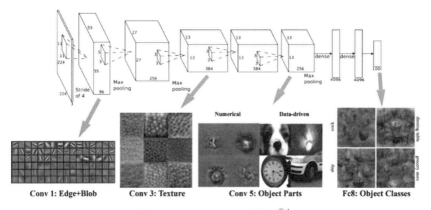

図 3.23　AlexNet の中間層※4

3.4.2　応用例

　これまで述べてきたように，ニューラルネットワークを用いた教師なし学習によって特徴抽出を自動で行うことが可能であり，そこでは中間層の素子とその間の結合の重みによって抽出された特徴量が学習されている．本節の最後に，応用例として検品について述べる．

　最初にいくつかの正常品の画像を学習させておき，その後に製造直後の製品の画像を入力する．出力にはその製品の正常な画像が出力されるので，これを入力と比較し，異なる点を調査することによって異常箇所を見つける．また，学習後の中間層の素子一つひとつを抽出された特徴量とみなし，新規に入力するデータが学習したデータのどの特徴量と似ているかについて調べることもできる [19, 20]．

※4 [出典] Wei, D., Zhou, B., Torralba, A., and Freeman, W. T., *mNeuron: A Matlab Plugin to Visualize Neurons from Deep Models.*
https://donglaiw.github.io/proj/mneuron/index.html

● コラム 7　　ICML2012

　2012 年に，Google によって構築された深層学習のアルゴリズムによって機械が YouTube の動画をトレーニングデータとしてネコを自動認識したことが公開された．このアルゴリズムの重要な点は，人間が特徴量を見つけ出してデータを加工するのではなく，元画像をそのまま学習させることによって機械が自動的に特徴量を見つけ出すところにある．ICML2012 (The 29th International Conference on Machine Learning) は，エジンバラで行われたこのときの機械学習に関する国際会議の名前である．

```
https://blog.google/technology/ai/using-large-scale-brain-
simulations-for/
https://icml.cc/2012/papers/73.pdf
```

● コラム 8　　ILSVRC2012

　ILSVRC (The ImageNet Large Scale Visual Recognition Challenge) は 2010 年からはじまった一般物体認識のコンペティションである．2012 年におけるこのコンペティションの勝者 である SuperVision（チーム名）は，クラス分類 (classification) の部門においてこれまでとは異なる深層学習の手法を用いて性能を大幅に更新したことで一躍有名になった．ILSVRC における主なタスクイメージは Kaggle に登録されている．

ImageNet Large Scale Visual Recognition Challenge (ILSVRC)

```
https://image-net.org/challenges/LSVRC/index.php
```

節末問題

3.4　入力と出力が一致するように学習されるオートエンコーダーは多様な用途に利用されている．

(1)　オートエンコーダーが活用されている具体例を調査せよ．

(2)　各具体事例において，オートエンコーダーのどのような機能が有効に利用されているか考察せよ．

ねらい　入力と出力が一致するように学習するオートエンコーダーは，教師なし

ニューラルネットワークの一種であるが，その機能や特徴は教師あり学習の過程の一部においても利用されている．オートエンコーダーの有益な代表機能は，低次元中間層を有したニューラルネットワークの情報圧縮（エンコーダー）や低次元特徴量からのデータの生成復元（デコーダー）である．オートエンコーダーの多様な実用例を通じて，オートエンコーダーの利用方法や有する機能に関する理解を深める．

3.5 ● 深層学習

3.5.1　深層学習の定義

深層学習には正確な定義はないが，おおむね指摘されていることは以下のとおりである [15]※5.

Ⅰ　3 層以上の層をもつニューラルネットワーク

Ⅱ　層やニューロン間でのより複雑な接続

Ⅲ　訓練に利用可能な計算能力の爆発的増加

Ⅳ　自動的な特徴抽出

Ⅰの3層以上のネットワークに関しては，近年の深層ネットワークにおける学習パラメータの更新手法の進歩と深い関係がある．Ⅱの複雑な接続は，層間の結合を全結合ではなく用途に応じた異なる結合層を設定することで性能を向上させており，畳み込みニューラルネットワークや，リカレントニューラルネットワークで実現されている．またⅢの計算能力については，近年のコンピュータの飛躍的な性能向上が背景にある．Ⅳの自動的な特徴抽出についてはオートエンコーダーを用いた中間層の徹底した学習の進歩や，畳み込みニューラルネットワークにおけるカーネルの学習などがあげられる．

深層学習を用いたネットワークのアーキテクチャとしては，以下のようなものがある．

ⅰ　教師なしの事前訓練済みネットワーク

ⅱ　畳み込みニューラルネットワーク

※5　[15] は深層学習に関する具体的な内容が書かれた書籍．入門的な内容をふまえた上での，学術的および実践的な内容が多い．ニューラルネットワークの研究の歴史や深層学習の定義，データクリーニングなどにも触れている．

iii　リカレントニューラルネットワーク

iv　リカーシブニューラルネットワーク

3.5.2　深層学習の性能向上

　深層学習には，ニューラルネットワークを改良し，性能を向上させた要素が多岐にわたり存在している．

●**活性化関数**●　素子の発火閾値関数である活性化関数には，従来からシグモイド関数が使われてきたが，パラメータが収束するにつれて関数の微分値が極めて小さな値をとるようになるため勾配消失という問題が起こり，深い階層においては収束が進まないという欠点があった．現在ではいくつか別の活性化関数が提唱されているが，ReLU もその1つである．これは活性化関数 h の値が 0 または 1 付近での微分値 h' が極端に小さい値をとらないという特徴があるため，勾配消失問題が起こりにくい．

　パーセプトロンの項で述べたように，活性化関数は非線形のものを使い，学習則を適用する場合はさらに微分可能であることが必要である．それ以外にも，適用する課題によって出力が正の値を取る必要があるなどの制約に合わせて選択する．

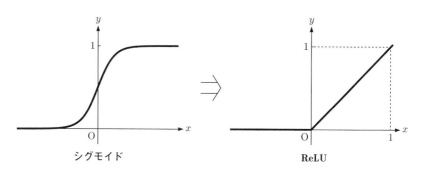

図 3.24　活性化関数

●**オートエンコーダー**●　前節で述べたように，オートエンコーダーでは中間層の結合が冗長性をもたせないように学習させて，中間層に自動的に特徴抽出をさせる．中間層でラベルのないデータから教師なし学習を行うこと，

従来の多層パーセプトロンの事前学習パラメータをデータとすることなどにより，効果的に収束させることができる．

3.6 ● 畳み込みニューラルネットワーク

3.6.1　AlexNet の構造

2012 年に一般物体認識の分野のコンペティションである ILSVRC2012 において，トロント大学による AlexNet は前年までのエラー率を大幅に改善する結果を出して注目を浴びた．AlexNet 以前のアーキテクチャではサポートベクターマシンと他の手法を組み合わせた手法が主流だったのに対し，AlexNet では畳み込み演算を行う層を持った畳み込みニューラルネットワーク (Convolutional Neural Network) を用いた手法が取り入れられており，これは現在では深層学習の主要なアーキテクチャの 1 つとして認識されている（図 3.25）．本節ではこの畳み込みのネットワークのアーキテクチャについて具体的にどのような構成になっておりどのような原理によって高い性能を出すことができたのかを説明する．

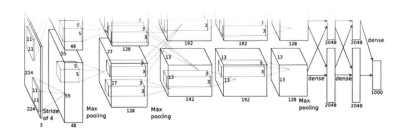

図 3.25　AlexNet の構造（[19] より転載）

AlexNet は入力画像に対して畳み込み層とプーリング層による学習機能をもったフィルタ処理を数回繰り返した後，全結合層によって分類を行い，画像判定を行っている．これを模式的に表すと図 3.26 のようになる．この図では RGB の三色に分解されたカラー画像に対してそれぞれ畳み込みニューラルネットワークを適用している．次節では，この畳み込み層とプーリング層によるフィルタがどのような機能を実現しているかを確認していく．

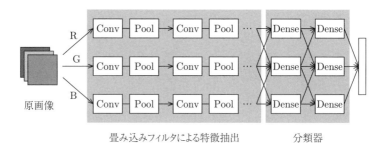

図 3.26　畳み込みニューラルネットワークの模式図

3.6.2　畳み込み演算

　畳み込み演算は，従来から使われてきた画像処理の手法の 1 つで，画像の
ぼかし，強調などのさまざまなエフェクトをかけることができるものであ
る．図 3.27 にこの演算の入力層から，この演算の出力である特徴マップへ
の変換を行う計算方法を示す．この図では便宜的に 6x6 ピクセルの入力画
像に対し 3x3 の畳み込みカーネルを用いることにする．畳み込みカーネル
とは，後述する畳み込み演算を行う際に用いられる入力層と同次元のフィル
タである．入力層に提示される元画像に何らかのエフェクトをかけて印象
を変えることにも使われるが，ここでは特に画像内の何らかの特徴を描出す
る目的で複数のカーネルが用いられる．計算では入力層に畳み込みカーネ
ルを重ね，対応する各ドット同士の乗算結果をすべて加算することで特徴
マップの 1 ピクセルを構成する．このような方法で入力層の太枠部分を上
下左右に移動させることで，4x4 ピクセルの特徴マップを構成することがで
きる（図 3.28）．

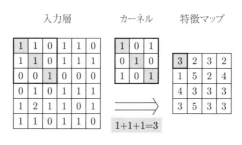

図 3.27　畳み込み演算

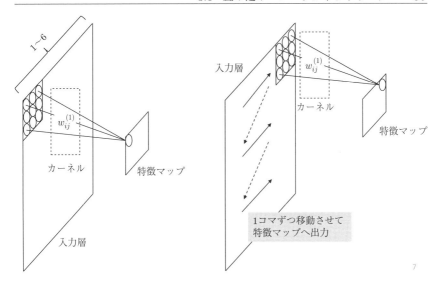

図 3.28 畳み込み演算

　畳み込みカーネルを工夫することで，処理画像にどのような効果が得られるかを見てみよう．図 3.29 は原画像と，それに対してシャープネス，ぼかしなどの典型的なフィルタ（畳み込みカーネル）を適用した結果である．このように，フィルタの適用によって現画像の印象を変化させることが可能である．次の段階としてこれを応用することによって畳み込みニューラル

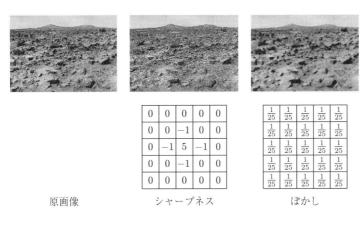

図 3.29 畳み込み演算

ネットワークの機能である画像中の物体認識に援用することを考えてみる.

　図 3.30 は画像処理で一般的に用いられるエッジ強調フィルタを適用したものである. 一見するとこのフィルタを用いたことで画像中の特定の物体を強調させることはできていない. しかしながら現画像中にある山の稜線を強調または抽出するという目的では, たとえば 図 3.31 のように先ほどのフィルタ (畳み込みカーネル) を少し変更することによって, より良好な結果を得ることができる.

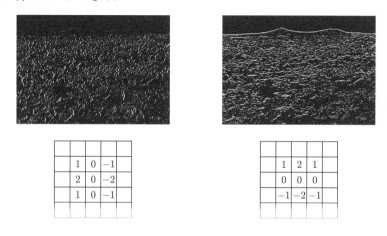

図 3.30　一般的なエッジ強調フィルタ　　**図 3.31**　稜線抽出用フィルタ

　畳み込みカーネルを適切に選択することで, 必要となる画像中の物体の抽出を行うことができるので, 畳み込みカーネルを自動的に学習する仕組みを作ることで, 特定の画像の特徴を認識し他の画像との間の違いを識別する作業を自動化することが可能になる.

3.6.3　プーリング

　畳み込みニューラルネットワークでは, 畳み込み層の直後にプーリング層を設けている. まずはこのプーリング層で行われる演算について説明する. 図 3.32 では畳み込み層の出力である特徴マップを入力として 2x2 ピクセルサイズで Max プーリングという処理を行っている. この操作は極めて簡単で, 特徴マップのデータを 2x2 ピクセルのサイズごとに切り出し, その中で最大の値をもつものだけを採用して出力する. このため特徴マップの

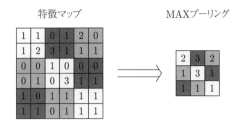

図 3.32　プーリング

サイズが 6x6 ピクセルの場合，プーリング層での出力は 3x3 となる．この操作によって実現されたことは，ピクセル数がまとめられ凝縮されたこと，ある畳み込みカーネルによって特徴抽出された何らかの情報の位置関係が少しぼかされたことなどがあげられる．プーリング処理には，これ以外に Average プーリング，Lp プーリングなどがあり，目的に応じて利用する．

3.6.4　畳み込みニューラルネットを使った判定

これまで述べた畳み込みニューラルネットワークにおける畳み込み層とプーリング層の 2 つの層が協働してどのような機能を生むかについて，理解を助けるため簡単な図形を入力してこれを識別させることを考える．ここでは例として○×の 2 つの簡単な図形を用いてその識別を行うことを考える．最初に畳み込みカーネルだが，ここではこのカーネルを学習させることについて考えると各層の機能の説明から話題が離れてしまうため，ひとまず図 3.33 中の右中央にある左肩上がりの斜線を畳み込みカーネルに用いたとしよう．図中左側においては，○の図形について畳み込みカーネルを適用した結果が左中央に現れている．○の図形について，先ほどのカーネルを演算に用いることによって，特徴マップには右上と左下の 2 つの場所に黒のピクセルが現れていることがわかる．一方，×の図形について畳み込みカーネルを適用した結果，右中央には畳み込みカーネルと同様の左斜線が現れている．この特徴マップについて，プーリングを行うとどのようになるだろうか．ここでは実際の計算は行わないが，たとえば Max プーリングによって最終的に 2x2 ピクセルサイズの画像を出力する場合を考える．元の特徴マップの黒い部分が最も値の大きいピクセルであるとすると，プーリング後の 2x2 ピクセルの出力は，左側の○の図形については右上お

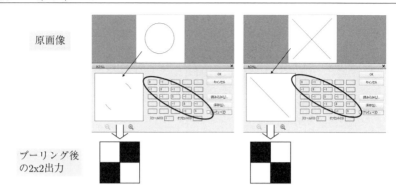

原画像

プーリング後
の2x2出力

カーネルと特徴マップの組み合わせによって○×判定が可能になる.
判定は全結合層で行う.

図 3.33　○×判定用カーネル

および左下が黒の図になることが直観的にわかるだろう．また，右側の×の図
形については左上および右下が黒の図になることがわかる．

　畳み込み層およびプーリング層を通した出力は上記のようになるが，この
次の層として全結合層を配置し分類器として利用することによって，2つの
出力を識別することができることは容易に理解できるだろう．図3.26のよ
うな畳み込みニューラルネットワークアーキテクチャは，このような原理に
よって画像識別処理を実現している．

　この節の最後に，畳み込み層における多層化について簡単に述べる．畳み
込み演算の性質から，たとえば6x6 ピクセルの入力層に対して5x5 ピクセ
ルの畳み込みカーネルを用いて特徴マップを作成したとすると，2x2 層の特
徴マップが生成される．しかし，同じ入力層に対して3x3 ピクセルの畳み
込みカーネルを二度適用した場合にも同様に 2x2 層の特徴マップが生成さ
れる．この両者を比較した場合の違いについて述べる．

　図 3.34 に示すように，両者の間には特徴マップを生成するために計算上
必要となるパラメータ数に違いがある．図 3.35 の例では，5x5 ピクセルの
畳み込みカーネルを用いた場合にはパラメータ数は 25 となるが，3x3 ピク
セルの畳み込みカーネルを用いた場合にはパラメータ数は 18 となり，モデ
ルの冗長性の減少および層を重ねることにより適用される活性化関数の増
加が見込まれる．このことはすなわち，非線形変換量の増加による表現力の

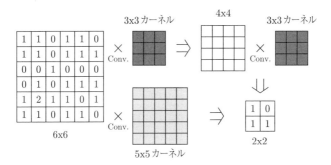

5x5 の畳み込み 1 回と 3x3 の畳み込み 2 回では
同じ pixel の特徴マップができる

図 **3.34** 畳み込みカーネルの違い

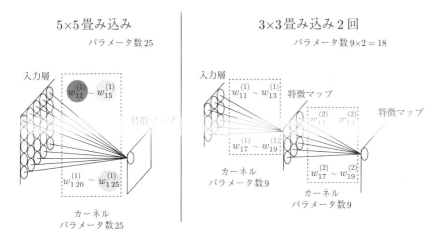

図 **3.35** 畳み込みカーネルの違いによるパラメータ数の違い

増加，すなわち性能の向上を図ることができる [23].

特に CNN における畳み込み層の深さ，畳み込みフィルタのサイズ，パラメータ数，計算コストなどが議論された．関連する議論として以下がある．

Simonyan and Zisserman	https://arxiv.org/abs/1409.1556
Szegedy	https://arxiv.org/abs/1512.00567v3
CVPR2016	https://cvpr2016.thecvf.com/

節末問題

3.5

(1) 身近にある単純な絵，写真および図を複数例にあげ，それらに対して畳み込み演算によって特徴抽出，分類が可能と思われるできるだけ単純なカーネルを予想せよ．

(2) 最初にあげた絵や図のどの部分が，畳み込み／プーリングによる特徴抽出に影響しているかを議論せよ．

ねらい　深層学習では，畳み込み演算層とプーリング層が学習されることによって高いレベルで画像を分類することができるようになる．演習ではその学習結果を人が想像してみることによって，深層学習の高性能化がどのように実現されているかについて体感することで，ネットワークによる画像特徴抽出をより身近に理解する．

3.7 ● 再帰型ニューラルネットワーク

再帰型ニューラルネットワーク (Recurrent Neural Network) は，ネットワークの出力が再び入力へ戻るループ構造が作られることにより，過去の情報を記憶に留めながら新しいデータを出力することを可能にしたネットワークである．この再帰型構造は，データが入力から出力へ一方的に流れるだけの CNN (Convolutional Neural Network) および FFNN (Feed Forward NN. 従来型の NN) とは大きく異なる．このため再帰型 NN は，ニューラルネットワークを時系列データの記憶や言語モデルへ応用することが可能になる．ここでは再帰型ニューラルネットワークの種類として，Simple RNN (Simple Recurrent Neural Network), LSTM (Long Short-Term Memory),

GRU (Gated Recurrent Unit) について説明する.

3.7.1 Simple RNN

Simple RNN は,RNN の最も基本的な構造である.ニューラルネットワークの最も基本的な形であるフィードフォワードニューラルネットワーク (FFNN) などでは,入力に対して出力が行われる構造になっているが（図 3.36 左）,Simple RNN では出力の一部が h^t を通じて再び入力に戻されるような構造になっている（図 3.36 右）.このため計算時刻 t の 1 ステップ以上前の情報を利用して次のステップを出力することができ,時系列データを学習することができる.

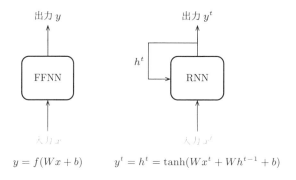

出力 y

FFNN

入力 x

$y = f(Wx + b)$

出力 y^t

h^t

RNN

入力 x^t

$y^t = h^t = \tanh(Wx^t + Wh^{t-1} + b)$

図 3.36 Simple RNN

ここで w はニューラルネットワークの重み,b はバイアス,t はタイムステップ（この例では,単語を 1 つずつ入力に提示するステップ）を意味する.

このように再帰的なネットワーク構造にすることの利点について簡単に説明する.たとえばある一文 "You say Goodbye, and I say Hello." を学習させることを考えた場合に問題になることがある.たとえば 図 3.37 のように,You の入力に対して say を出力できるように学習させ,同じく say の入力に対して Goodbye を出力するよう学習することを繰り返した場合,最後の "say Hello" の学習が,その前に学習した "say" の次に "Goodbye" が来ることと衝突するため学習が進まない.

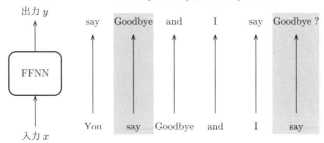

図 3.37 文章の記憶

　say の前にある主語が You であるか I であるかを認識できていれば，say の後に来る語が Goodbye とすればよいか Hello とすればよいかがわかり，文全体を無理なく学習することが可能になるが，FNN などではこれを学習することができない．これは，Simple RNN において t の 1 つ前にある $t-1$ の情報が何であるかを認識する回路がポイントになっていることを意味する．RNN を用いることによって過去のステップのデータを参照することができれば，I say の次に来る単語を Hello と推測することが可能になる（図 3.38）．

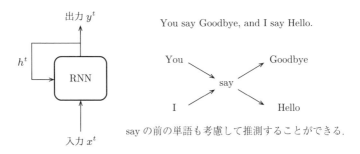

図 3.38 過去の計算ステップの結果を加味した結果

　このようにしてある程度の長さの時系列データを学習することが可能になる．またここでは詳細は省略するが，学習には誤差逆伝播法を用いておおむね 10 step（この例では 10 word）程度までの学習が可能であり，それ以上長い時系列のデータを学習する際には勾配消失あるいは勾配爆発などの問題

が起こるため安定して学習できない．このため長い時系列データを効率よく
動作するよう逆伝播の接続を切断し分割して学習させる Truncated BPTT
(Truncated Backpropagation Through Time) とよばれる方法を用いること
で改善する．

　ところで，再帰的ネットワーク構造の記述は一般的には 図 3.36 のような
帰還ループを描くような記述ではなく，図 3.39 のように時間軸に沿って横
に展開した図法を用いる．この図の中の RNN はすべて同一のものである．
このような記述方法により，次節で述べる LSTM など複雑な制御信号をも
つネットワークを記述する場合に見通しをよくすることができる．

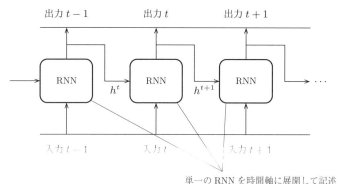

図 3.39　時間軸に展開した RNN の記述

3.7.2　LSTM

　RNN の学習では 3.3.3 項で述べた勾配消失が発生し，ステップ数の長い
時系列データの学習が困難であった．勾配消失を防ぎ，安定した計算が可
能な構造に改良したものが LSTM である（図 3.40）．LSTM ではゲートと
よばれる勾配消失を防ぐ構造を用いて現在は 1,000 Time step 数程度の長
さの記憶を学習することができる．また現在では GRU (Gated Recurrent
Unit) など LSTM 以外のアーキテクチャの研究も行われている．図 3.40 で
は RNN の図 3.39 に対して c_t の信号線が付加されている．詳細は省略する
が，これは LSTM の模式図からわかるとおり，長期記憶 c_t が閾値関数を通
さずに次の時間ステップへ更新されるため，長期的に保持するべき記憶を，

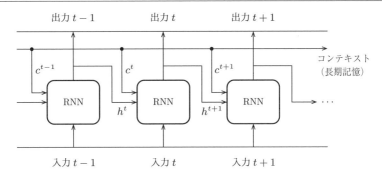

図 3.40　LSTM の模式図

勾配消失を起こさずに伝播することができることを意味している [2].

節末問題

3.6

(1)　ニューラルネットワークを応用していると思われる機器について，第
二次 AI ブームの時代（2000 年以前）と第三次 AI ブーム（2012 年以
降）に分けて，例をあげよ．

(2)　それらの例について，それぞれどのような性能をもち，どのような場
面で使われているか，実用性，性能について議論せよ．

ねらい　第二次 AI ブームの終わりには，ニューラルネットワークに関する問題点
が指摘された．それらには「自由度が多くモデルとはいえない」「処理（判断）の根
拠が明確に把握できない」などがあったが，第三次 AI ブームの時代になってどのよ
うに解決されたか，あるいは乗り越えることができたかについて，実際の製品を見
て判断していく．

3.8 ● AI 技術のビジネス活用

　本節では，AI やデータサイエンス手法のビジネス活用に関連する留意点
について説明する．

3.8.1　説明可能な AI

　意思決定支援やプロセス自動化などビジネスのさまざまな場面への AI 技術，特に機械学習の活用が期待されている．そこでは予測精度や効率性などの点に着目しがちであるが，それだけでは検討が不十分である．機械学習モデルを現場に導入するには，そのモデルや結果が説明可能であることが求められる．以下，説明可能性の必要性を説明し，AI を説明可能とする技術を紹介する．

　人工知能技術のビジネス活用を考える際には，効率性を議論するだけでなく，以下の観点を含めた信頼性を備えた AI (Trustworthy AI) の実現が必要とされている．

妥当性確認可能な AI (Valid AI)　　入力から出力を計算する過程の正しさを検証できること，また，出力が要求条件に合致しているという妥当性を検証できること．

責任ある AI (Responsible AI)　　年齢，性別，人種などによって不公平な判別結果が生じないよう公平，倫理的であること．

プライバシーを保護する AI (Privacy-preserving AI)　　機械学習において個人情報を含む学習データを使用する場合，暗号化，匿名化などにより，データ所有者のプライバシーが保護されること．

説明可能な AI (Explainable AI)　　システムの動作，出力を人および機械が解釈できること．以下で詳述する．

　各観点は独立というよりは相互に関連するものである．たとえば，説明可能性の充足は，検証可能性や公平性の充足にも寄与すると考えられる．各々重要な観点であるが，本節では説明可能性に着目する．説明可能な AI とは，検索，学習，計画，推論の性能を高い水準に維持しながら，説明可能なモデルを生成する一連の技術を指す．この分野への関心は近年高まっており，活発に研究が行われている．

　特に説明が必要とされる応用領域として以下があげられる．金融分野では，ローンの可否判断や保険金額の見積りなど，判断根拠を顧客に提示することが求められる．ヘルスケア分野では，病気の診断や治療法の選択に関し医師が最終的な意思決定をする．そのため，医師が学習モデルの判断根拠を

理解できなければ，医師は学習モデルの予測結果を積極的には活用しないで
あろう．また，交通や情報ネットワークなどの基幹システムの運用におい
ても説明は必要である．機械学習には，そもそも学習データの選択という
点で恣意性が存在する．もし学習データと実世界に乖離があれば，不適切
な意思決定が生成されることになる．いったん基幹システムが停止すれば，
その被害は膨大なものになる．つまり，AI をブラックボックスとして扱う
ことは多くのビジネス応用にとってリスクとなる．これを避けるには人の
介在が必要であり，説明がその仲介を果たすことになる．

　説明可能性については，総務省 AI 利活用ガイドライン[※6]にも関連する記
述が見られる．

透明性の原則　　AI サービスプロバイダ及びビジネス利用者は，AI システム
　　　　又は AI サービスの入出力などの検証可能性及び判断結果の説明可能
　　　　性に留意する．ただし，本原則は，アルゴリズム，ソースコード，学
　　　　習データの開示を想定するものではない．また，本原則の解釈に当
　　　　たっては，プライバシーや営業秘密への配慮も求められる．

アカウンタビリティの原則　　利用者は，ステークホルダに対しアカウンタビ
　　　　リティを果たすよう努める．アカウンタビリティとは，判断の結果に
　　　　ついてその判断により影響を受ける者の理解を得るため，判断に関す
　　　　る正当な意味・理由を説明したり，（必要に応じて）賠償・補償した
　　　　りするなどの措置をとること．

　AI システムが説明可能となることで期待される点は以下である．まず，
ユーザの受容と信頼を得ることができる．法的側面においては，判断根拠
の提示により倫理基準への適合性や公平性を満たすことを示せる．さらに
は関係者は人工知能システムの出力に関する情報提供を受けることができ，
決定に対し理由を付しての異議申し立てが可能となる．エンジニアリング
的側面においては，説明的デバッギングを実行できる．現行の AI システム
で十分な性能が得られないとき，意思決定に影響を与える不適切な属性を知
ることで，データの前処理を行う，あるいは，出力の後処理を行うといった
対策を取ることが可能となる．また，出力の分布と実データの分布を比較

[※6] https://www.soumu.go.jp/main_content/000637097.pdf

することで，性能改善に向けて追加すべき学習データを知ることができる．最後に，応用対象に対する人の理解力，洞察力を高めることに寄与する．たとえば，将棋のプロ棋士であれば，AIが指す手を見るだけで洞察を得ることができるが，説明が与えられれば，より多くの人々が因果関係の理解を得やすくなる．

　説明可能なAIとは，AIシステムをそれ単体として見るのではなく，人と機械の協働システムとして見る立場である．人の判断が機械に勝るとは限らず，人の判断を付加することはバイアスともなりうる．しかし，学習データとして利用できるものは実世界の一部を切り取ったものに過ぎず，また，学習アルゴリズムについても十分な理論保証があるものばかりではない．よって，予測結果を検証してモデル改善の示唆を得ることが，また，データの過不足を認識して人工知能システムの欠陥を補うことが必要となる．このような人と機械の協働を可能とするものが説明であると考える．

　説明可能性と予測精度は，図3.41に示すようにトレードオフの関係にある．単回帰分析や重回帰分析などの線形モデルは，各属性が意思決定に及ぼす影響を係数の大きさから判断できるが，対象が非線形な性質をもつ場合に予測精度が低くなる．一方，深層学習は非線形な性質をもつ対象に対しても高い予測精度を実現できるが，ネットワークの重みを見ても各属性が意思決定に及ぼす影響を人が判断するのは難しい．決定木はIF-THENルールで

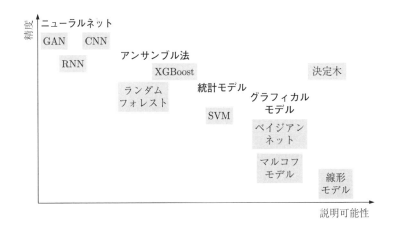

図 **3.41**　説明可能性と予測精度のトレードオフ

表現できるため，説明可能性は高く，また，予測精度も比較的高くすること
が可能である．なお，深層学習や決定木の詳細については，それぞれ 3.5 節
と 2.1 節を参照されたい．また，この図は一般的傾向を示すものであり，予
測対象のもつ構造や，学習データの多寡により影響を受ける点に注意され
たい．

3.8.2　説明生成手法

　説明可能な AI の構築に関しては 2 つのアプローチが存在する．1 つは事
後の説明である．予測モデル自体はブラックボックスとして構成し，これと
は別に説明用サブシステムを用いて判断根拠を提示しようとする考え方で
ある．別のアプローチは，透明性のある設計である．本節では前者の説明用
サブシステムを用いるアプローチについて詳しく述べていくが，先に透明性
のある設計について簡単に触れておく．透明性のある設計とは予測モデル
そのものを，仕組みを理解できるように構成する考え方である．たとえば，
線形モデルを用いる，決定木を用いるといった選択はこちらに分類される．
透明性に関してはいくつかの段階を考えることができる．ある入力に対し
てどのような結果が出力されるかを人が予測できるというモデルの透明性，
モデルに含まれるパラメータなど個々の部品の意味を理解できるという部品
の透明性，アルゴリズムの意味を理解できるという学習アルゴリズムの透明
性などがあげられる．後者ほど透明性の点でより高い水準での説明となる．
　さて，事後の説明に関しては，さらに局所的説明生成と大域的説明生成に
分類できる．前者は，個々の入力インスタンスに対して，その予測値や分類
結果を説明するものであり，判断に影響を与えた入力特徴や学習サンプルを
提示する．後者は，モデルの振る舞いに関する大域的な説明を与えるもの
で，部分従属プロットなどの手法がある．以下，各々の代表的手法について
説明する．

（a）　局所的説明生成

　局所的説明の生成は，ある入力に対するモデルの予測を入力の特徴に帰属
させる帰属問題と考えることができる．物体認識タスクであれば，予測結果
を入力画像のピクセル・領域に帰属させる．文章の感情分析タスクであれ
ば，予測結果を入力文章の単語に帰属させる．資金貸付の可否決定タスク

であれば，分類結果を給与など申請者の特徴に帰属させる．説明とは何か，何が提示できれば説明となるかを考えることは興味深い問題であるが，ここでは立ち入らないこととし，帰属問題をどう解くかに焦点を当てる．以下，帰属問題の解決法をいくつか取り上げ説明する．

● **切除法** ●　切除法とは，各特徴を切除して予測結果が変化した場合，判定根拠をその特徴に帰属させる方法である．画像の物体認識問題では，図 3.42 に示すように，画像の一部を切除して学習済モデルに与え，予測の変化を観察する．この方法の利点は単純で解釈が直観的なことである．欠点は，実世界に存在しない入力に対して適切な予測が得られるか不明である点，特徴間に相互作用がある場合に不適切な説明を生む可能性がある点，切除部分の取り方はその大きさや形など色々あって，適切な説明が得られるまで試行錯誤が必要であり，計算量に関して高価となる点があげられる．

図 3.42　切除の例（白の矩形が切除部分）

● **スコア逆伝播法** ●　スコア逆伝播法は，学習モデルが多層ニューラルネットワークである場合に適用できる．出力層からはじめて，$i+1$ 層のニューロンのスコアを，i 層から $i+1$ 層へのリンク重みで重みづけして分配し，i 層のニューロンのスコアとする．この操作を入力層に至るまで繰り返す．たとえば，図 3.42 の左の画像を入力として，出力層でつくばいに対応するニューロンのスコアが最大の 1 となり，つくばいと判定されたとする．その後，つくばいに対応するニューロンと接続されている，出力層の 1 つ前の層を考え，重みに従って予測スコア 1 を分配する．この操作をその前の層，その前の前の層と繰り返し行う．スコアを逆伝播させて入力層における各特徴の貢献度を計算する．この方法の利点として，概念的に単純である点，実験的にうまく機能することが示されている点があげられる．欠点としては，ニューロンの閾値関数が非線形である場合，分配値の計算法に関してさ

まざまな提案があり，どれを用いればよいか明らかでない点があげられる.

●**シャプレイ値の応用**● 協力ゲーム理論は経済学の一分野であり，プレイヤが合理的であるとの仮定のもと，どのようなグループ分けが実現されるか（提携形成問題），どのように利得・費用が分配されるか（利得分配問題）を議論する枠組みである．例として，A, B, C の3人がいる場合を考える．関数 $v()$ によって，プレイヤが単独，あるいは，グループで行動する場合の利得を表す．ここで，$v(A) = 10$, $v(B) = 20$, $v(C) = 30$, $v(AB) = 60$, $v(AC) = 70$, $v(BC) = 80$, $v(ABC) = 120$ であると仮定する．$v(A) = 60$ は，A が単独で行動すると利得60を得ることを，$v(ABC) = 120$ は，A, B, C の3人が協力すると，全体として利得120を得ることを表す．また，誰も参加しない場合，$v(\emptyset) = 0$ と利得0を仮定する．ここでの課題は，3人が協力して得られる利得120をどう分配するかである.

分配決定法の1つがシャプレイ値である．シャプレイ値はプレイヤの参加による利得の増分（限界貢献度）の期待値を配分とする考え方である．A, B, C がグループに加わる順序として，$A \to B \to C$, $A \to C \to B$, $B \to A \to C$, $B \to C \to A$, $C \to A \to B$, $C \to B \to A$ の6通りがある．$A \to B \to C$ の場合，A の限界貢献度は $v(A) - v(\emptyset) = 10 - 0 = 10$ と計算される．$C \to B \to A$ の場合，B, C がすでにいるところに A が加わるので，A の限界貢献度は $v(ABC) - v(BC) = 120 - 80 = 40$ と計算される．他の場合も同様である．結局，A の限界貢献度の期待値は，$(10 + 10 + 40 + 40 + 40 + 40)/6 = 30$ と計算され，これが A への配分となる．B, C についても同様に，各々 40, 50 と計算できる.

シャプレイ値の計算を特徴量の帰属問題に適用する場合，入力の各特徴がプレイヤに，学習モデルの予測値が利得に対応する．たとえば，住宅物件の家賃予測で物件の広さ，駅からの距離，築年数という特徴があれば，それらを A, B, C に対応させてシャプレイ値を計算し，各特徴の貢献量と解釈する．ただし，シャプレイ値の計算では，A が単独で行動する場合の利得などを知っていることが前提となっており，この点で計算に工夫を要する.

●**局所的線形近似法**● 非線形な性質をもつ対象を，たとえばニューラルネットなどで学習させたとき，識別境界面全体を線形モデルで表現しよう

としても，よい近似は得られない．たとえば，画像物体認識課題で犬と判別される場合の画像特徴を抽出するのは難しい．それは，犬種，姿勢，切り取り範囲，周辺環境などさまざまであり，その特徴の一般化が困難であることによる．しかし，1つの犬の画像に絞って考えれば，より線形近似の獲得が可能となる場合がある．このアイデアのもと，局所に限定して線形近似を行うのが局所的線形近似法である．説明を与えたい1つの画像に対して，特徴空間上で距離が近いデータを収集する．次に，画像のパッチを説明変数とする線形モデルと先に学習済みのモデルの出力差が小さくなるように線形モデルの係数を選択する．ここで，画像パッチは人にとって解釈が容易なものを設定する．次に，得られた線形モデルの係数を観察して，重要な特徴量を提示する．ここでは，画像物体認識課題を使って説明したが，他の課題にも適用可能である．たとえば，文書の感情分析課題であれば，単語が特徴量として使われる．

(b)　大域的説明生成

　局所的説明生成が個々の入力インスタンスに対する説明を与えるのに対し，大域的説明生成は学習モデル全体の挙動を説明しようとする．大域的説明生成法の1つは部分従属プロットの利用である．部分従属プロットとは，モデルの予測値が1つの属性に対して，サンプル全体を見たときにどのように依存しているかを示すものである．横軸に1つの属性，縦軸にモデル予測値を図示する．属性値の増加に従い，予測値が変化するかしないか，変化する場合，変化が漸進的か階段的かを観察することで，当該変数が予測値に与える影響を知ることができる．例として，アヤメの品種分類課題を考える．がく片の長さ，がく片の幅，花びらの長さ，花びらの幅を特徴量として Setosa，Versicolour，Virginica のどの品種かを判別する課題である．訓練データを用いて学習モデルを得たとする．このとき，評価データに関して，花びらの幅を横軸に，モデル予測値，すなわち，判別結果を縦軸に図示すると，花びらの幅が小さいときは Setosa，大きいときは Versicolour か Virginica であるといったことが観察できる．これにより，あるインスタンスが Setosa と判別されたとき，それは花びらの幅が小さいからであるといった説明を与えることができる．

大域的説明生成の別の方法は置換である．1つの属性に関して，値をランダムに入れ替えて，予測結果を評価する．置換により予測誤差が大きく増加する属性は影響力が大きいといえ，予測決定に重要と考えられる．アヤメの品種分類課題において，たとえば評価データの花びらの幅の値をランダムに置き換える．こうすると予測誤差が増加するため，花びらの幅は予測決定に重要と推測することができる．

● コラム 10   説明とロボット

本節では主に機械学習モデルの説明生成について見てきたが，それ以外にも，たとえば自律移動ロボットに関してその行動を言語化する方法が提案されている．これも説明生成技術の1つと見ることができる．ロボットにコーヒーを買ってきてと頼んで想定よりも到着が遅かった場合，なぜ時間がかかったのかを知りたくなるであろう．人が生のログデータを見て分析という方法もあるが，研究者以外のユーザにとって，そのような方法は煩雑である．多くのユーザにとっては，近くのエレベータが検査中で遠回りが必要だったといった適度に抽象化した回答がなされることが望ましい．人工知能の応用領域は広範であり，さまざまな技術を説明と関連付けて考えることができる．

3.8.3   相関と因果

3.8.1 項で述べたように，機械学習の応用領域の拡大に伴ってそのリスクも増大する．たとえばヘルスケアや金融分野では，学習モデルによる誤った予測が健康被害や多額の損失などの被害をもたらすかもしれない．

誤った意思決定を導く原因の1つが，相関と因果関係の取り違えである．今，商品販売データを調べた結果，広告提示を増やすと商品販売数が増える傾向にあることがわかったので，商品販売数をさらに増やすために広告掲示回数を増やすという判断をしたとすれば，その判断は短絡的である．たとえば，広告掲示数を増やしたのは 12 月であり，広告掲示が購買意欲を刺激したのではなく，クリスマスシーズンであることが購入意欲を刺激したという解釈も成り立つかもしれない．つまり，広告掲示数と商品販売数が相関関係にあることは確かであるが，因果関係にあるとは限らない．因果関係にない場合には，広告掲示回数を増やしても期待する効果は得られない．一般に，擬似的な因果関係を擬似相関とよぶ．擬似相関は真の因果関係と区別して

扱う必要がある.

　擬似相関について，例を用いて説明する．今，若年層に訴求する商品があるとする．また買主は SNS 上で友人や知人経由でこの商品に接して購入に至っていて，広告の有無は購買行動に大きく影響しないとする．また，この若年層は SNS に接する時間も長いとする．この場合，実際の因果関係は図 3.43(b) に示すようになる．年齢が商品購入や SNS 広告への接触に影響しているが，データ分析の際に年齢という要因を考慮しなかったとすると，見かけ上 SNS 広告への接触と商品購入に因果関係があるように見える．これが擬似相関である.

　この場合の「年齢」のように，原因となる変数（「SNS 広告への接触」）と結果となる変数（「商品購入」）の両方に相関する外部変数を交絡因子とよぶ．もし，SNS 広告と商品購入が図 3.43(a) に示す真の因果関係にあるのでなく，図 3.43(b) に示す擬似相関の関係にある場合，当然，SNS 広告を増やしても商品購入は増えない.

(a) 因果関係　　　　　　　　　　　　(b) 擬似相関

図 3.43　因果関係と擬似相関

　一方，意思決定を行うには因果関係と擬似相関を区別するだけでなく，真に因果関係がある場合でも，その効果を測定することも必要である．因果効果は原因が結果に与える効果のことで，この例でいえば，広告を提示するといった介入（処置）の有無を $t = 0, 1$ で表し，広告を見たときに商品を購入する確率を $Y^{t=1}$ で，広告を見なかったときに商品を購入する確率を $Y^{t=0}$ で表すと，因果効果は $Y^{t=1} - Y^{t=0}$ で表現することができる.

　実際に広告を見せたとすれば，$Y^{t=0}$ は「もし広告を見せなかったとすると」という反実仮想的条件に基づく潜在的結果となる．同様に，実際には広告を見せなかったとすると，$Y^{t=1}$ が「もし広告を見せたとすると」という反実仮想的な条件に基づく潜在的結果となる．現実には，$Y^{t=1}$ と $Y^{t=0}$ のどちら

か一方の結果しか観察できない．これは因果推論の根本問題とよばれ，個体レベルでの因果効果については識別不可能である．この問題に対処するためには，個体レベルではなく集団レベルでの平均因果効果 $E[Y^{t=1}] - E[Y^{t=0}]$ を使わなくてはならない．さらに，データから平均因果効果を推定するためには，交換可能性，一貫性，正値性の3つの性質が成立することが必要である．

交換可能性は

$$E\left[\text{購買あり}^{\text{広告あり}} \mid \text{広告あり}\right] = E\left[\text{購買あり}^{\text{広告あり}} \mid \text{広告なし}\right] \quad (3.19)$$

で表現される[7]．たとえば集団に a, b, c, d の4人がいて，a, b に広告を見せ，c, d に広告を見せなかったとする．この場合，a, b が商品購買に至る期待値

$$E\left[\text{購買あり}^{\text{広告あり}} \mid \text{広告あり}\right]$$

と，c, d に仮に広告を見せたとしてその場合に c, d が商品購買に至る期待値

$$E\left[\text{購買あり}^{\text{広告あり}} \mid \text{広告なし}\right]$$

は等しくなる．次に介入する／しないの群を交換し，c, d に広告を見せ，a, b に広告を見せなかったとする．この場合，c, d が商品購買に至る期待値

$$E\left[\text{購買あり}^{\text{広告あり}} \mid \text{広告あり}\right]$$

と，a, b に仮に広告を見せたとしてその場合に a, b が商品購買に至る期待値

$$E\left[\text{購買あり}^{\text{広告あり}} \mid \text{広告なし}\right]$$

も等しくなる．

(3.19) の左辺，

$$E\left[\text{購買あり}^{\text{広告あり}} \mid \text{広告あり}\right]$$

は，広告を提示した集団に対する，介入群の購買率の期待値を表す．ここでは，条件付き確率の条件と介入状態が一致しているため，広告を提示した集

---

[7] ここで用いた $E[Y^t \mid C]$ という表記は，第2章で述べたように条件 C のもとで Y^t が生じる確率の期待値を表している．条件付き確率としての条件 C と因果効果に関する介入群1／非介入群0を表す $t = 1/0$ とを混同しやすいので，注意してほしい．

団に対して購買ありとなる期待確率と単純に解釈してよい．一方，右辺，

$$E\left[購買あり^{広告あり}\,|\,広告なし\right]$$

は広告を提示しなかった集団に対する，介入群の購買率の期待値を表す．実際は広告を提示していないため，ここでの介入群は反実仮想的条件となる．左辺と右辺が等しくなることが交換可能性で，この条件を仮定すれば，二群の差は広告提示の有無だけになり，実際に観察される購買率の差は原因「広告のあり／なし」によってもたらされたと推論できる．特に，最初の例のように「年齢」が交絡因子であるとすると，広告なし群には年齢が高い人が多く含まれることになるため，交換可能性は成立しなくなる．

一貫性は

$$E\left[購買あり^{広告あり}\,|\,広告あり\right] = E[購買あり\,|\,広告あり] \tag{3.20}$$

で表現される．右辺の $E[購買あり\,|\,広告あり]$ には介入条件の有無が記載されず，単純に広告提示があった場合の購買率を表している．したがって(3.20) は，広告提示という介入を受けた場合に期待される購買率が，実際に広告を提示した場合の購買率に等しくなることを表している．

一貫性は，当たり前のようであるが常に成り立つとは限らない．たとえば，商品購入目的が自己利用と転売の 2 通りある場合，購入目的に応じて介入の効果が異なることが考えらえる．この場合は，集団における自己利用と転売の比率に応じて購買率も変化して，一貫性が保てなくなる．

最後に，正値性はいずれの介入（広告あり／なし）に割り当てられる確率も 0 ではないことを意味する．介入条件の割付けは実験者が決めることができる．たとえば最初の例では，SNS 利用者には広告掲示し，それ以外には広告掲示しないという設定であるが，ここに誰にも広告を掲示しないという割付けルールを加えると，介入群に含まれる人数は 0 となる．こうなると，正値性が成り立たず，潜在的結果が定義できなくなる．

では，最初の例で SNS 広告の効果を測定するにはどのようにすればよかったのであろうか．1 つ方法が，ランダム化比較試験である．これは，介入群と対照群の割り付けを無作為に行い，介入法の違いが結果に与える影響を調べる方法である．Web のページデザインなどに見られる A/B テストなどもこれに分類される [4]．これは文字の大きさや配置などデザインが少し異な

るページを複数用意してユーザに提示し，クリック数を比較してどちらのデザインがより優れるか検討する方法である．

ランダム化比較試験は因果関係研究の標準的手法であるが，年齢や地域に偏りをもたせてはいけないため，広範囲に実施する必要があり，高価で時間がかかるという問題がある．また，倫理上の問題が生じる場合もある．たとえば，タバコと肺がんの因果関係を調べるときに，タバコを吸わせる群と吸わせない群を分けての長期間観察は困難である．元々喫煙習慣のある人を集めればよいと思うかもしれないが，その場合，割り付けを無作為に行うという条件に反する．

では，ランダム化比較試験ができないときどうすればよいであろうか．その場合の方法の1つが，観察研究である．これは，介入法の割り付けを無作為に行うことをあきらめ，人為的，能動的な介入を行わずに，ただその場に起きていることや起きたことを観察する方法である．単純で効率的であり，ビッグデータ活用の可能性がある．SNS広告の例では，すでに蓄積されたデータからSNS広告の提示群と未提示群を特定し，その二群間で商品購入率に差があるか調査する．ただし，年齢，性別，居住地などによって受け取る広告が異なる場合，それらが交絡因子となる恐れがあり，取扱いに注意が必要である．

データの偏りを生じさせる要因としては，交絡因子の存在に起因する交絡バイアスと選択バイアスが存在する．交絡バイアスは，先に述べたように，もし若年層ほどSNSの視聴時間が長いとすると，年齢という点でSNS高視聴群とSNS低視聴群でデータの偏りが存在する．これにより，本来関係のないSNS広告提示数と商品購入率に因果関係があると見えることになる．一方，選択バイアスは調査者が意図せぬ形で調査対象を限定してしまうことにより生じるバイアスである．たとえば，新規サービスを受けた人ほどアンケートに回答しやすく，また，顧客満足度の高い人ほどアンケートに回答しやすいということはありそうである．この回答傾向の違いから，見かけ上，新規サービスにより顧客満足度を高めることができるという結果が得られてしまうことになる．

3.8.4　反実仮想機械学習

　これまで，相関と因果の区別が重要であり，領域知識を用いて因果に関する問題構造を調べることで適切な意思決定に近づくことを説明したが，事実と反対のことを想定する反実仮想推論を行うためには，まだ問題が残っている．

　例として映画推薦システムを考えよう．年齢，性別などユーザ属性 X に応じて映画を推薦し，その映画が視聴されたかどうかのデータが得られるとする．たとえば，10 代のユーザにはアニメーション映画を，20, 30 代のユーザにはアクション映画を，40, 50 代のユーザにはサスペンス映画を推薦するといったルールを推薦方策とよぶ．

　今，推薦方策 π_b のもとで映画 m_1 を推薦して視聴の有無に関するデータを取得し，このデータをもとに新たな推薦方策 π を策定したとして，この新しい推薦方策 π の性能を評価する場面を考えてみよう．属性 X をもつユーザに対して，元の推薦方策 π_b と新たな推薦方策 π が同じ映画 m_1 を推薦するのであれば，蓄積データからユーザの反応，つまり推薦という介入による映画視聴への効果を推測できる．しかし，新たな推薦方策が映画 m_2 を推薦するときはユーザの反応を知ることができない．その理由は，元の推薦方策では属性 X をもつユーザには m_1 を推薦することになっているため，m_2 を推薦した経験がないからである．つまり，収集されたデータだけでは新たな方策の評価を十分に行えないことになる．

　このような問題に対処するため，反実仮想機械学習という研究が進められている．これは，因果効果を予測したり，過去に何らかの基準で収集された雑多なデータを使って仮想的な施策の性能を評価したりするなどの，反実仮想の推論を含むタスクを解くための技術である．

　問題設定をもう少し詳しく記述してみよう．まず，ユーザは逐次，動画配信サービスに到着する．システムはユーザの属性情報（年齢，性別など）を見て，適切なお勧め映画を選択しユーザに提示する．ユーザは推薦された映画に興味があれば視聴を開始する．また，推薦された映画以外もタイトルや出演者名で検索するなどして視聴することができる．ユーザは映画が終了するか，あるいは，興味がなくなった時点で視聴を停止する．ここでシステム運営者の目的はユーザの映画視聴時間の最大化であり，映画視聴時間を最

大にするような推薦映画を求めることが彼の課題である.

　これまでシステムは,10 代のユーザにはアニメーション映画を,20, 30 代のユーザにはアクション映画を主に推薦してきたとする.さらに最近,20 〜60 代の男性ユーザは年齢を問わずアクション映画の視聴時間が伸びているとする.すると,10 代の男性ユーザにもアクション映画を推薦する新たな推薦方策が得られるであろう.しかし,これまで 10 代ユーザにアクション映画を推薦したことはほとんどなく,視聴時間を精度よく予測することができない.システム運営者は実際に新たな推薦方策に切り替えるべきであろうか.既存の方策外の行動評価という問題の解決法として,直接法,逆確率重みづけ法,二重頑健法の 3 つを紹介してみよう.

　最初に,直接法では,新たな推薦方策を用いて推薦映画を選択する.上述のように 10 代ユーザにアクション映画を推薦した場合のデータは存在しないため,何らかの推測が必要となる.映画推薦システムの視聴データには年齢以外に性別のデータも含まれる.よって,性別などを入力として視聴時間を予測する学習モデルを構築できる.直接法では,この予測値を使って 10 代ユーザへの推薦にアクション映画を加えた場合の映画視聴時間を予測する.当然,10 代ユーザと 20〜60 代ユーザの嗜好に違いがあり,バイアスが大きくなるという欠点をもつ.

　次に,逆確率重みづけ法について説明する.20, 30 代の男性データを用いて 10 代の男性ユーザに対する映画推薦の効果を推測する場合,何が問題になるであろうか.これまで 20, 30 代のユーザにアクション映画を多く推薦してきたということは,それだけ推薦による効果が見込めるからである.よって,20, 30 代の男性データをそのまま使うと,効果を過剰に見積もる恐れがある.逆確率重みづけ法は,アクション映画に興味を持つユーザに対する重みを下げることで,当該ユーザが過剰にサンプリングされていることの影響を排除しようとするものである.この方法はバイアスを小さくすることができるが,一方で分散が大きくなるという欠点をもつ.

　最後に,二重頑健法を紹介する.これは直接法と逆確率重みづけ法の欠点を解消する方法として提案されたもので,直接法による予測値と逆確率重みづけ法による予測値を統合するものである.因果推論自体は長く研究されてきたものであるが,機械学習との接点においてもさまざまな発展を見るこ

とができる.

　本節では，AI 技術のビジネス活用として，説明可能な AI や反実仮想機械学習について説明した．関連論文として，局所的説明生成法の 1 つであるスコア逆伝播法 [17]，シャプレイ値の応用 [21]，局所的線形近似法 [22]，反実仮想機械学習における二重頑健法 [18] をあげておく.

● コラム 11　　タバコと健康

　「タバコを吸っている人ほど健康である」といった記事を目にする機会があるかもしれない．実際にはタバコが健康被害をもたらすとしても，調査対象が高齢者集団である場合，タバコによって健康被害を受けやすい人はすでに亡くなっている可能性が高い．また，健康状態が良い人ほど長生きする．つまり，調査対象者は高齢になるまでタバコを吸い続けることができるほど健康であり，健康な喫煙者の割合が多くなることで，タバコを吸うほど健康であるという逆の関連が生まれることになる．これも本文中で述べた選択バイアスとして説明できる．データ分析の報告を読む際は，選択バイアスの存在を疑ってみてほしい.

節末問題

3.7　説明可能な AI に関してさまざまな手法が提案されている．実社会での適用場面をあげ，何が新たに可能になるか，また，問題点を説明せよ．実社会での適用場面については，すでに実現されているものでも，新たな適用領域を発見するのでもどちらでもよい.

ねらい　説明可能な AI として，予測結果の根拠を属性の重要度に帰属させる方法を説明した．実社会での適用を考えるとき，何ができるというだけでなく，どのような関係者（ステークホルダー）が存在して，誰がどのような役割を果たすのか，自発的な利用を促すものになっているかといった出口からの考察が必要である．また，個々の技術は不得意とするところがあり，それを発見することは次の技術開発につながる．このような観点から説明可能な AI を考えることで，技術への理解を深める.

4 マルチメディア

メディアの本来の語源は中間ということであるが，そこから媒介と伝達という意味合いが派生し，印刷術と電磁波通信という二大技術革新によって，メディアは主体と社会とのかかわりを大きく変容させてきた．後世，コロナ時代とよばれることになるであろう，現時点においてその重要性はさらに増大しているが，データ処理技術も，技術革新，経済動向，グローバル化と一体となり，刻々と進化を遂げてきた．マルチメディアとして経産省スキル項目で要請されているのは，各種符号化技術も含めた文字，音声，静止画/映像の認識・生成に関する知識を活用できることである．本章はテキスト，音声，画像の処理において，データサイエンスがどのように活用されているかを説明する．

4.1 ● テキスト処理

4.1.1 テキスト処理の目的

　言語とは，指し示すもの（シニフィアン）と指し示されるもの（シニフィエ）の対である．たとえば，「犬」という単語を聞くと，「4足歩行，全身が毛に覆われ，大きな黒目をした……」といった映像を思い描くことができる．このときの「犬」がシニフィアンであり，思い描いた像がシニフィエである．文字などの記号とそれが指し示す映像や実物の関係が，各単語が有する意味を形成する．

　人間は，「ことば」が有する意味を解釈しながら，本を読み，記録を書き残し，他者とコミュニケーションを取りながら，言葉を使った知的生活をいとも容易く送っているようにみえる．自然言語処理は，コンピュータにも人間のような言葉を理解処理させることを目的とする学術研究分野である．コンピュータの内部では，言葉は「テキストデータ」として扱われることになる．しかし，それは文字の列にほかならず，言葉が本来持つ意味を直接コンピュータが扱うことは大変困難である．人間とコンピュータの自然言語能力には大きな乖離がある．

　言葉の意味をあえて捨てて，大量のテキストデータからの頻度情報を頼り
にして統計的に文書や単語を分析しようと試みられてきた．個別の単語の
意味を考えて，文書を理解しようとするのではなく，単語の出現分布として
文書を数値化することで文書を分類することや，英語とフランス語の単語間
の意味を照合するのではなく，膨大な対訳コーパスから英語のある単語から
フランス語のある単語が生起する確率を求めることによって，2 か国語間の
機械翻訳技術の開発が進んできた．

　言葉に関するビッグデータを入手することができる状況において，大規模
なテキストの統計的解析を基盤とした方法論は大きな成功をおさめ，さまざ
まに有効活用されている．商品評価や苦情など，消費者から寄せられた自由
記述式アンケートの回答データから，商品の優位性や改善点を発見するテキ
スト分析は，商品の開発・営業促進に大きく貢献する．同じ内容の文章であ
ろうとも，書き手によってその文体は大きく異なり，それは使用される単語
の頻度や文章の長さなどとして表出する．文学作品・哲学書・歴史書などの
貴重な文化遺産の中には，著者が不明な作品が少なからずあり，そのテキス
ト分析によって文章の「指紋」のようなものを抽出して，著者を同定する研
究も盛んに行われている．昨今の ICT の進展によって，SNS 上で多くの人
が情報発信を行っている．Twitter などにて発信されている膨大なテキスト
を分析して，ウイルス感染症の流行を推定することや株価を予測する技術も
開発されようとしている．このように実社会は，言語情報に満ち溢れてお
り，その膨大な言語データをテキストとして解析する応用例は，枚挙に暇が
ない．本章では，テキストデータを統計的に数値化，分析するための原理に
ついて見ていくことにする．

4.1.2　テキストのベクトル表現

　文書を解析する場合には，その文章を数値化する必要がある．特に，文章
の特徴を示す数値を要素とするベクトルとして数値化され，このベクトル
は特徴ベクトルや素性ベクトルとよばれる．次の例題で示すように，文書 d
に対する特徴ベクトル x_d の最も簡単な作成方法は，特徴ベクトル x_d の各
要素の位置と単語の種類を対応付け，各種類の単語 ω が文書 d の中に現れ
る回数・頻度 $n_d(\omega)$ を該当する要素の数値として格納することである．

例題 4.1　文書 "data science is related to data mining, machine learning and big data" の特徴ベクトルを求めよ．

解

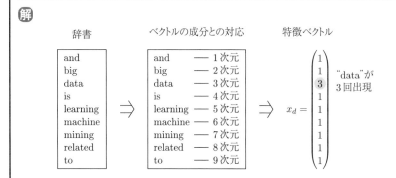

図 4.1　文書の特徴ベクトル

図 4.1 のように，文書中の単語の種類と特徴ベクトルの成分を対応させる．たとえば，単語 "data" は特徴ベクトルの第 3 成分に対応する．次に各種類の単語が文書に出現する回数を数える．たとえば，単語 "data" の出現回数は 3 (n_d("data") = 3) である．そこで各単語の出現回数を特徴ベクトルの該当する成分として設定する．たとえば，特徴ベクトルの第 3 成分は，n_d("data") = 3 となる．すべての種類の単語に対して，同様の処理を行えば，図 4.1 に示すような文書の特徴ベクトルを求めることができる．

上述の方法では，文書中の単語の頻度によって文書の特徴を数値化することができる一方，単語の繋がり・語順・文の構造などの情報が失われることがある．次の例題を見てみよう．

例題 4.2　2つの文書
　　　　　文書 d_1："a cat bites a mouse"（猫がねずみを噛む）
　　　　　文書 d_2："a mouse bites a cat"（ねずみが猫を噛む）
の特徴ベクトルを求めよ．

解　単語 "a", "bites", "cat", "mouse" を特徴ベクトルの第 1, 2, 3, 4 成

分に対応付け，各単語が文書中に出現する回数を数える．

$$n_{d_1}(\text{“a”}) = 2, n_{d_1}(\text{“bites”}) = 1, n_{d_1}(\text{“cat”}) = 1, n_{d_1}(\text{“mouse”}) = 1$$

$$n_{d_2}(\text{“a”}) = 2, n_{d_2}(\text{“bites”}) = 1, n_{d_2}(\text{“cat”}) = 1, n_{d_2}(\text{“mouse”}) = 1$$

次に文書の特徴ベクトルを求める．

$$\boldsymbol{x}_{d_1} = (2\ 1\ 1\ 1)^T, \quad \boldsymbol{x}_{d_2} = (2\ 1\ 1\ 1)^T$$

この例題では，文書 d_1 と文書 d_2 の内容・意味はまったく異なる $(d_1 \neq d_2)$ が，文書の特徴ベクトルを上述のように求めると同じ数値データ $(\boldsymbol{x}_{d_1} = \boldsymbol{x}_{d_2})$ となる．特徴ベクトルにすることによって，文書の内容・意味の差異が失われたのである．

各単語が文書中に出現する回数で，文書を数値化する方法を bag of words とよぶ．図 4.2 のように，文書を単語に分割して，バラバラになった単語が袋の中にある状態を連想させる名称である．bag of words は，文章の簡易な数値表現であるが，先述の例でも見たように異なる文書の特徴ベクトルが同じになる問題がある．これは，単語を分割するために，単語間の繋がりに関する情報が失われるからである．単語間の接続情報を保持するために，連続した n 個の単語のまとまりを 1 つの語彙として辞書に登録し，この単語のまとまりが文書中に出現する回数・頻度で特徴ベクトルを設計する方法がある．n 個の単語のまとまりを単語 n-gram，特に

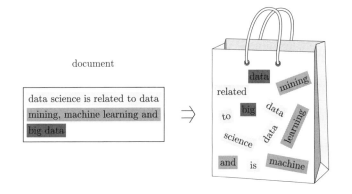

図 4.2 bag of words

$n = 1$ の場合は単語 unigram

$n = 2$ の場合は単語 bigram

$n = 3$ の場合は単語 trigram

とよぶ.

次の例題では，単語 bigram を用いることによって，2つの文書が異なる特徴ベクトル $(\boldsymbol{x}_{d_1} \neq \boldsymbol{x}_{d_2})$ として表されている.

例題 4.3 例題 4.2 と同じ文書に対して，単語 bigram を用いた場合の特徴ベクトルを求めよ.

$$\begin{array}{c}\begin{array}{cccc}\text{a} & \text{bites} & \text{cat} & \text{mouse}\end{array}\\\begin{array}{c}\text{a}\\\text{bites}\\\text{cat}\\\text{mouse}\end{array}\begin{pmatrix}g_{11} & g_{12} & g_{13} & g_{14}\\g_{21} & g_{22} & g_{23} & g_{24}\\g_{31} & g_{32} & g_{33} & g_{34}\\g_{41} & g_{42} & g_{43} & g_{44}\end{pmatrix}\end{array}$$

"a"の後に"cat"が続く
単語 bigram を g_{13} として
表している

図 4.3 単語 bigram

図 4.3 のように，単語 bigram を設定する．たとえば，単語 "a" の後に単語 "cat" が続く単語 bigram（"a cat"）を g_{13} と表現する．特徴ベクトルは 16 次元であり，単語 bigram g_{ij} は，特徴ベクトルの第 $4 \times (i-1)+j$ 成分に対応する．次に，各文書中の単語 bigram の出現回数を数える．文書 d_1 には，単語 bigram "a cat"$(= g_{13})$, "cat bites"$(= g_{32})$, "bites a"$(= g_{21})$,"a mouse"$(= g_{14})$ がそれぞれ 1 回出現していることがわかる．同様に，文書 d_2 には，単語 bigram"a mouse"$(= g_{14})$, "mouse bites"$(= g_{42})$, "bites a"$(= g_{21})$, "a cat"$(= g_{13})$ がそれぞれ 1 回出現している．そこで文書の特徴ベクトルを次のように求める.

$$\boldsymbol{x}_{d_1} = (0\ 0\ 1\ 1\ |\ 1\ 0\ 0\ 0\ |\ 0\ 1\ 0\ 0\ |\ 0\ 0\ 0\ 0)^T$$
$$\boldsymbol{x}_{d_2} = (0\ 0\ 1\ 1\ |\ 1\ 0\ 0\ 0\ |\ 0\ 0\ 0\ 0\ |\ 0\ 1\ 0\ 0)^T$$

4.1.3 文書の類似度

例題で示したように，文書 d_1, d_2 は，bag of words を通じて特徴ベクトル $\boldsymbol{x}_{d_1}, \boldsymbol{x}_{d_2}$ として数値化できる．この特徴ベクトルを利用して，文書が似ているかどうかの定量評価を行ってみよう．数値指標は特徴ベクトル間の類似度になる．類似度の代表例として，余弦類似度や l_2 ノルムをあげることができる．

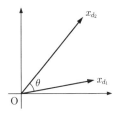

図 4.4 余弦類似度

特徴ベクトル $\boldsymbol{x}_{d_1}$ と $\boldsymbol{x}_{d_2}$ のなす角度 θ を考える．θ が 0 のときは，この 2 つの特徴ベクトルは同じ方向に向いているので，類似度が高いとみなす．このとき，$\cos\theta$ は，最大値 1 を取る．逆に，θ が 180° のときは，2 つの特徴ベクトルは反対方向に向いているので，類似度は低いとみなす．このとき，$\cos\theta$ は，最小値 -1 である．一般には，特徴ベクトルの向きが近いとき，$\cos\theta$ は大きな値となり，特徴ベクトルが反対に向いているとき，$\cos\theta$ は小さい値となる．$\cos\theta$ と 2 つの特徴ベクトル間の類似度合いが正の相関があるとみなして，$\cos\theta$ を類似度として採用したものを余弦類似度とよぶ．余弦類似度は，2 つの特徴ベクトルの内積を利用して計算する．

$$\cos \theta = \frac{\boldsymbol{x}_{d_1}^{T}}{|\boldsymbol{x}_{d_1}|} \frac{\boldsymbol{x}_{d_2}}{|\boldsymbol{x}_{d_2}|} \tag{4.1}$$

例題 4.4 例題 4.3 で求めた 2 つの文書間の余弦類似度を計算せよ．

解 2 つの特徴ベクトル $\boldsymbol{x}_{d_1}$ と $\boldsymbol{x}_{d_2}$ の内積は

$$\boldsymbol{x}_{d_1}^{T} \boldsymbol{x}_{d_2} = 3$$

また，特徴ベクトルの長さは

$$|\boldsymbol{x}_{d_1}| = |\boldsymbol{x}_{d_2}| = 2$$

したがって，余弦類似度は

$$\cos\theta = \frac{3}{2 \times 2} = \frac{3}{4} \tag{4.2}$$

となる．

　特徴ベクトル $\boldsymbol{x}_{d_1}$ と $\boldsymbol{x}_{d_2}$ のユークリッド距離として，非類似度を数値化することもできる．これら2つの特徴ベクトルの差は $\boldsymbol{r} = \boldsymbol{x}_{d_2} - \boldsymbol{x}_{d_1}$ であり，その長さは $\|\boldsymbol{r}\| = \sqrt{\boldsymbol{r}^T\boldsymbol{r}}$（$l_2$ ノルム）であり，l_2 類似度という．

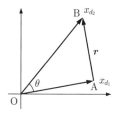

図 4.5　ユークリッド距離と非類似度

例題 4.5　例題 4.3 で求めた 2 つの文書間のユークリッド距離を計算せよ．

🔲 特徴ベクトル $\boldsymbol{x}_{d_1}$ と $\boldsymbol{x}_{d_2}$ の差は，

$$\boldsymbol{r} = \boldsymbol{x}_{d_2} - \boldsymbol{x}_{d_1}$$
$$= (0\,0\,0\,0\,|\,0\,0\,0\,0\,|\,0\,1\,0\,0\,|\,0\,1\,0\,0)^T$$

であり，その l_2 ノルムは

$$\|\boldsymbol{r}\| = \sqrt{2} \tag{4.3}$$

となる．

　ベクトルの内積の性質から

$$\cos\theta = \frac{\|\boldsymbol{x}_{d_2}\|^2 + \|\boldsymbol{x}_{d_1}\|^2 - \|\boldsymbol{r}\|^2}{2\|\boldsymbol{x}_{d_2}\| \cdot \|\boldsymbol{x}_{d_1}\|}$$

であり，余弦類似度は l_2 類似度を文書のサイズについて規格化したものに
対応する．

4.1.4 文書の低次元化と意味解析

上述のような小規模な文書でも，特徴ベクトルは高次元であり，実際の文
書では，特徴ベクトルは超高次元となる．超高次元ベクトルの解析コスト
は高く，高次元ベクトルのままでは文書を可視化することは困難であるの
で，文書の高次元特徴ベクトルを低次元化することを考える．以下のように
おく．

- 単語：$\omega_1, \omega_2, \ldots, \omega_n$
- 文書：$d_1, d_2, \ldots, d_m$
- 文書の特徴ベクトル：$\boldsymbol{x}_{d_1}, \boldsymbol{x}_{d_2}, \ldots, \boldsymbol{x}_{d_m}$

ここで，特徴ベクトル $\boldsymbol{x}_{d_k} \in \mathbb{R}^n$ の第 i 成分は，文書 d_k における単語 ω_i
の頻度，つまり k 番目の文書に i 番目の単語が出現する回数を示す．文書集
合を行列 $D = (\boldsymbol{x}_{d_1}\ \boldsymbol{x}_{d_2}\ \cdots\ \boldsymbol{x}_{d_m}) \in \mathbb{R}^{n \times m}$ で表すとき，行列

$$D^T D = \begin{pmatrix} \boldsymbol{x}_{d_1}{}^T \\ \boldsymbol{x}_{d_2}{}^T \\ \vdots \\ \boldsymbol{x}_{d_m}{}^T \end{pmatrix} (\boldsymbol{x}_{d_1}\ \boldsymbol{x}_{d_2}\ \cdots\ \boldsymbol{x}_{d_m})$$

$$= \begin{pmatrix} \boldsymbol{x}_{d_1}{}^T \boldsymbol{x}_{d_1} & \cdots & \boldsymbol{x}_{d_1}{}^T \boldsymbol{x}_{d_m} \\ \vdots & \ddots & \vdots \\ \boldsymbol{x}_{d_m}{}^T \boldsymbol{x}_{d_1} & \cdots & \boldsymbol{x}_{d_m}{}^T \boldsymbol{x}_{d_m} \end{pmatrix} \tag{4.4}$$

の (i, j) 成分は $\boldsymbol{x}_{d_i}{}^T \boldsymbol{x}_{d_j}$ であり，文書 d_i と文書 d_j の余弦類似度に $|\boldsymbol{x}_{d_i}| \cdot |\boldsymbol{x}_{d_j}|$
をかけたものになる．行列 $D^T D$ を文書の類似度行列とよぶ．

行列 D の特異値分解を

$$D = U \Sigma V^T$$

とする[*1]．ここで $U \in \mathbb{R}^{n \times n}$, $V^T \in \mathbb{R}^{m \times m}$ は直交行列で，Σ は特異値

[*1] 実対称行列は直交行列で対角化できるが，行列の特異値分解はその一般化で，主成分分
析など，データサイエンスにおいて基本的な役割を果たす．第2章2.2節および本書姉
妹編（基礎）参照．

$$D = U\Sigma V^T$$

U: $n \times n$ 直交行列 $(UU^T = U^TU = I_n)$

V: $m \times m$ 直交行列 $(VV^T = V^TV = I_m)$

$n \geq m$ の場合

$$\Sigma = \begin{bmatrix} \sigma_1 & & 0 \\ & \ddots & \\ 0 & & \sigma_m \\ \hline & 0 & \end{bmatrix}$$

特異値 $(|\sigma_1| \geq \cdots \geq |\sigma_m|)$

図 4.6 類似度行列の特異値分解

$\sigma_1, \ldots, \sigma_m$ が対角に並んだ行列である（図 4.6）.

$$\Sigma = \begin{pmatrix} \Delta \\ O \end{pmatrix} \tag{4.5}$$

$$\Delta = \mathrm{diag}(\sigma_1, \sigma_2, \ldots, \sigma_m) \tag{4.6}$$

ただし，単語の種類数のほうが文書数 $(n > m)$ より大きいとする．主成分分析[2]と同様に，絶対値の大きな特異値を抽出して，大量データの特色をとらえて低次元化する.

絶対値の大きさの順に並べた k 個の特異値を $\tilde{\sigma} = (\sigma_1, \ldots, \sigma_k)$ として，類似度行列を図 4.7 のように近似する．上述の $\tilde{\sigma}$ の場合,

$$D_k = U_k \Sigma_k V_k^T$$

である．ただし $U_k \in \mathbb{R}^{n \times k}$ は U の第 1 列から第 k 列までの部分行列，$V_k^T \in$

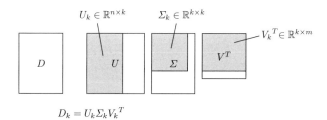

$U_k \in \mathbb{R}^{n \times k}$ $\Sigma_k \in \mathbb{R}^{k \times k}$ $V_k^T \in \mathbb{R}^{k \times m}$

$$D_k = U_k \Sigma_k V_k^T$$

図 4.7 特異値分解を用いた類似度行列の近似

[2] 本書姉妹編（基礎）参照.

$\mathbb{R}^{k \times m}$ は V^T の第 1 行から第 k 行までの部分行列,$\Sigma_k = \mathrm{diag}(\sigma_1, \sigma_2, \ldots, \sigma_k)$ である.

この文書行列を用いたときの文書(縮約文書)の類似度行列は

$$D_k{}^T D_k = \left(U_k \Sigma_k V_k{}^T\right)^T U_k \Sigma_k V_k{}^T = V_k \Sigma_k U_k{}^T U_k \Sigma_k V_k{}^T$$

$$= V_k \Sigma_k \Sigma_k V_k{}^T = Y^T Y \tag{4.7}$$

となる(図 4.8).ただし

$$Y = \Sigma_k V_k{}^T = \left(\boldsymbol{y}_{d_1} \ \boldsymbol{y}_{d_2} \ \cdots \ \boldsymbol{y}_{d_m}\right) \in \mathbb{R}^{k \times m} \tag{4.8}$$

である.式 (4.7) より,縮約文書の類似度行列 $D_k{}^T D_k$ が

$$D_k{}^T D_k = \begin{pmatrix} \boldsymbol{y}_{d_1}{}^T \\ \vdots \\ \boldsymbol{y}_{d_m}{}^T \end{pmatrix} \left(\boldsymbol{y}_{d_1} \ \cdots \ \boldsymbol{y}_{d_m}\right) \tag{4.9}$$

と表せる.

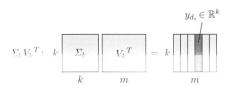

図 4.8 行列 $Y = \Sigma V_k{}^T$

もとの類似度行列 $D^T D$ は式 (4.4) で表される.この式と (4.9) を比較すると,文書ベクトル $\boldsymbol{x}_d \in \mathbb{R}^n$ が $\boldsymbol{y}_d \in \mathbb{R}^k$ に置き換わったと見ることができる.高次元の文書ベクトル $\boldsymbol{x}_d$ の類似度が,低次元縮約文書ベクトル $\boldsymbol{y}_d$ の類似度で近似されたのである.

文書間の類似度を保持しながら文書の低次元ベクトルを導出する方法を潜在的意味分析 (LSA) という.LSA は 情報検索法として開発され,言語習得に関する一般的問題論にも適用されている.

節末問題

4.1

(1) 文書間の類似度や潜在意味の抽出に係る計算法を参考にして，単語間の類似度や潜在意味を計算する方法を考案せよ．

(2) テキスト解析が利用されている実施例や適用できる課題・問題を調査せよ．

(3) テキスト解析の実施例において，使用されているデータ，解析方法，見込まれる成果をまとめよ．

> **ねらい**　人間の知の歴史は，言語を用いた記述・記録・継承の歴史でもあり，膨大なテキストデータが蓄積されている．近年ではインターネットやSNSの発展によってテキストデータを生み出す速度がさらに加速し，テキストビッグデータから有益な情報を抽出するデータマイニング技術は，さまざまな問題解決の途を切り開くことが期待されている．テキストを数値化すること，テキストの数値データを用いた統計解析や機械学習の基礎的な理論を習得すること，およびその理論を実装して問題解決につなげる視点・スキルを培うことが目標である．

4.2 ● 音声処理

4.2.1　音声認識

　音声処理はすでに身近な存在である．AIアシスタントを搭載したスマートスピーカーによって，インターネットの接続と音声認識・音声操作が可能になり，声だけで天気を尋ねたり，ニュースや歌を流したり，タイマー機能を設定することができる．

　音声はマイクロフォンを通してアナログ電気信号に変換され，A/D変換器を通してデジタル波形データになる．これを一定時間のフレームに区切り，離散フーリエ変換という方法で周波数成分（スペクトルデータ）に変換する．スペクトルは一般には複素数であるが，絶対値の2乗をとると周波数ごとのパワースペクトルが得られる．スペクトログラムは横軸に時間，縦軸に周波数をとり，成分ごとの音声パワー (dB) を擬似カラーもしくは白黒で

示したものである.

パワースペクトルの情報をさらに圧縮するために,人間の聴覚特性に合わせたメルフィルターバンクというシステムを用いて,パワースペクトルの微細構造を落とした外形を出力する.さらに対数をとったものを対数メルスペクトルという.対数メルスペクトルは離散コサイン変換という方法でメル周波数ケプストラム係数に変換することもできる.

対数メルスペクトルは音声認識の特徴量として用いられてきたが,より最近のニューラルネットを用いた音声認識では,次元を削減する前のスペクトルをそのまま特徴量として用いることが多くなった.

4.2.2 ヒトの聴覚

ヒトの耳は外耳・中耳・内耳に分けられる,きわめて精巧な器官である.音は外耳道を通って中耳の鼓膜を震わせる.鼓膜の振動は耳小骨(つち骨,きぬた骨,あぶみ骨)を通って蝸牛の卵円窓に伝わる.前庭階の外リンパ,中央階の内リンパを経て,基底膜が振動すると,基底膜に乗っている有毛細胞が興奮する.この興奮が聴神経を経て脳に至る.

基底膜の幅は,入り口が狭く (0.01 mm),一番奥(蝸牛の頂上)が広い (0.5 mm).異なる高さ(振動数)をもつ音は,異なる部分の基底膜を振動させ,異なる有毛細胞を興奮させる.有毛細胞の場所に応じて,異なる神経細胞がその信号を中枢に伝える.

p を音圧,p_0 を基準となる音圧 (20 μPa) としたとき,音圧レベルを $L_p = 20 \times \log_{10}(p/p_0)$ と定義する.単位は dB(デシベル)である.

デシベルの定義に対数が用いられることには,ヒトの知覚の特性が関係している.ウェバー・フェヒナーの法則によって,刺激強度 R と $R+\Delta R$ の刺激を弁別できる最小の ΔR は,関係 $\Delta R/R =$ 定数 を満たす.したがって,刺激 R に対する感覚量を E とすると,$\Delta E = \Delta R/R$ を積分して,$E = C \times \log_{10} R$(C:定数)が得られる.音に対しては,この C は周波数によって定まる.音の大きさが同じと感じる音圧は周波数によって異なることになり,等ラウドネス曲線が得られる.

4.2.3　音響モデルと言語モデル

音声を分析する前に，まず加法性歪・乗法性歪を取り除く．前者は環境雑音のパワーを減算することに相当し，話者が話していない区間の平均値を周波数帯ごとに求め，パワースペクトルから除去する．ただし，0 以下は 0 に丸める．後者はマイクロフォンまでの距離やアンプゲインの影響を取り除き，ピークを鮮明化することに相当し，対数メルスペクトルから，話者が話している区間の周波数帯ごとの平均値を除去する．特徴量としては，対数メルスペクトル（静的特徴量）に加えて，次に，前後のフレームの対数メルスペクトルの差分（Δ 特徴量），2 階差分（ΔΔ 特徴量）を動的特徴量として採用することができる．

音響モデルでは，フレームごとの特徴量や，それに前後のフレームの特徴量を結合したものを入力として，音声要素（セノン）を出力するようなニューラルネットワークを学習させる．訓練データを用い，入力した特徴量に対する正解セノンの事後確率が高くなるように，勾配法などを用いてパラメータを更新するが，音素は前後に来る音素によってスペクトログラムが変化することが知られている．このようなコンテキスト依存音素の種類は数万個であるが，2.1 節で述べた決定木を使ってクラスタリングを行うと，その数を数千個に減らすことができる．これを音素グループとして扱ったものが音声要素である．音響モデルの学習アルゴリズムとしては，第 3 章で述べた CNN, RNN, LSTM のようなニューラルネットに加えて，伝統的には混合正規分布モデルが用いられてきた．これは音声スペクトルの形状を多次元正規分布の重ね合わせで表現し，音声要素との対応を学習する方法である．

音響モデルが出力する単語列から言語的にもっともらしい候補を選ぶには，言語モデルが必要になる．音響特徴量 X に対して，確率 $P(W|X)$ が最大になるような単語列 W をみつける問題に対して，2.3.2 項で述べたベイズの定理を適用してみよう．実際この定理から

$$P(W|X) \propto P(X|W)P(W)$$

であるので，右辺の対数

$$\log P(X|W) + \log P(W) \tag{4.10}$$

を最大にする W を求めればよい．(4.10) の第 1 項が音響モデルによる音響

スコア，第2項が言語モデルによる言語スコアになる．言語スコア β に重みをつけ，単語数による罰則を課すことにすれば

$$\log P(X|W) + \alpha \log P(W) + \beta \cdot (W \text{ の単語数})$$

を最大にすることになる．

4.2.4 音声認識の技術

　上述したように，音声認識は，音声特徴量の時系列信号から音響モデルを用いて単語の音素（音の最小単位，アルファベットの一文字など）列を同定する処理と，言語モデルを用いて文法や言語規則に整合している単語列を出力する処理との組合せである．ここでは音響モデル，言語モデルの技術基盤について若干補足する．

●**単語 N-gram モデル**● 文章中において連続する N 個の単語のまとまりが単語 N-gram である．単語 N-gram を用いて，文章中の単語の出現規則を統計的に表現する言語モデルを構成する．

　たとえば，単語 bigram ($N = 2$) の場合，注目している単語 w_i（文章中において i 番目に位置する単語）の出現は，その直前の単語 w_{i-1}（文章中において $i-1$ 番目に位置する単語）にのみ依存すると仮定すると，単語 w_i が出現する確率は，条件付き確率 $p(w_i|w_{i-1})$ として表現される．したがって，単語列 $W = \{w_1, w_2, \ldots, w_K\}$ の出現確率は

$$P(W) = \pi(w_1) \prod_{i=2}^{K} p(w_i|w_{i-1})$$

となる．ただし，$\pi(w_1)$ は単語 w_1 から文章が開始する確率である．ここで言語モデルであるパラメータ $\pi(w_1), p(w_i|w_{i-1})$ は，あらかじめ学習データとして与えられた文章データセット $\{W_i\}_{i=1}^{M}$ の生成確率を最大化する最適化問題を解くことによって求めることができる．

●**隠れマルコフモデル**● 隠れマルコフモデル (Hidden Markov Model: HMM) は，特徴ベクトルの時系列 $O = (o_t)_{t=1,\ldots,T}$ において，各時刻の特徴ベクトル o_t を確率 $b_i(o_t)$ で生成する状態が，初期状態確率

$$\Pi = (\pi_i)_{i=1,\ldots,N}, \quad \pi_i = P(q_1 = i),$$

状態遷移確率

$$A = (a_{ij})_{i=1,\dots,N,\; j=1,\dots,N}, \quad a_{ij} = P(q_t = j \,|\, q_{t-1} = i)$$

で遷移していくものである. ここで, q_t は時刻 t での状態を示し, i, j は状態の番号である. 特徴ベクトル o_t にメル周波数ケプストラム係数などを用いて音響モデルとして利用される.

例4.1 特徴ベクトルの時系列データ $O = \{o_1, o_2, \dots, o_7\}$ が状態数 $N = 3$ の HMM から状態遷移 $Q = \{1, 1, 2, 2, 2, 3, 3\}$ に沿って生成されるものとすると, その確率は, 初期値や状態遷移確率によって定まる HRM の隠れ状態を λ とするとき

$P(O, Q \,|\, \lambda)$

$= \pi_1 b_1(o_1) a_{11} b_1(o_2) a_{12} b_2(o_3) a_{22} b_2(o_4) a_{22} b_2(o_5) a_{23} b_3(o_6) a_{33} b_3(o_7)$

で表すことができる.

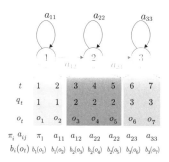

図4.9 隠れマルコフモデルの概略図

図において上に記載した図形や矢印が隠れ状態 λ で, 下にある数字がデータである. 状態遷移がマルコフ的であることを仮定して, データから λ を推定することが課題となる. 図のように戻ることなく右の状態に移行する HMM を left-to-right 型の HMM とよぶ. 音声の時系列特徴を勘案して, 音響モデルには left-to-right 型 HMM が使用されることが多い. 一般に, 特徴ベクトルの時系列 $O = (o_t)_{t=1,\dots,T}$ が, 状態遷移 $Q = (q_t)_{t=1,\dots,T}$ に沿って

HMM から生成される確率は，

$$P(O, Q \mid \lambda) = \pi_{q_i} b_{q_i}(o_1) \prod_{t=2}^{T} a_{q_{t-1} q_t} b_{q_t}(o_{q_t})$$

として表される．HMM から特徴ベクトルの時系列 $O = (o_t)_{t=1:T}$ が生成される確率は，すべての状態遷移列に対する上記確率の和として求めることができる．

$$P(O \mid \lambda) = \sum_Q P(O, Q \mid \lambda)$$

時系列データの時間長 (T) や状態数 (N) が増加すると，状態遷移のパターンの数はオーダー $O(N^T)$ で指数関数的に増大する[※3]．個別の状態遷移系列ごとに $P(O, Q, \lambda)$ をすべて求めることは，計算コストの観点から非現実的であるが，以下のように前向きアルゴリズムを用いると効率的に計算することができる．

$$\alpha_i(t) = P(o_1, o_2, \ldots, o_t, q_t = i \mid \lambda)$$

$$\alpha_j(t+1) = \sum_i \alpha_i(t) a_{ij} b_j(o_{t+1})$$

$$P(O \mid \lambda) = \sum_i \alpha_i(T)$$

$\alpha_i(t)$ は，時系列データ $o_1, o_2, \ldots, o_t$ を生成し，かつ時刻 t において状態 i に留まっている確率であり，この確率は上述のように時間方向に再帰的に計算することによって，計算コストは $O(NT)$ のオーダーとなる．なお，音声特徴量 X から単語列 W を見つける音声認識の計算は，単語列 W が単語 N-gram に基づく言語モデルから生成される確率 $P(W)$ と，単語列 W を構成する音素列の各音素に対応する音響モデルを連結して作られる HMM λ_W から音声特徴量 X が生成される確率 $P(X \mid \lambda_W)$ の積を最大にする単語列 W を見つけ出す探索問題を解くことになる．

[※3] オーダー記号については第 6 章 6.4.1 項参照．

> **● コラム 12　フォルマントと音素**
>
> 　人間の音声について，横軸を周波数，縦軸をスペクトルにとったグラフのピークをフォルマントという．周波数の低い順に，第 1，第 2，... と数字をあてて F1, F2, ... と表記する．たとえば，日本語の母音ア・イ・ウ・エ・オは F1, F2 の周波数で区別できることが知られている．

4.3 ● 画像処理

4.3.1　ヒトの視覚

　コンピュータビジョンでは，静止画像や動画像を入力とし，数値データ（画像解析の場合）や新たな画像・動画像（画像合成の場合）を出力する．画像解析の応用としては，地図作成，自動運転，環境測定などに用いられる画像計測，文字認識，自動翻訳，指紋認識，異常検知・見守り，医用画像診断などに用いられる画像認識があり，画像合成の応用としては，自由視点画像，欠損修復，拡張現実などがある．

　光は眼球を通って，眼球の後ろにあるスクリーンである網膜に投影される．網膜は 6 層構造をしているが，その中でも桿体細胞と錐体細胞が光を吸収する．桿体細胞は明暗を感じる細胞で，錐体細胞が色を感じる細胞である．錐体細胞に含まれる視物質オプシンには 3 種類あり，最も吸収しやすい波長の光が異なる．波長の長いものから，赤，緑，青に対応する．赤オプシンをもつ赤錐体細胞，緑オプシンをもつ緑錐体細胞，青オプシンをもつ青錐体細胞の組み合わせによって，色がデコードされる．網膜からは外側膝状体を経て，大脳の後頭葉にある一次視覚野に信号が送られ，形の認識などに関する高度な処理が高次の視覚野で行われる．視覚野の構造は，ニューラルネットワークのモデルとして使われることもある[4]．

4.3.2　画像のデータ表現と特徴量

　画像をデータとして表現するためには，画素（ピクセル）の標本化，すなわち空間方向のデジタル化が必要である．さらに，画素値の量子化，すなわち画素の明るさの情報を 2^n 階調（n ビットの場合）で表現することが必

---

[4] 福島邦彦が 1980 年代に提唱したネオコグニトロンなど．

要になる．グレースケール画像の場合，明暗のみで表現され，各画素には1つの値（明度）のみが記録される．カラー画像の場合，各画素がR, G, Bの3つの値をもっており，RGBを混ぜて表現することで，ヒトが知覚可能な大半の色が表現できるといわれている．下図はOpenCVでのプログラム例である．

```python
1  import cv2 as cv
2  dat = cv.imread("example.jpg")
3  b = dat[60][120][0]
4  g = dat[60][120][1]
5  r = dat[60][120][2]
6  print("R G B=", r, g, b)
7  cv.imwrite("output.jpg", dat)
```

画像のR, G, Bそれぞれの成分，もしくはグレースケール化した画像の輝度値について，その分布（各値が画像上に出現する頻度）を可視化したものを画像のヒストグラムといい，代表的な特徴量になる．

OpenCVで使えるこの他の特徴量としては，Harr-Like特徴（画像の一部を矩形状に切り出し，明暗差を検出する），LBP特徴（局所的な輝度の分布の組み合わせを検出する），HOG特徴（局所的な輝度の勾配方向の分布の組み合わせを検出する）などがあげられる．

4.3.3　画像の処理

画像のフィルタ（畳み込み）処理では，粗視化，勾配検出などの機能を実現できる．平均化フィルタ，ガウシアンフィルタが粗視化，1次微分フィルタが勾配検出，ラプラシアンフィルタが輪郭検出に相当する．1次微分と平均化を組み合わせたPrewittフィルタや1次微分とガウシアンフィルタを組み合わせたSobelフィルタも用いられている．

近年では，第3章で述べた畳み込みニューラルネットワークなど，深層学習を用いた画像認識が発展し，GANなどの深層生成モデルによる顔写真などの自動生成も行われている[5]．

---

[5] 2021年に発表された言語モデルGPT-3を用いたDALL-Eでは，「アボカドの形をした肘掛け椅子」というような短いテキストの指示と組み合わせて，指示に合うような画像を多数自動生成している．

例題4.6　特徴点検出の例として,エッジ角の検出アルゴリズムを与えよ.

解　最初に微分フィルタを用いて,各座標 (u, v) の輝度勾配ベクトル (I_x, I_y) を求め,次に (I_x, I_y) の分布を主成分分析 (PCA) を用いて調べる.具体的には分散共分散行列の固有値を λ_1, λ_2 とするとき,

- 固有値が 2 つとも大きいときをエッジの角
- 固有値が 1 つだけ大きいときを直線的なエッジ
- 固有値が 2 つとも小さいときを平坦なパターン

とする.固有値の大小を判定するには,閾値を設定するか,判別式に相当する $R = \lambda_1\lambda_2 - k(\lambda_1 + \lambda_2)^2$ を用いる.たとえば $k = 0.4$ として,$|R|$ が小さいと λ_1, λ_2 は小さく領域は平坦,$R \ll -1$ のときは $\lambda_1 \gg \lambda_2$ でエッジ,$R \gg 1$ では $\lambda_1 \sim \lambda_2$ でコーナーと判定する.

　カメラの中心を原点として注視する方向を z 軸,z 軸に垂直な平面で右方向を x 軸,下方向を y 軸としたものをカメラ座標系という.画像から 3 次元の原像を再現するには実世界の 3 次元座標系(世界座標系)を合同変換によってカメラ座標系に変換し,画像データと比較する必要がある.3 次元の合同変換は直交行列で表される直交変換と並進運動の合成変換であり,直交行列の行列式が 1 の場合は回転行列で,x 軸,y 軸,z 軸の周りのオイラー角の回転の積で表現できる.カメラ座標系はさらに画面上に投影されて,2 次元座標で表示される.次は,世界座標系とカメラ座標系の変換の例である.

例題 4.7　xy 平面上に描かれた放物線 $y = x^2$ を,負の y 軸の一点の上に設置された高台から写生すると,どのような絵になるか.

解　遠近法をヒントにして,座標平面のグリッド(x 軸または y 軸に平行な直線の族)がどのように見えるかを考えてみる.直接座標計算することによっても答えは得られる.

4.3.4　画像識別

実世界の画像に対して，撮影されている物体の名称を求めることを物体認識とよぶ．画像中の物体がどのカテゴリに属するかを分類・識別する問題で，これまで説明した画像中にある複数の局所特徴量の集合を扱う方法が広く用いられている．

たとえば，訓練データから得られる局所特徴量を k-means 法などのクラスタリング手法[※6]を用いてグループ化する．各グループの中心特徴量と識別したい画像中の各局所特徴量の距離を計算して，局所特徴量をグループに割り当てると，画像全体に対して，局所特徴量がグループに分類された頻度からヒストグラムを作成することができる．このヒストグラムが画像の大域的特徴量となり，求めた大域的特徴量をニューラルネットワークやサポートベクターマシンなどの識別器を用いて分類して，画像中の物体を認識する．

テキスト解析の節で，文書を単語に分割し，各単語が出現する回数のヒストグラムによって文書の特徴ベクトルを求める bag of words について説明したが，画像識別においても，局所特徴量のグループごとを単語と捉え，画像全体がこの単語の集合として記述されているとみなすことで同じ方法を適用することができる．

局所特徴量の各グループを visual words とよび，画像の大域的特徴量を visual words のヒストグラムとして数値化する方法を bag of visual words とよぶことがある．このように種類の異なる情報に対して，同じ技術を用いて問題を解くことができるのである．

● コラム 13　　Gabor フィルタと猫の 1 次視覚野

Gabor フィルタは方向ごとに特定の周波数を検出することができるフィルタで，ガウス関数（2 次元正規分布の密度関数）と正弦波の積の形をとる．ヒューベルとヴィーセルによる 1968 年の研究では，猫の 1 次視覚野の細胞が細胞ごとに異なる線分の傾きを検出する機能をもっていることが明らかにされている．同様の細胞はヒトにもあると考えられ，脳は Gabor フィルタを実装していることになる．

[※6] 第 7 章 7.2 節，[4] などを参照．

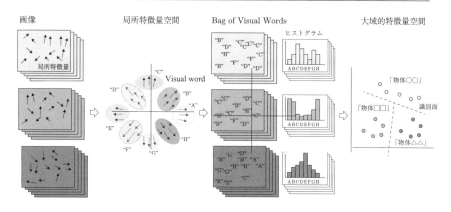

図 4.10　bag of visual words による画像認識の概略図

節末問題

4.2　音声処理や画像処理について答えよ.

(1) 既存のサービスについて調べよ.

(2) 新たなサービスを考えよ.

ねらい　理論的な枠組みを踏まえたうえで，新たなビジネス応用の可能性を探索する.

5 データエンジニアリング

データサイエンスの目指すところは，現実を正しく知るためのモデルを構築し，活用することにある．その内容は大きく，データの収集・蓄積・加工，データの分析，新規価値の創造の3つに分けることができる．データエンジニアリングは最初のところに関わることが多く，最も労力を要する部分であるが，処理されたデータからは思いがけない現実が垣間見え，新たな仮説が生まれてくる．本章は，経産省スキル項目から，主としてサブカテゴリ「データベース」に相当する部分を扱う．その目標は現実から見通しのよいデータを引き出すための技術を説明するものであり，3つの部分からなる．最初にデータエンジニアリングの基本的なミッションとして，関係データベース構築と操作言語，トランザクション処理について述べる．次いで，データの収集・蓄積・加工と分散型台帳（ブロックチェーン）構築の技術を習得するため，SQL を用いた実践法を述べる．最後に銀行の決済を例に，トランザクションの現場について述べる．

5.1 ● データベース設計と操作言語

5.1.1　データベース

データベースには検索や調査のために整理された情報の集合といったような意味があるが，正確な定義はなく，情報が書かれた紙一枚でもデータベースとよぶ．データベース構築および検索は，文書作成ソフトなどを使っても可能であり，もっと簡単にテキストファイルとエディタに加えて，テキスト処理のできるプログラミング言語などを用いても可能である．しかしながらデータの規模が極めて大きい場合や，多数の人が閲覧・検索・書き換えを行う場合にはデータベースを管理するシステム (DBMS: Data Base Management System) が必要になる．一般的によく用いられる Excel などの表計算ソフトでは，扱えるデータのサイズは限られる．現バージョンでは 1 セル 255 文字の制限があり，行は 100 万行程度である．一方，業務でよく用いられる DBMS の Oracle では 1 表あたりの行数は無制限（論理 DB と

しての性能限界）であり，大規模なデータを利用する際にはこのようなシステムの導入が避けられない．

　近年ではデータベースアクセスが行われていることを特に気にすることなく自由にアクセスできる Web データベースのアプリケーションが増えている．それらは販売促進を目的とした中古自動車や，本，家電品などのコモディティーの検索サイトであるが，宿泊施設を探して旅行計画を立て，それら必要なすべての予約から決済まで行うことができる検索サイトや，感染病拡大状況の公開サイトまでさまざまである．それらの中にはリアルタイムでデータベース内の情報を書き換えているため，計画途中で宿泊施設が満室になったことを教えてくれるものもある．

5.1.2　データベースの開発

　これら Web データベースを用いたサービスには，近年では極めて速い速度で開発され，先に市場シェアを獲得した企業が優位に立つといったスピード重視の分野が登場してきた．これに伴って，従来からソフトウェア開発でよく用いられていたウォーターフォール開発手法から，以下に述べるアジャイル開発手法へと開発方法が大きく転換してきている．従来型の手法であるウォーターフォール開発手法は，最初に開発すべき要件を厳密に定義してから設計に移っていくという方法に特徴がある（図5.1）．この方法は開発工程が厳格に分かれており，数カ月から年単位で開発していく．いったん定義された要件については開発が終了するまで変更ができないことが，

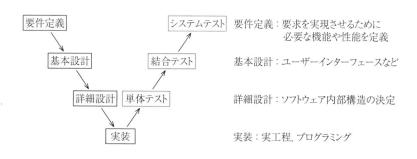

図 5.1　ウォーターフォールモデル

水が上から下へと流れるのに似ていることから名付けられている．またこれ以外にも開発の各工程でドキュメントが発生するなど製造工程以外の作業が多くなるなど問題点もあるが，開発予算の見積もりや進行状況把握がしやすいこと，最終製品が仕様通りにできているかの確認がしやすい．

　アジャイル開発は，数週間の開発工期を設けてその時間単位で開発内容を見直しながらソフトウェア開発を行っていく手法である．これによって開発途中での仕様変更など急な予定変更に柔軟に対応することが可能となっている（図5.2）．このため，開発途中で急にあるサービスが不要と判断されると，それに関わるチームが解散されて別のチームが組み直されるといったダイナミックな動きが短いスパンで起こる．このようにアジャイル開発には優れた長所もあるが，開発チームのマネージメントや最終製品ができるまでにかかる費用および時間の見積もりが難しい．

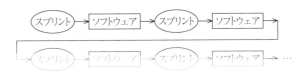

開発が反復的に進む

スプリント：一定の開発工期

ソフトウェア：動作するプログラムの作成

新しいソフトウェアが作られ，そこから得られた気づきをもとにして
新しく要件定義の見直しを行っていくフィードバックループが生まれる

図 5.2　アジャイル開発

5.1.3　データベースの管理

　上述したように，データベースは，コンピュータを利用して多数のデータをまとめ，さまざまな用途に活用できるように保存・管理したものである．データベースの活用例として，オンラインショップの商品情報や顧客情報，大学における学生の履修状況や成績管理，スーパーやコンビニのPOSシステムなどがあげられる．

ファイル形式がもつ問題点として，

- 目的のファイルの場所を見つけるのが難しい．
- 異なるアプリケーション間でのデータ共有が難しい．
- 複数利用者に対するアクセス制限管理を行いにくい．
- 共有利用されるデータへの同時アクセス制御を行いにくい．
- 障害が発生してデータの一部が失われると，回復が困難．

などがある．データをファイルとして保存するのではなくデータベース化することで，複数の利用者や異なるアプリケーションが大量のデータを安全に共有し，用途に応じて必要なデータを管理できる．設計したデータベースをコンピュータ上に構築・管理・運用するためのシステムが，はじめに述べたデータベース管理システム (DBMS) である．

　DBMS がデータベースを管理するためのデータ構造（スキーマ）のモデルとして，米国の標準化団体 ANSI/X3/SPARC が提案した 3 層スキーマ構造がある．これによれば，データベースの構造は内部レベル・概念レベル・外部レベルの 3 つに分けられる．内部レベルは物理的な記憶装置にデータベースを格納するためのデータ構造．概念レベルはデータベースで管理しようとする実世界の情報を表現するためのデータ構造．外部レベルは個別のアプリケーションの利用目的に応じた見え方を規定する．

　データベースには，以下に扱うリレーショナルデータベース（関係データベース）以外にも，ネットワーク型データベース，階層型データベース，オブジェクト指向データベース，半構造データベース，キーバリュー型データベースなどの種類があり，用途に応じて使い分けられている．

5.1.4 リレーショナルデータベース

　リレーショナルデータベースは，IBM 社の E. F. コッドが 1970 年に提案したリレーショナルデータモデルに基づく．リレーショナルデータモデルでは，データやデータ同士の関係をタプルとよばれる組で表現し，タプルを集めたものをリレーションとする．リレーションは次のような表で表すことができる．

書籍シリーズ

ISBN	書名	判型	ページ数
978-4-123-45678-4	データ科学概論	B5	176
978-4-123-31233-2	機械学習入門	B5	224
978-4-123-78356-9	データベース詳解	A4	250
...	...	...	...

リレーションが表の名前，タプルが行（横の並び），属性（アトリビュート）が列（縦の並び）に相当し，属性がとりうる値の範囲をドメインという．上の例ではリレーションは「書籍シリーズ」，タプルは各書籍，属性は「ISBN，書名，判型，ページ数」で，ドメインはたとえばページ数であれば「150 から 300 までの偶数」である．

リレーション名が R であるリレーションに対して，n 個の属性があり，それぞれのドメインが $D_1, \ldots, D_n$ であるとする．タプルとは，各ドメインから 1 つずつ選んだ属性値の組である．すなわち，直積集合 $D_1 \times \cdots \times D_n$ の元である．リレーションはタプルの集まりなので，この直積集合の部分集合である．ここにリレーショナル代数とよばれる演算の体系が入り，集合演算として和集合・差集合・共通集合・直積が，また関係演算として射影・選択・結合・商が定義される．

リレーションにおいて，タプルを一意的に特定できる属性の集合をスーパーキー（超キー）という．スーパーキーのうち，真部分集合がスーパーキーにならないものをキー（候補キー）という．候補キーのうち，空値をとらないものを主キーという．主キーを構成する属性の名前の下に下線を引いて，主キーであることを示すことが多い．

リレーションは正規化されている必要がある．たとえば，表の各行は共通の構造をもつタプルに対応し，各行の横に並んでいるデータはそれ以上分解できない単純な値でなければならない．すなわちリストや集合ではない．これらの条件を満たすリレーションを第 1 正規形のリレーションとよぶ．手元のデータがこれを満たさない場合，正規化によって正規形に書き換える必要性が生じる．詳細は 5.4.2 項で述べる．

リレーショナルデータベースを操作するための共通言語を SQL という．

リレーショナルデータベースモデルにおけるリレーション，タプル，属性を SQL ではテーブル，行，列とよぶ．数学的な集合概念に基づくリレーションと異なり，SQL では同じ内容をもつ行を重複してテーブルに入れることが可能である．

　SQL 文には，テーブルの枠組みを定義するデータ定義言語，テーブルへのデータ挿入・更新・参照を行うデータ操作言語，データへのアクセス権限を指定するデータ制御言語がある．前述した DBMS は SQL 文の実行機能をもっている．詳細は 5.3 節で述べる．

5.2 ● トランザクション処理

5.2.1　トランザクション

　データベースが現実世界を正しく反映するためには，次のような整合性制約を満たす必要がある．

- ドメイン制約：各属性の属性値は，属性のドメインに含まれるいずれかの値でなければならない．
- キー制約：主キーとして選択された属性において，同じ属性値がリレーションの中で重複して現れることはない．
- 実体整合性制約：主キーとして選択された属性は空値をとらない．
- 参照整合性制約：外部キー（他リレーションの主キーにある属性値をとる属性）の属性値は，空値の場合を除き，参照先の主キーの値でなければならない．
- ユーザ定義制約：その他の制約

　データベースの状態を，整合性のある状態から別の整合性のある状態に変化させるデータ操作の集合をトランザクションとよぶ．トランザクション前後で整合性を維持するために，次の方策を取る．まずトランザクションの実行が正常終了した場合は，すべての更新をデータベースに反映する．これを コミットという．一方，障害などでトランザクションが異常終了した場合は，すべてのデータ操作を取り消し，以前に正常に作動した状態に戻り（ロールバック），復旧を試みる．これをアボートという．トランザクションのわかりやすい例をあげておく．

例 5.1　銀行口座 A から銀行口座 B に 50 万円を送金する.
　データ操作 1：銀行口座 A の残高を 50 万円減らす.
　データ操作 2：銀行口座 B の残高を 50 万円増やす.

　トランザクションが満たすべき特性として，原子性 (atomicity)，一貫性 (consistency)，分離性 (isolation)，持続性 (durability) の 4 つが提唱され，頭文字をとって ACID 特性と総称されている．原子性は各トランザクションが更新を完全に行うかまったく行わないかのどちらかになるということ，一貫性はトランザクション完了後にも整合性が維持されること，分離性はあるトランザクションが別のトランザクションに影響を与えないこと，持続性は一度コミットされたトランザクションの更新がその後の障害などで失われないことをさす.

5.2.2　トランザクションの不整合

　トランザクションの同時実行により，不整合が発生する例としては次がある.

1. トランザクション T2 による更新がトランザクション T1 による更新で上書きされてしまう（更新喪失）
2. T1 のコミット・アボートが決まる前に，T2 が T1 の更新結果を読み出す（ダーディリード）
3. トランザクションが同じデータを繰り返し読み出すときに，値が同じにならない（非再現リード）
4. 最初の検索で存在しなかったデータが次の検索で読み出される（ファントムリード）

　不整合を防止するために，トランザクションを直列に実行する直列スケジュールや，厳密には直列ではないが同じ結果を与えることが保証されている直列化スケジュールが用いられている.

　同時実行制御として，一定の条件に基づいて，機器，ソフトウェア，データを操作・変更できないように保護する方法がある（ロック）．共有ロックが他の主体による書き換えや削除は禁じるが，読み込みは許可するのに対し，排他ロックは読み込みも禁じる.

5.2.3 データベース障害

データベースが正しく利用できなくなるデータベース障害は，トランザクション障害，システム障害，メディア障害に分類できる．トランザクション障害は ACID 特性が満たせなかった場合，システム障害はシステム全体が停止し，その時点での処理が強制的に終了された場合，メディア障害はデータを格納している記録メディアのトラブルによって，データベースの全部または一部が消失してしまった場合に起こる．

トランザクション障害やシステム障害の障害回復には，OS やアプリケーションソフトが外部記憶装置上のデータファイルに記録するログファイルを用いてロールバックを行う．ログファイルをどの時点まで遡ればよいかを決めるために，チェックポイントを用いる．チェックポイントとは，その時点でキャッシュされているすべてのデータを外部記憶装置に書き出す処理を実行する時刻をいう．障害が発生する直前のチェックポイントを見つけ，ロールバックして，チェックポイント時点でのデータを再現する．さらに，チェックポイントから障害発生時までにコミットされたトランザクションについては，ログファイルに書かれた処理をデータに反映させて処理を再現する．これをロールフォワードという．

メディア障害の障害回復にはバックアップデータを用いた復旧を行う．バックアップの方法にはすべてのデータの複製を取るフルバックアップ，最新の完全バックアップ以降に追加・更新されたすべてのデータを毎回複製する差分バックアップ，直前の（部分）バックアップ以降に追加・更新された部分のみを複製する増分バックアップなどがある．ハードディスクなどの外部記憶装置を複数台まとめて一台の装置として管理する RAID にも有効である．

節末問題

5.1 リレーショナルデータベースやそれ以外のデータベースが活用できる実社会の例を考えよ．

ねらい データベース設計の方策を自身の業務や研究対象に活用する．

5.3 ● データの収集・蓄積・加工

5.3.1 SQL の実際

　上述したように，データベース内のデータは，通常多くの関連するデータが異なるテーブルに分散して収められており，必要なリレーションを保持したまま取り出す必要がある．また取り出してもサイズが大きすぎて予定していた解析ソフトウェアでは読み込むことができないこともある．あるいは解析者が新規にデータベースを発注する立場になるか，自力で設計構築する必要に迫られる場合もあるだろう．このような場合にデータベース操作言語としての SQL およびデータベースシステム全体をある程度学んでおくことは，データサイエンティストとして業務を行うための最低限必要なスキルになると考えられる．

　SQL は，1986 年に米国規格協会 ANSI (American National Standard Institute) によって標準化された言語である．この SQL という名前自体は何かの略語ではない．制御文法の仕様がないため，宣言型プログラミング言語とよばれる．宣言型プログラムでは，達成すべき目的（出力）を示して，それを実現する手続きはシステムに任せるため，具体的な実現方法を記述する必要がないという特徴がある．また一方で，手続き的記述を可能にしたストアードプロシージャとよばれる仕組みが通常各 DBMS に組み込まれているが，これはシステムによって仕様が異なり，互換性がないためここでは取り扱わない．

　SQL の命令体系にデータを操作するための 4 つの命令がある（四大命令）．実際の DBMS にはこれ以外にもユーザーに対する権限の付与や，データベースそのものの動作環境の設定など多数の命令があるが，ユーザーとしてデータを操作する場合には主にこの 4 つの命令（表 5.1）によって一般的な操作のほとんどが実行できる．とはいえ実際に SQL コマンドの動作を確認してみる目的で DBMS をインストールしてサンプルデータを入力し，運用を始めるのは非常に重い作業となる．幸いなことに SQL について学習するためのよい補助教材となる Web ページがいくつか存在するため，この節ではそれらのうちの 1 つである dokoQL[※1] とよばれるサービスを用いて実際に簡単な演習を行ってみる．まず以下，4 つの命令を簡単に説明する．

[※1] https://dokoQL.com/

表 5.1

SELECT	[列名]	FROM	[テーブル名]		（WHERE 修飾）;
UPDATE	[テーブル名]	SET	[列名]		（WHERE 修飾）;
DELETE		FROM	[テーブル名]		（WHERE 修飾）;
INSERT		INTO	[テーブル名]	VALUES (..)	（WHERE 修飾）;

●**SELECT 命令**●　SELECT 命令はある条件をもつデータベース内のデータを読み出して出力する命令であり，四大命令の中で唯一データベース内のデータに変化を与えない．このため管理者やデータ登録者を除くデータベースユーザーは通常この命令のみを用いてアクセスすることになる．SELECT コマンドの書式は以下のとおりである（図 5.3）．

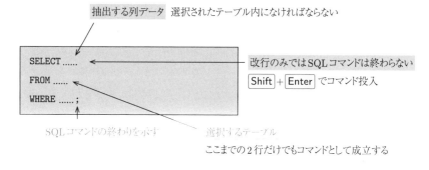

図 5.3　SELECT コマンドの書式

　これらの図で見る限り使い方は極めて簡単であるが，実際の利用では SELECT コマンドは副問い合わせとよばれるネスティングの中でもよく使われる．それはたとえば FROM 句で指定するテーブルを別の SELECT 文によって作られたテーブルに指定する場合などである．またこれ以外に JOIN 句を用いて複数のテーブルの連結がよく行われる．それらの複雑な使い方については以下で説明する．

●**UPDATE 命令**●　UPDATE 命令は，ある条件を満たす行を検索しその行の内容を書き換える命令である．SELECT 命令とは異なり，誤った操作を行うとデータが壊れることになるため，Web アプリケーションによって自動的にこの命令が作成されグラフィカルユーザーインターフェースを通

して書き換えられるようにシステムを構築することが多いが，手作業で多数のデータを一度に書き換える場合には，あらかじめどのデータが書き換え対象になるかを確認するなど，細心の注意を払う必要がある（図 5.4）．

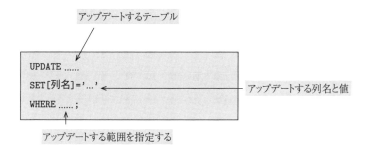

図 5.4　UPDATE 命令

●**DELETE 命令**●　DELETE 命令は，ある条件を満たす行を検索しその行を削除する命令である．この命令もデータの書き換えを伴う危険な作業のため，通常の使用では GUI を通して何らかの特定の登録業務の中で用いる（図 5.5）．

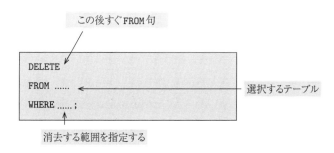

図 5.5　DELETE 命令

●**INSERT 命令**●　INSERT 命令は，新規に行を挿入する命令である．新規登録作業などでよく用いられる（図 5.6）．

　その他に比較演算などで主に WHERE 句で用いられる「数値の比較」「文字列のマッチング」などがあるため紹介しておく．数値の比較については，多くのプログラミング言語で用いられるルールと同様な関係演算子が用い

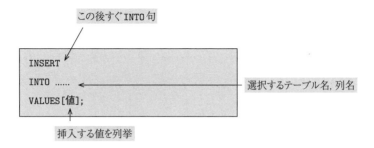

図 5.6 INSERT 命令

られ，表 5.2 のとおりである．

表 5.2   数値の比較方法

=	左右の値が等しい
<	左辺が右辺より小さい
<=	左辺が右辺より小さい，または等しい
>	右辺が左辺より小さい
>=	右辺が左辺より小さい，または等しい
<>	左右の値が等しくない

　また，文字列については完全マッチ以外の部分マッチの場合については表 5.3 のような演算子を用いる．

表 5.3   LIKE の使い方

LIKE'%[文字列]'	前方一致
LIKE'%[文字列]%'	[文字列] を含む
LIKE'_[文字列]'	[文字列] の前に任意の一文字を含む

　その他に IN 演算子，NULL 演算子などがある．IN 演算子では IN 以下のリストの中に目的の値があるかどうかを判定し，NULL は値がない場合を指す．

5.3.2 簡単な実習

　それでは docoQL の初期設定にあるデータを用いて簡単な演習をすることで命令文の結果を確かめてみる．docoQL の初期のデータテーブルは以下のテーブルに類似するものがあらかじめ入力されている（表 5.4）．これと同じデータを入力することで他の DBMS でも同様の結果が得られるので試してみるとよい．

表 5.4　家計簿

日付	費目	備考	入金	出金
2021/02/01	食費	購入	0	650
2021/02/20	給与	2月分	300000	0
2021/03/01	娯楽費	カードゲーム	0	2000
2021/03/17	教育費	書籍	0	3500
2021/03/25	光熱費	電気代	0	13000

　最初に SELECT 文によりデータを一部抽出してみる．SELECT 文の指示により三項目だけが抽出されている．

```
1  SELECT 日付, 費目, 備考 FROM家計簿;
```

日付	費目	備考
2021/02/01	食費	購入
2021/02/20	給与	2月分
2021/03/01	娯楽費	カードゲーム
2021/03/17	教育費	書籍
2021/03/25	光熱費	電気代

　次に WHERE 句において入金額に関する条件を付けてみると，確かに入金額が 0 以上のレコードだけが表示されていることがわかる．なおレコードとは，テーブルを構成するデータの中の横一行分のデータの塊を指す．

```
1  SELECT 日付, 費目, 備考, 入金額
2  FROM 家計簿
3  WHERE 入金額>0;
```

日付	費目	備考	入金
2021/02/20	給与	2月分	300000

　以下は日付による範囲指定を行った例である．2021/02/01 の日付のデータだけが表示されなくなっていることがわかる．

```
1  SELECT 日付, 費目, 備考, 出金
2  FROM 家計簿
3  WHERE 日付>='2021/02/01';
```

日付	費目	備考	出金
2021/02/20	給与	2月分	0
2021/03/01	娯楽費	カードゲーム	2000
2021/03/17	教育費	書籍	3500
2021/03/25	光熱費	電気代	13000

　さらに出金金額が 0 以上のレコードを表示し，それを降順にソートして出力するため ORDER BY DESC 句を使う．ちなみに昇順にソートする場合には DESC の代わりに ASC を用いる．

```
1  SELECT 日付, 費目, 備考, 出金
2  FROM 家計簿
3  WHERE 出金>0
4  ORDER BY 出金 DESC;
```

日付	費目	備考	出金
2021/03/25	光熱費	電気代	13000
2021/03/17	教育費	書籍	3500
2021/03/01	娯楽費	カードゲーム	2000
2021/02/01	食費	購入	650

　UPDATE については以下のような命令により，特定の日付にマッチした

レコードが書き換えられていることがわかる．書き換えられているのは 2 行目である．

```
1  UPDATE 家計簿 SET 入金 = 9999 WHERE 日付 ='2021/02/20';
2  SELECT * FROM 家計簿;
```

日付	費目	備考	入金	出金
2021/02/01	食費	購入	0	650
2021/02/20	給与	2 月分	9999	0
2021/03/01	娯楽費	カードゲーム	0	2000
2021/03/17	教育費	書籍	0	3500
2021/03/25	光熱費	電気代	0	13000

　次に，出金金額が 2,000 円未満のデータについて削除し，結果を表示してみる．

```
1  DELETE FROM 家計簿 WHERE 出金 < 2000;
2  SELECT * FROM 家計簿;
```

日付	費目	備考	入金	出金
2021/03/01	娯楽費	カードゲーム	0	2000
2021/03/17	教育費	書籍	0	3500
2021/03/25	光熱費	電気代	0	13000

　次の例では，検索文字列の中に "ゲーム" の文字があるデータを抽出する．

```
1  SELECT * FROM 家計簿 WHERE 備考 LIKE '%ゲーム%';
```

日付	費目	備考	入金	出金
2021/03/01	娯楽費	カードゲーム	0	2000

　次の例では，「費目」項目の中に指定する文字列のあるデータを抽出する．このときの検索条件は完全一致である．

```
1  SELECT * FROM 家計簿 WHERE 費目 IN ('食費', '光熱費');
```

日付	費目	備考	入金	出金
2021/02/01	食費	購入	0	650
2021/03/25	光熱費	電気代	0	13000

　以下の例は，指定する文字列が複数あれば，そのいずれにも一致しないデータが抽出される．

```
1  SELECT * FROM 家計簿 WHERE 費目 NOT IN ('食費', '教育費');
```

日付	費目	備考	入金	出金
2021/02/20	給与	2 月分	300000	0
2021/03/01	娯楽費	カードゲーム	0	2000
2021/03/25	光熱費	電気代	0	13000

　ところで冒頭の表 5.4 のようなテーブルは，以下のコマンドを用いることで他の DBMS で作成し，利用することが可能である．これは INSERT 文の例も兼ねている．

```
1  CREATE TABLE 家計簿 (
2      日付 DATE(13),
3      費目 VARCHAR(20),
4      備考 VARCHAR(100),
5      入金 INTEGER(10),
6      出金 INTEGER(10)
7  );
8  INSERT INTO 家計簿 VALUES ('2021/02/01', '食費', '購入',0 , 650);
9  INSERT INTO 家計簿 VALUES ('2021/02/20', '給与','2月分',300000 ,0);
10 INSERT INTO 家計簿 VALUES ('2021/03/01', '娯楽費', 'カードゲーム'
       ,0,2000);
11 INSERT INTO 家計簿 VALUES ('2021/03/17', '教育費', '書籍', 0,3500);
12 INSERT INTO 家計簿 VALUES ('2021/03/25', '光熱費', '電気代',0,13000);
```

5.3.3　正規化

　データベース正規化の詳細については，5.4.2 項において例をあげて紹介するが，ここでは正規化の基本的な考え方である，テーブルを可能な限り分割するという作業について説明する．このような作業には，データベース内

で矛盾したデータが内包されないようにするという重要な機能がある．た
とえば，企業コードと企業名のように，いずれかが決まればもう一方が一意
に決まるデータがあったとすると，その情報は以下のようなテーブルにする
ことができる（表5.5）．

表5.5　関数従属のあるデータ

企業コード	企業名
01	A 商事
02	B 研究所
03	C 製作所

　このような2つの項目間の関係を関数従属とよぶが，関数従属が存在する
にもかかわらずテーブル中にこの両方のデータが入力可能になっていると，
もし入力されたデータに誤りがあった場合にはデータベース内に矛盾が内
包されてしまうことになる．たとえば以下のようなテーブル（表5.6）が
あった場合には，契約番号60875のレコードについて，企業コードと企業
名の間に前に述べた表（表5.5）との間に矛盾が生じていることがわかる．
表5.5では，企業コード01の場合には常にA商事が企業名として選択され
るはずだが，表5.6ではそれとは矛盾したデータ「企業名：C 製作所」が入
力されていることがわかる．

表5.6　データベース内に矛盾を含むデータ

契約番号	企業コード	企業名	支払い期日
60874	03	C 製作所	2020-04-01
60875	01	C 製作所	2020-09-24
60879	01	A 商事	2022-03-31
60890	02	B 研究所	2021-09-30

　データベース正規化を行う場合には，表5.6はたとえば企業名について他
のテーブルに分割して以下のようなテーブルに書き変え，先に提示した表
5.5と2つのテーブルによってデータを表現する（表5.7）．
　このように，データベース正規化とは関数従属が存在する場合にはテーブ

表 5.7 企業名情報を外部のテーブルに分割する

契約番号	企業コード	支払い期日
60874	03	2020-04-01
60875	01	2020-09-24
60879	01	2022-03-31
60890	02	2021-09-30

ルを分割することによって冗長性を可能な限り排除し，矛盾するデータを
データベース内に内包しないようにするテーブル設計の考え方である．

節末問題

5.2

(1) 利用している Web サービスの中で，背後にデータベースが存在してい
ると考えられるものをあげよ．

(2) それらはデータベースを利用して新たにどのようなサービスを提供し
ているか，データベースがない場合にはどのようなサービスになるか
説明せよ．

(3) それらの Web サービスでは，セキュリティに関してどの程度必要であ
るか，またどのような対処がされているか述べよ．

ねらい Web システムと組み合わせたデータベースのサービスが増加し，これま
で提供できなかったサービスが可能になっている．提供されている Web システムの
内部動作について考慮することでサービスの提供に必要となるデータの量，質およ
び応答速度について見積もり，データベースについて認識を深める．また話題にあ
がったシステムがどの程度の規模のデータを運用しているか，また各サービスにつ
いて，データセキュリティに関してどのような考慮がされているかについても観察
する．

5.4 ● データベースの取り扱い

5.4.1　データベース設計

データベースを設計する際によく使われる手法が，概念設計，論理設計，物理設計の3つについて順を追って設計していく方法である．ここではこれらを具体的に説明するため，人の健康情報に関するデータベースを設計することを例にとって考えていくことにする．概念設計とは，どのような情報の塊を管理するのかという抽象度の高い問題であるが，たとえば人の健康情報に関する情報の塊を考えたとき最初に考えつくのは個人に関する情報だろう（図5.7）．この個人情報には管理用の個人IDのほか，性別，生年月日，住所，生死など個人に紐づくさまざまな情報が1つの塊として存在することが容易に想像できる．

図 5.7　個人情報の概念設計

それ以外の塊としては，検体検査情報など個人が受診したことによる医療関連情報が考えられる（図5.8）．これには身長，体重，胸囲だけでなく血液検査などの各種検査結果も含まれる．またこのような検査結果は毎年測定しデータが変化していくという性質がある上，年齢や罹患により測定項目が変化していくという性質がある．このためこれらの情報については個人IDと一対多の関係になること，測定項目セットが度々変更になることなどを織り込んだ設計を行う必要がある．

図 5.8　検体検査情報の概念設計

　これら以外に特に個人と情報とが簡単に結び付かないよう配慮する必要
がある秘匿性の高い情報が含まれる場合には，別の塊を作成して管理するこ
とが望ましい．ここではたとえばゲノム関連情報などが対応するだろう（図
5.9）．このように，概念設計では大まかなデータの塊とそれらの間の関連を
導き出していく作業が行われる．

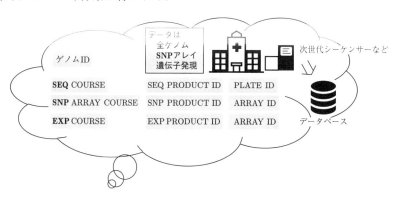

図 5.9　分子情報の概念設計

5.4.2　テーブルの作成・正規化

　論理設計は，概念設計において想定されたデータの塊に対応してそれぞれ
テーブルを作成する具体的な作業になる．データベースのテーブルは実際
に運用を始めると組織の内外から多数のアクセスを受けることになる．こ

のため後になって仕様を変更した場合には，その仕様変更が周知されない外部からのアクセスが正しく動作しなくなる可能性に直面する．このような事態を避けるためテーブル設計には極めて慎重にならなければならない．テーブル設計の際には，最初に各レコードに固有の主キー[※2]を設定し，それに対応して実際に格納すべき情報とそのデータ型を設定する．またテーブル設計においては正規化が重要な作業となる．これはテーブル内の項目を理想的な関数従属[※3]の状態にするために，可能な限り外部の別テーブルに分ける作業で，主に第一正規形から第三正規形までの正規化が行われる．

　第一正規形とは，1つの列に複数の値が入力されている場合に，それを外部の別テーブルに切り出してしまうなどの方法で単一の値しか入っていない形に変えることをいう．これはたとえば，複数回答を許していないアンケート項目などで複数の値が入っていた場合などに，一時的に1つの列内に入れてしまうといった設計外の状況などで引き起こされる．

　第二正規形とは，複合主キー[※4]A, Bをもつテーブルに，複合主キー全体に関数従属するのではなく複合主キーの1つである列Bにのみ関数従属するような列Cがある場合，列B, Cを別テーブルに切り出す作業のことである．これはたとえば，企業コードと企業名，あるいは製品IDと製品名といった一対一の関係のある情報が同一テーブルの中にあるような場合が考えられる．表5.6のような例において，契約番号と企業コードが複合キーを形成している場合などに対応する．

　第三正規形は第二正規形と類似している．主キーAと関数従属する列Bに，さらに関数従属する列Cがある場合，この列Cを外部テーブルへ切り出す．このような関数従属する列に関数従属する場合を推移関数従属とよぶ．このとき列Cは主キーとも関数従属していることになるところが第二正規形と異なる点である．これは，表5.6の例において，契約番号が主キーを形成している場合に対応する．

[※2] ある列の値を決めたとき他の列の値がすべて一意に決まるような列．
[※3] 列Aが決まれば列Bが一意に決まるとき，列Bは列Aに関数従属するという．
[※4] 複数の列の組み合わせで主キーとなり，それ以外の列が一意に決まるもの．

5.4.3　データベースの作動

　データベースの物理設計では，従来は Linux, Windows などの汎用的な OS の動作する計算機を利用してきた時代もあるが，大規模なデータベースを導入する場合には，パフォーマンスの向上やハードウェアおよびソフトウェアの耐障害性を考慮して，データベースに特化したシステムや，仮想マシンやクラウド上で動作させることが増えている．本節では実際に SQL を使い演習を行うことによって実際の動作を確認していくが，要件としては Windows Note PC などでも簡単に動作させることができることが望ましい．このため小規模な簡易 DBMS である Sqlite3 を用い，データベースにアクセスするための GUI として A5SQL を用いて演習環境を作成した．またこの演習のためのテストデータおよび SQL スクリプトを本書のサポートサイト[5]に用意している．

　最初に概念設計において想定された個人情報について，論理設計を行う．ここでは個人情報に対して PERSON というテーブルを作成する（表 5.8）．これは 個人 ID = PERID を主キーとして，生年月日，性別，氏名などの情報が含まれている．

表 5.8　個人情報-PERSON テーブル

PERID	BIRTH	GENDER	LAST NAME	FIRST NAME	DEATHDATE	WITHDRAW
410001	1985-03-26	1	松崎	前代		0
410002	1994-06-20	1	加藤	真紀子		0
410003	1971-05-16	1	丘	清志		0
410004	1989-08-01	1	黒尾	真		0
410005	1994-01-16	2	五十里	智子		0
410006	1978-06-27	1	植野	浩太郎		2
410007	1993-09-04	1	若林	邦夫	2018-07-04	2
410008	1986-11-08	1	生川	恵子		1
410009	1980-05-23	1	後藤	真樹		0

↑
主キー

[5] https://www.gakujutsu.co.jp/text/isbn978-4-7806-0940-0/

次に検体検査情報として，RESULT-TBL というテーブルを作成する（表5.9）．これには 検査 ID = RSLID を主キーとして検査日，検査会社 ID，検査コース，検査項目を示すコードおよび結果が含まれている．

表 5.9 検体検査情報-RESULT-TBL

RSLID	RSLDATE	INSCOMP_ID	COURSE	ITEMCODE	SUFFIX	RESULT
194785	2013-03-02	00	1000	405050	00	162.3
154857	2013-03-02	01	1000	405060	00	59.4
176494	2013-03-02	02	1000	405070	00	1
184664	2014-07-14	00	2000	405050	00	167 3
114758	2014-07-14	00	2000	405060	00	63.8
147685	2014-07-14	02	2000	405070	00	2
153695	2013-07-19	00	1000	405050	00	172.1
194755	2015-03-02	02	…	…	…	…
184672	2015-03-02	02				

主キー

分子情報として，GENOME_TBL というテーブルを作成する（表5.10）．ここでは ゲノム ID = GENID および データタイプ = DATATYPE の 2つを複合キーとして，実験に使われたプレート ID を示すコードが入っている．ここではゲノムデータ自体はデータベース内のデータに含まれておらず，その管理情報 ID のみがデータとして格納されている．

これら 3 つのテーブルは，それぞれ異なる ID 体系によって管理されているため，これらを結合するためのテーブルを作成する必要がある．これは PER_GEN，RSL_PER がそれに相当する．GEN_TYPE テーブルはGENOME_TBL の中にある DATATYPE 列を説明するテーブルで，第二正規形に直す過程で外部に切り出されるテーブルとして典型的な情報である（表5.11）．

表 **5.10**　分子情報 GENOME_TBL

GENID	DATATYPE	PRODUCT_ID	PLATE_ID
51295	0	S0148	0014007.txt
51209	1	N037	0663537.txt
51209	0	S094	0030794.txt
51197	0	S038	0115846.txt
51197	2	E047	0307140.txt
51197	1	N083	0555902.txt
51812	2	E015	0746260.txt
51812	1	N085	0082355.txt
51470	0	S012	0038266.txt

複合キー

表 **5.11**　テーブル間を結合するための情報

PER_GEN		RSL_PER		GEN_TYPE	
PERID	GENID	PERID	RSLID	DATATYPE	PRODUCT
410001	51295	410001	153695	0	Whole Genome Sequence
410002	51209	410002	139290	1	SNP Array
410003	51197	410003	145890	2	Expression Array
410004	51812	410003	130498		
410005	51470	410005	194755		
410006	51078	410002	139290		
410007	51009	410007	140938		
410008	51453	410001	194678		
410009	51093	410001	139694		
		…	…		

5.4.4　テーブルの結合

　複数のテーブルの結合について，典型的な SQL コマンドは JOIN である．JOIN にはいくつかの種類があるが，ここでは最も典型的な例を示すにとどめる（図 5.10）．

```
SELECT    選択リスト
FROM           テーブルA
JOIN           テーブルB
       ON      テーブルA.XXX=テーブルB.XXX
```

JOINにはいくつかの種類があるがここでは省略.
　INNER JOIN (省略するとこれになる)
　OUTER JOIN
　LEFT JOIN
　RIGHT JOIN

図 5.10　分子情報の概念設計

　最初の演習課題として，GENOME_TBL と GEN_TYPE の 2 つのテーブルを結合することを考える．課題 1 は，「ゲノム ID (GEN ID) と その生産物 (PRODUCT) の関係を表示する」と設定する．ここではどちらのテーブルにも DATATYPE とよばれる列があるが，これを外部キーとして結合を行う．ちなみに外部キーは，参照するテーブル（ここでは GEN_TYPE）の主キーでなければならない．結果は以下のようになる．ちなみに出力データは一部省略してある．ここでは GENID 51559 に対して複数の PRODUCT があるが，これがもれなく出力されていることがわかる（図 5.11）．

```
1  SELECT GENOME_TBL.GENID, GEN_TYPE.PRODUCT,
2      GENOME_TBL.PLATE_ID
3  FROM   GENOME_TBL
4  JOIN   GEN_TYPE
5      ON GENOME_TBL.DATATYPE = GEN_TYPE.DATATYPE
6  ORDER BY GENOME_TBL.GENID;
```

GENID	PRODUCT	PLATE_ID
51384	Expression Array	0017100.txt
51422	Whole Genome Sequence	0098347.txt
51453	Whole Genome Sequence	0450486.txt
51470	Whole Genome Sequence	0038266.txt
51599	Whole Genome Sequence	0262647.txt
51599	SNP Array	0708731.txt

図 5.11　課題 1 の結果

　次に 3 つのテーブルを結合する例を考える．課題 2 は「それぞれの参加者について，検査を行った日（検査に訪れた日）を各人日付順に抽出せよ．ただし同意撤回者を除く．」と設定する．ここでは PERSON, RSL_PER, RESULT_TBL の 3 つのテーブルを結合するため，PERID, RSLID の 2 つの外部キーを用いる（図 5.12, 図 5.13）.

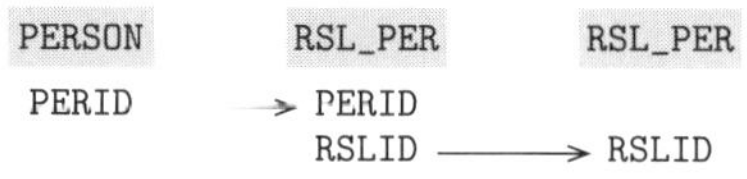

PERSON	RSL_PER	RSL_PER
PERID	→ PERID	
	RSLID ──────→	RSLID

図 5.12　課題 2 のテーブル間の関係

```
1  SELECT PERSON.PERID, PERSON.LASTNAME,
2    PERSON. FIRSTNAME, RESULT_TBL.RSLDATE
3  FROM  PERSON
4  JOIN  RSL_PER
5   ON PERSON.PERID = RSL_PER.PERID
6  JOIN  RESULT_TBL
7   ON RSL_PER.RSLID = RESULT_TBL.RSLID
8  WHERE  PERSON.WITHDRAW_LEVEL = 0
9  ORDER BY PERSON.PERID, RESULT_TBL.RSLDATE;
```

PERID	LASTNAME	FIRSTNAME	RSLDATE
410001	松崎	前代	2015-02-04
410001	松崎	前代	2016-05-12
410001	松崎	前代	2018-02-12
410002	加藤	真紀子	2015-02-23
410002	加藤	真紀子	2016-06-19
410002	加藤	真紀子	2018-02-28
410003	丘	清志	2015-04-10
410003	丘	清志	2017-01-03
410003	丘	清志	2018-02-28

図 5.13　課題 2 の結果

　SQL スクリプトでは，JOIN ON を 2 回用いて PERID, RSLID の 2 つの外部キーが結合されていることがわかる．

　最後の課題として 4 つのテーブルを結合する例を考える．課題 3 は，「そ

れぞれの参加者について，どのようなゲノム検査を行ったかについて抽出せよ．ただし同意撤回者を除く.」とする．必要となるテーブルは4つあり，それぞれの外部キーは下図のような関係にある（図5.14）．

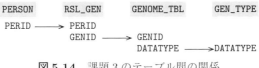

図5.14　課題3のテーブル間の関係

検索に用いたSQLスクリプトとその結果は以下のようになる（図5.15）．

```sql
1  SELECT PERSON.PERID, PERSON.LASTNAME,
2    PERSON. FIRSTNAME, GEN_TYPE. PRODUCT
3  FROM  PERSON
4  JOIN  PER_GEN
5   ON PERSON.PERID = PER_GEN.PERID
6  JOIN  GENOME_TBL
7   ON PER_GEN.GENID = GENOME_TBL.GENID
8  JOIN  GEN_TYPE
9   ON GENOME_TBL. DATATYPE = GEN_TYPE. DATATYPE
10  WHERE  PERSON.WITHDRAW_LEVEL = 0
11  ORDER BY PERSON.PERID;
```

PERID	LASTNAME	FIRSTNAME	PRODUCT
410001	松崎	前代	SNP Array
410002	加藤	真紀子	Whole Genome Sequence
410002	加藤	真紀子	Expression Array
410003	丘	清志	Whole Genome Sequence
410003	丘	清志	SNP Array
410003	丘	清志	Expression Array
410004	黒尾	真	Whole Genome Sequence
410004	黒尾	真	Expression Array

図5.15　課題3の結果

このようにして複数のテーブルが関わる複雑な関係を記述することもできる．またここでは紹介しきれなかったが，極端にレコード数の多いテーブルを結合する際にはスクリプトが処理する過程でできるだけデータが少な

くなるように工夫することがパフォーマンス向上に寄与する場合がある.

5.4.5 トランザクション制御

トランザクションとは,分離することのできないひとまとまりの処理を指す.DBMS におけるトランザクション処理は,一連の処理の途中で中断されるなど他の処理が割り込むことができないようにする機能であり,途中で障害が起きて処理が止まる場合には自動的にロールバックが起こり,その処理全体が破棄される.すなわちトランザクション処理とは,トランザクションに含まれるすべての SQL 文について,「すべての実行が完了している」か,あるいは「1 つの処理も実行されていない」かのどちらかの状態になるよう制御することをいう.このように,これ以上分割できない処理という意味からこれをトランザクションの原子性とよぶ.トランザクション処理の例としてよく取り上げられるのが銀行における預金の移動あるいは決済である.ある銀行 A から銀行 B へ預金を移動する場合,A 銀行の預金残高を減らして B 銀行の預金残高を増やすという作業を行う.この手順の最中に仮にトラブルが発生した場合にも,A 銀行と B 銀行の残高の合計が変わることはないようにシステムが設計されていなければならない.このとき一連の手順はすべて成功するか,すべて失敗するかのいずれかでなければならない.トランザクションに求められる要件は,原子性,一貫性,独立性,耐障害性にまとめられるが,これらを ACID 特性とよぶ(表 5.12).

また,トランザクション処理の実行中に他のユーザーあるいはプロセス

表 5.12 ACID 特性

英語名	日本語名	概要
Atomicity	原子性	トランザクションによる一連の変更のすべてを成功か失敗のいずれかとする.
Consistency	一貫性	トランザクションの前後でデータの整合性が維持され矛盾が起こらない.
Isolation	独立性	トランザクションは相互に独立し影響を与え合わない.
Durability	耐障害性	トランザクションによる変更は保存され失われることはない.

が該当テーブルを読み書きする場合に起こるいくつかの副作用が考えられる（表5.13）.

表5.13 トランザクション処理における同時実行の問題

潜在的問題	概要
ダーティーリード	コミットされていない未確定データを読み込む可能性. その後キャンセルされるかもしれない未確定の情報を元に別の処理を行ってしまう.
反復不能読み取り	データ読み取り後に他の人がデータを書き換え, 再読み取り時に異なる結果が返ってくる.
ファントムリード	データ読み取り後に他の人にデータを追記されることによる副作用.

このような場合を想定して, SQLではロックをかけることによって他のプロセスから読み書きができないようにする仕組みがある. しかしながらこの仕組みは複数のプロセスが複数の情報にロックを掛け合うために処理が進まなくなる, いわゆるデッドロックを引き起こすことがある. このような場合に備え, DBMSには定期的にデッドロックを監視し, 発見した場合にはいずれかのプロセスを強制的に失敗させる機能をもつものがある. しかし, このような機能が動作する場面では, 過去に問題なく動作していたプログラムが時々エラーを起こすようになったが再度起動すると正常に終了するといったハードウェア障害に類似した現象が起こることがあり, 原因の究明が困難になる.

節末問題

5.3 データベースシステムにはトランザクション制御を行う仕組みが実装されている. このような仕組みがあったからこそ安心して操作ができたと気づいたことがあればその例をあげよ.

5.4 トランザクション制御のような複雑な仕組みは, あらゆる場面で活用されているわけではない. 各自の日常業務においても, もしこのような制御

があれば問題にならなかったが，実際には問題が起きた事例があればその例をあげよ．その場合，データベースを導入してトランザクション制御を行ったほうがよかったか，あるいはデータベース導入の手間を考えるとトラブルが起きることを承知で運用することになってもよかったのかについて検討せよ．

ねらい データベースシステムは，一般に多くのユーザーが同時にアクセス（読み書き）することを考えて設計されるが，極めて簡素なデータのやりとりの場面ではそのような仕組みが導入されないこともある．複数ユーザーによるデータのアクセスに際しては，アクセスの利便性，重要性などさまざまな要素を検討して運用しなければならないが，その問題に気づき，どの程度の利用に対してどれだけの設計が必要になるかおおよその見当ができるようになる．

5.5 ● トランザクションの現場

5.5.1 決済システム

トランザクション制御について，よく例にあげられるのが銀行の決済である．この場合，トランザクション制御が行われる主な状況として3種類のパターンが考えられる．第一には同じ銀行の支店間でのトランザクションであり，第二には日本国内の異なる銀行間におけるトランザクションであり，第三には国際送金（外国の銀行との間）のトランザクションである．

第一のトランザクションでは特定の銀行のシステム内で送金処理が行われる（図5.16）ため実際の処理はその銀行のシステムによって処理される

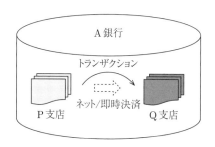

図5.16 同一銀行内でのトランザクション

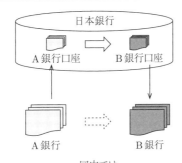

図 **5.17**　国内銀行間でのトランザクション

ことになる．また第二の銀行間の国内送金の場合は，日本の中央銀行を通じて決済処理が行われている（図 5.17）．一方，第三の国際送金の場合においては，中央銀行に対応する役割を持つ存在がないため，状況が複雑になる．ここでは最もよく使われている SWIFT システムについて説明する．まず銀行間の送付の指図が SWIFT ネットワークによって通知されることにより，各銀行間での送金が行われるのだが，国際的な送金はコルレス契約とよばれる国際為替業務を行っている銀行間での個別の契約のもとで行われる．このため送金を行う国に直接コルレス契約を結んでいる銀行がなければ，コルレス契約を結んだ中継銀行を仲介しながら送金することになる（図 5.18）．この方法には銀行間のトランザクションがいくつも発生することによる手数料の上昇という問題のほか，自国あるいは送金の相手国の銀行が SWIFT ネットワークに加入できていなければならない．もし国際的に何らかの問題が起きて特定の国のすべての銀行が SWIFT ネットワークから除外されてしまうと，その国は国際的な資金決済が困難になり，物々交換による取引に頼らざるをえないなどの問題が発生する．

5.5.2　分散型台帳

　特定の管理者が存在することにより円滑に決済が進む場合もあるが，逆に特定の管理者の存在を排除したい場合もある．このような場合に対応するために考えられたのが，分散型台帳（ブロックチェーン）による送金モデル

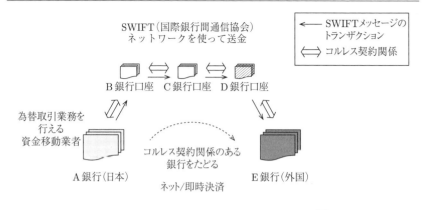

図 5.18　国際銀行間でのトランザクション[6]

である．この方法は，中央銀行や SWIFT などの特定の組織によって集中管理が行われるのではなく，Peer-to-Peer (P2P) 型のネットワークを使い特定のサーバーをもたずに（集中管理を行わず）データをもつことによって分散管理を行う方法であるため特定の管理者によらない運用が可能になる．P2P 型の分散ネットワークによる決済では，特に必要がなければ決済相手との間の直接決済が可能であり，台帳自体はネットワークに参加するすべてのデータベースが同じものをもつことになるため，ネットワークの経路の一部に問題が生じてもその他のネットワークによって代替されるため全体として問題は生じない．データの改ざんについてもネットワークの特定のノードに対する改ざんは他のノードとの齟齬が生じるためすぐに発見されるだけでなく，後に述べる技術的な問題によりチェーンでつながったブロックの前後関係に辻褄が合わなくなるため台帳の改ざんは実質的に困難になっている．

5.5.3　分散型台帳を支える技術

　ブロックチェーンを成立させるために必要となる基本的な技術については主に情報工学の分野における 2 つの技術がある．1 つがハッシュ関数であり，もう 1 つが公開鍵暗号化法である．以下これらについて簡単に説明する．

●ハッシュ関数●　ハッシュ関数とは，ある任意の長さの入力データについて，固定長のデータを出力するものである．入力データを出力データに変換

※6　[7] p.228 を参考に作成.

SWIFTを使った国際決済

・国際的な信用, 長い実績
・中央集権型データベース
・管理者権限であらゆる操作が可能

P2P分散ネットワーク

・P2Pデータストレージを用いた
　分散型データベース
・安全で信頼性が高い
・秘密裏にデータを書き換えられない

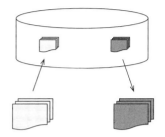
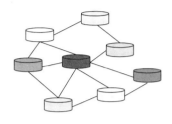

図 5.19　P2P 分散ネットワーク

する際には高速に変換できるが, 逆に出力されたデータから入力データを復元するのは極めて難しいことから一方向性圧縮関数ともよばれる. 異なる入力データから同じ出力データが出力される可能性が低い（強衝突耐性）ほど優れたアルゴリズムということができる. 出力するデータの長さはアルゴリズムに依存するが, 一般に衝突耐性が高いアルゴリズムほど出力データは長い. 1990 年代に MD4, MD5, SHA1 などのアルゴリズムが開発されたが, 現在ではそれらはセキュリティの観点から簡易的な利用以外では使われなくなってきており, 2021 年の執筆時では SHA2, SHA3 など 2000 年以降に開発されたアルゴリズムが使用されている. 図 5.20 において, Windowsのコマンドプロンプトによる MDS ハッシュ関数の実行例を示す.

```
>CertUtil -hashfile [ファイル名] MD5
```

入力	出力
あるデータをハッシュ値（固定長）に変換する。	e83a44a1f7eacfa7a7bda7d060d76138
あるデータをハッシュ値（固定長）に変換するよ。	8b58065c364ef6e4d1318220069f8609

わずかな入力の違いで出力はまったく異なる

図 5.20　ハッシュ関数 MD5 の実行例（Windows コマンドの例）

●**公開鍵暗号化法**● 公開鍵暗号化法とは，通常の共通鍵暗号化法が暗号鍵1つによって暗号化および復号を行えるのに対して，2つの鍵のペアを用いられる点に特徴がある（図5.21）．この2つの鍵は，一方の鍵によって暗号化された情報がもう一方の鍵を使わなければ復号できないという関係にあり，これが極めて重要なポイントとなる．通常の共通鍵暗号化法（図5.21）ではデータを暗号化する送信者と，復号する受信者の双方が同じ暗号鍵をもっていなければならないが，これがいったん外部に漏れると送信者にも受信者にもなりすますことが可能になる．一方公開鍵暗号化法では，2つの鍵を秘密鍵と公開鍵に分けて使用することにより，2つのパターンで暗号化法を利用することができる．

1つ目のパターンは秘密鍵を受信者がもつ利用法である（図5.21）．公開鍵は外部に公開する．この場合，送信者は公開鍵を用いて暗号化を行うが，この暗号化されたデータは秘密鍵をもっている受信者しか復号することができないため秘密の情報のやり取りが可能になる．これは一般的な共通鍵暗号化法と同様の使い方である．

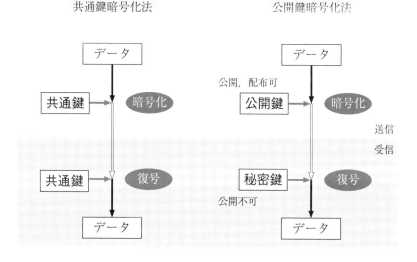

図5.21 公開鍵暗号化法

2つ目のパターンは秘密鍵を送信者がもつ方法である（図5.22）．このときの利用法をデジタル署名を例として説明する．公開鍵は同様に外部に公

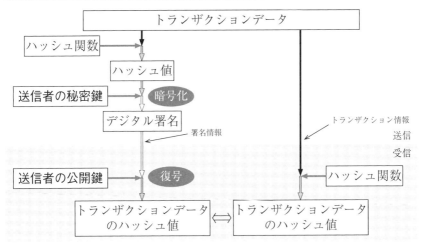

図 5.22 デジタル署名

開する．この場合，送信者は通常のトランザクション情報とともに署名情報を送る．署名情報については，秘密鍵を用いて暗号化を行うが，受信者は公開鍵を用いて復号を行う．公開鍵は外部に公開されているため秘密の情報のやり取りはできないことになるが，署名情報の復号に成功することにより暗号化処理が秘密鍵をもっている人によって行われたことを証明することになる．さらに，同時に送られてきたトランザクション情報のハッシュ値と比較し，一致することを確認できればデジタル署名が完成する．この 2 つ目のデジタル署名とよばれる新たな利用法がブロックチェーンを成立させる重要な技術となる．

5.5.4 分散型台帳の構造

　ブロックチェーンは前節で述べた 2 つの技術が重要な要素となって成立している．まず最初にブロックチェーンのブロックを作成する方法だが，仮想通貨などのトランザクションを扱う場合，簡単にはトランザクション情報とそのデジタル署名情報の組み合わせを多数集めることにブロックを作成する．トランザクションは，ブロックに組み込まれるまでの間はトランザ

クションプールに蓄積されており，これをマイニングという作業によって1つのブロック内に入れる．ここでは詳しくは扱わないが，このときの作業に報酬を与え，その報酬を得るために競争が起こることがランニングコストなどシステム全体の性質を決めていくことになる．

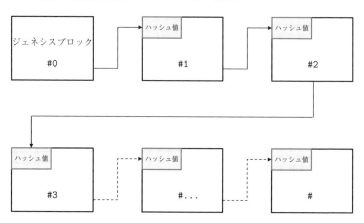

図5.23　ブロックチェーン

次に，ブロックをつなぎ合わせるチェーンの部分について注目していく．ブロックには順序があり，最初に作られるジェネシスブロック以外はすべて，各ブロックの先頭に1つ前のブロックのハッシュ値が格納されている．このためある特定のブロックの内容を改ざんしようとする場合には，そのブロックのハッシュ値をその次のブロックの先頭にあるハッシュ値と一致（衝突）するように作成すればよいが，ハッシュ関数の性質上それは実質的に不可能である．

このようにして作成された一連のブロックをP2Pネットワーク[7]内のすべてのノードにもたせることによって，ブロックチェーンはデータの改ざんを防ぎ耐障害性の高いシステムとして動作させる．

5.5.5　今後の活用

ブロックチェーンを応用して何らかの分散型データベースとして利用する場合，いくつかの点で技術的な問題が生じる可能性がある．1つには巨大

---

[7] 機能に違いのない端末同士が対等な形で直結し，互いのもつデータや機能を共有するシステム．Peer to Peer.

なデータをブロック内に収納することが難しいことがある. 本節の通貨に
よる決済の例ではブロックは数千個程度の小さなトランザクション情報か
ら成り立っているが, ブロックのサイズはあらかじめ取り決めた大きさが
あり, これを変更するためには P2P ネットワーク内のすべてのノードで対
応が必要となる. またデータサイズが大きくなるとデジタル署名にかかる
計算コストが増加することが問題となる可能性がある. 他の問題点として,
公開できない秘匿情報はそのままブロック内に組み込むことができないと
いう点がある. ブロック内のデータは P2P ネットワーク内のすべてのノー
ドから見ることができるため, そのままでは扱えない. このような場合はた
とえば秘匿情報をハッシュ値に変えて保存し, 情報の本体は他のネットワー
ク内で流通させるという使い方が考えられる.

　ブロックチェーンは管理者不在でも障害に強く安定して運用が可能な分
散型データベースという際立った特徴があるため, 個別の問題点について何
らかの工夫をすることによって今後もさまざまな応用が考えられる.

節末問題

5.5

(1) データを分散管理し, 改ざんを困難にするブロックチェーンなどの
データベースシステムにはどのような利点が存在するか. またどのよ
うな応用例が今後考えられるかについて各々 1 つ以上の例をあげて説
明せよ.

(2) 各自の業務に関連するデータを, ブロックチェーン技術を用いて管理
することを考えた場合, 実現することが可能か, 実現した場合具体的
にどのような利点が考えられるか述べよ.

ねらい　ブロックチェーンなどの分散管理を行うデータベースは, 低コストで改ざ
んリスクの少ないデータベースの運用が可能になる. これらの特徴を生かした応用
用途がさまざまに考えられるが, 実際の業務に利用することを想定することで現実
的なレベルで理解し, 従来とは大きく異なるこのシステムの特徴を理解する.

6 情報理論の基礎

データサイエンスで活用されるツールの動作原理は，情報理論にもとづいている．データサイエンティストは，情報科学の基本概念に通暁していることが望ましい．本章は情報科学の基礎理論を説明する．経産省スキル項目「情報」は，いずれも知識を活用できることが求められている．本章ではアナログ・デジタル変換，形式言語とオートマトン，情報源の符号化，データ構造を取り上げる．各節は独立に読むことができる．

6.1 ● アナログ／デジタル変換

6.1.1 アナログ／デジタル変換の用途

アナログ／デジタル変換（AD/DA 変換）は，現実世界のアナログ情報と，コンピュータなどで扱いやすいデジタル情報との間の相互変換を行う方法であり，現在では家電品や自動車など幅広い用途で使われている．最も身近なものでは音楽プレイヤーがある．これはデジタル媒体で記憶された情報をアナログ電気信号に変換する．この電気信号は最終的にはイヤホンやスピーカなどで空気振動に変えて使用するが，この振動は一般的には人が検出することになるため，変換周波数は高くはないが分解能は高い性能が要求される[※1]．このように使用する状況に応じて求められる性能が異なり，アナログ／デジタル変換を実現するための仕組みにはさまざまなものが考えられて実用化されている．

●**DA 変換**● デジタル／アナログコンバーター (DAC) は，デジタル信号をアナログに変換する装置である．この機能を実現する方法として基本的なものに，デコーダー方式，バイナリー方式，デルタシグマ ($\Delta\Sigma$) 方式などがある．デコーダー方式では，2 進数のデジタル入力に対していずれかの

[※1] 変換周波数は 1 秒間に電気信号をサンプリングする回数，分解能はアナログ信号をデジタル（離散値）に変換する際の細かさを意味する．

桁のみ 1 となる出力へとデコードした後，抵抗分圧方式 DAC によってア
ナログ出力を得る（図 6.1）．抵抗分圧方式 DAC は特定の 1 カ所のスイッチ
(SW) を ON の状態にしたとき，V_{ref}（リファレンス電圧）から分圧された
電圧 V_{out} が出力される回路である（図 6.2）．回路図 6.2 では，特定の SW
の 1 カ所を ON にすると，それに対応する電圧 V_{out} が出力される．この動
作を高速に繰り返すことで，時間変化してゆくデジタル入力に対応するアナ
ログ出力を行うことができる．

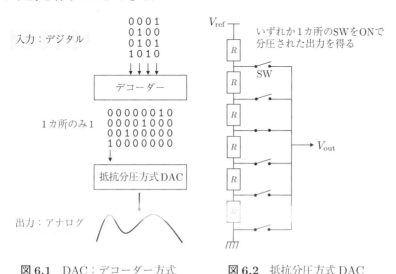

図 6.1 DAC：デコーダー方式   **図 6.2** 抵抗分圧方式 DAC

　バイナリー方式ではラダー抵抗回路あるいはキャパシタ回路が使われる．
図 6.3 では 4 ビット入力の R-2R ラダー抵抗回路を示す．この回路は，2 進
数の入力に従って SW を操作することで必要な分圧を得ることができる回
路である．具体的な動作原理を図 6.4，図 6.5 に示す．図 6.4 は，図 6.3 にお
ける SW3 のみを ON とした場合の等価回路である．図中の点線，長鎖線，
実線内は，いずれも抵抗値が R になるため，最終的な出力は $\frac{1}{2}V_{ref}$ となる．
図 6.5 では SW2，SW3 が ON の場合の等価回路を示す．図中の点線，長鎖
線内はいずれも抵抗値が R となる．実線内の抵抗値は $\frac{6}{5}R$ となり，最終的
な電圧出力 V_{out} は $\frac{3}{4}V_{ref}$ となる．このように R-2R ラダー抵抗回路は複雑
な機能を極めて簡単に実現することができる回路であるが，回路中の各抵抗

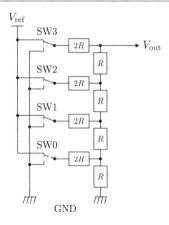

図 6.3 R-2R ラダー抵抗回路

SW3のみ ON のときの等価回路 $= (1000)_2 = (8)_{10}$

2進数　　　10進数

$$\Rightarrow \frac{1}{16}V_{\text{ref}} \text{ ステップずつ上昇して8番目の電位なので } \frac{8}{16}V_{\text{ref}}$$

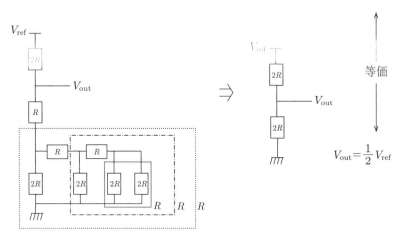

図 6.4 SW3 のみ ON の場合の等価回路

R に高い精度が要求されることになり，高い分解能を求めると精度に影響が出やすくなる．

SW2, SW3 が ON のときの等価回路 = $(1100)_2$ = $(12)_{10}$

2進数 　　10進数

$\Rightarrow \dfrac{1}{16}V_{\text{ref}}$ ステップずつ上昇して12番目の電位なので $\dfrac{12}{16}V_{\text{ref}}$

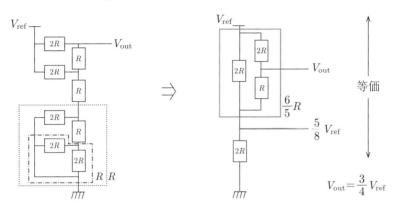

図 6.5 SW2, SW3 が ON の場合の等価回路

これ以外に AD 変換でも用いられるデルタシグマ ($\Delta\Sigma$) 方式が使われることがあるが，動作が複雑であるためここでは割愛する．

● **AD 変換** ● アナログ／デジタルコンバーター (ADC) はアナログ信号をデジタル信号に変換する装置である．この機能を実現する変換方式には，フラッシュ型 (Flash)，逐次比較 (SAR: Successive Approximation Register) 型，パイプライン型 (Pipeline)，デルタシグマ ($\Delta\Sigma$) 型がある．これらの変換方式はそれぞれ分解能・変換周波数など性能が異なり，必要となる要求性能に合致する変換方式を選択する必要がある（図 6.6）．

本節ではそれぞれの変換方式の基本的な原理について紹介する．またこれら変換方式の理解に必要となる電子回路の知識として差動増幅器について簡単に説明する．差動増幅器とは，2 つの入力と 1 つの出力をもった回路であり，この 2 つの入力 $V_{\text{in}+}$, $V_{\text{in}-}$ の差分が出力 V_{out} として得られる（図 6.7）．

これについて動作原理を以下に簡単に説明する．まず，V_+ と V_- の間は仮想短絡とよばれる電位差のない状態にある（$V_+ = V_-$）．また，V_- には電流が流れないように作られているため，R_1 に流れる電流と R_2 に流れる電

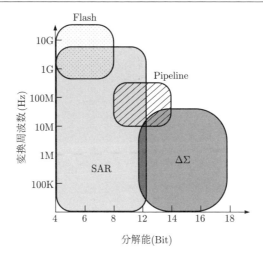

図 **6.6**　AD 変換方式による性能の違い

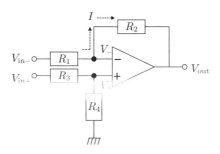

図 **6.7**　差動増幅器

流は等しく I となる．すなわち，$V_{\mathrm{in}-} - V_-$ 間の電流と，$V_- - V_{\mathrm{out}}$ 間に流れる電流は等しく I となり，以下のような式 (6.1) を立てることができる．また $V_{\mathrm{in}+}$ と V_+ の電位について考えると，分圧抵抗の式により 式 (6.2) を立てることができる．

$$I = \frac{V_{\mathrm{in}-} - V_-}{R_1} = \frac{V_- - V_{\mathrm{out}}}{R_2} \tag{6.1}$$

$$V_+ = \frac{R_4}{R_3 + R_4} V_{\mathrm{in}+} \tag{6.2}$$

通常は，$R_1 = R_3, R_2 = R_4$ として回路を組むため，最終的にこの式 V_{out}

について2つの入力の差が出力になるような以下のように解くことができる.

$$V_{\mathrm{out}} = \frac{R_2}{R_1}(V_{\mathrm{in+}} - V_{\mathrm{in-}})$$

ここでさらに $R_1 = R_2$ とすれば $V_{\mathrm{in+}}$ と $V_{\mathrm{in-}}$ の2つの入力電位の差が出力 V_{out} となるように回路を組むことができる. 回路の模式図では抵抗などが省略されて書かれることがあり, この差動増幅器は特にことわりなくADCの説明の中で用いられるので注意する.

最初に Flush 型 ADC について説明する. Flush 型 ADC は, 抵抗分圧回路と差動増幅器を組み合わせた回路である (図6.8). 図中①-⑤のうち, 入力電位と抵抗分圧回路から供給される電位との差が最も少ない番号にあたる差動増幅器の出力電位が0になることを利用して, その出力にエンコーダーを接続することでデジタル出力が得られる. この型の ADC は原理的にもわかるように極めて高速に動作する.

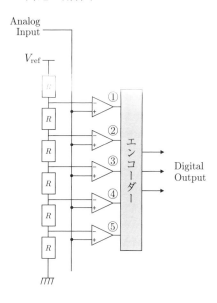

図 6.8　Flush 型 ADC

次に SAR 型 ADC について説明する. SAR 型 ADC では, アナログ入力とデジタル／アナログコンバータ (DAC) との間で電圧比較を行い (図6.9中の差動増幅器), 最も近い値となったとき DAC のデジタル入力値を最終

出力とするコンバーターである（図 6.9）．このため，分解能を N ビットとすると，データが確定するまでに最低 $N \times$ Clock（1 Clock サイクルは，変換周波数の逆数に相当する時間である）サイクルの時間がかかるため変換周波数も制限され，アナログ入力部にはサンプル&ボード (S&H) 回路（入力電圧をサンプリングした後，後段の処理が終わるまでの間一定時間入力電圧を記憶し変化しないようにとどめておく回路のこと）が必要になる．

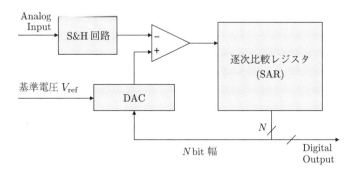

図 6.9 SAR 型 ADC

最後にデジタルシグマ $\Delta\Sigma$ 型 DAC は SAR 型と同様に，内部にもつ DAC と入力信号 $X(z)$ とを比較する（図 6.10 左上）．このときの入力信号に対するサンプリング周波数は入力信号よりも十分高い周波数で行い，入力信号より大きいか小さいか 1 ビットで比較補正し，入力信号の方が高ければ 1 を出力し，低ければ 0 を出力して内部 DAC に情報を送る（図 6.10 右上の $Y(z)$）．このときサンプリング周波数が低いと入力に追従できなくなるため十分高い周波数でのサンプリングが必要である（図 6.11）．DAC は入力として 0 または 1 のビット列を受け取るが，その後に積分器を経ることでアナログ信号となり，入力信号と再度比較が行われる．これが Δ 変調器の動作となるが，このままだと出力が 0/1 のビット列となってしまうため，入力段に積分器を入れ（図 6.10 左下），さらに等価回路に変換（図 6.10 右下）したものが $\Delta\Sigma$ 型 DAC である．$\Delta\Sigma$ 型 DAC は入力信号に比べてサンプリング周波数を高く設定しなければならないため，入力信号の周波数は他の DAC と比較して高く設定できないが，分解能については極めて高い性能を得ることができる．

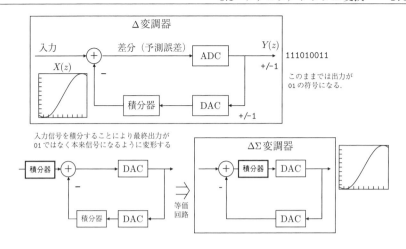

図 6.10　ΔΣ 型 ADC，SAR 型 ADC

・入力信号が 1 つ前の Δ 時間の出力電圧より高いか低いかを 1 ビットで
　補正 (±1) して出力する.

・入力信号に対して十分高い周波数でサンプリングする必要がある.
　遅い場合には左図のように入力信号に出力が追いつかない場合が出る.

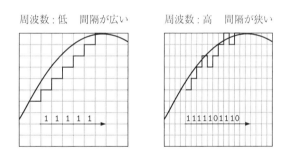

周波数が低いと，入力電圧の変化に追従できない

図 6.11　ΔΣADC のサンプリング周波数

6.1.2　性能評価

　AD/DA コンバーターの性能の評価は価格や消費電力，ノイズ特性などさ
まざまな側面が考えられるが，データシートに書かれる一般的なカタログス
ペックは以下のとおりである.

1. 分解能
2. 変換周波数
3. チャンネル数
4. 微分直線性誤差 (DNL)
5. 積分非直線性誤差 (INL)
6. Spurious Free Dynamic Range (SFDR)

　ここで，1.の分解能および2.の変換周波数はすでにこれまで見てきたとおりであり，3.のチャンネル数は，同時に変換できる入力信号の数である．4.の DNL については，MICROCHIP 社 MCP4902 Data Sheet（図6.12）を例にして説明する．図6.12 は，横軸に DAC の出力，縦軸に2進数のデジタル入力（離散値）がとられている．入力は離散値であるため出力もそれに対応して階段状に変化していくことになる．直線の階段で描かれた入出力のように，DAC の入力に対応して出力が一定間隔の 1 LSB（Least Significant Bit: 分解可能な最小信号）で変化していくことが理想的だが，たとえば図中の破線の階段のように，入力デジタルコードが 001 → 010 への変化に対して上昇する電位，または 010 → 011 への変化に対して上昇する電位が 1 LSB からわずかながらずれが生じることがあり，このずれを DNL 誤差として数値で表現する．ちなみに DNL 誤差が ±1 LSB より大きい場合，すなわちデ

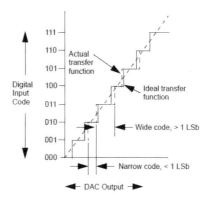

図6.12　DNL[2]

---

[2] Microchip Technology Inc., MCP4902/4912/4922 Data Sheet, DS22250A より FIGURE 4-2.

ジタルコードが増加したのにアナログ出力は減少するということが起こる
場合には「ミッシングコードあり」と表現される.

5. の INL は, DNL 誤差の積分として定義されている. たとえば DNL 誤
差が +0.1 LSB であり, これがすべてのデジタル入力コードに対して起こる
とき, 10 コード後にはこれらが累積して 1 LSB の誤差が生じることになる.
これが INL 誤差となる.

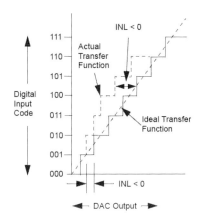

図 6.13 INL[*3]

6. の SFDR とは, 高調波, 低調波, 寄生振動などによって発生する目的
外の電波のことであり, デシベル値で示される. これらは電子回路の内部で
作られたノイズである.

● コラム 14 標本化・量子化

　身の回りにある色・音・温度などは連続的に変化する. このようなアナログ
量をコンピュータを用いて分析するには, まず, 一定の時間間隔で区切り, その
時間ごとに信号レベルを標本として抽出する必要がある. この時間軸方向に関
して信号を離散化する処理を標本化という. 次に, 信号の大きさに対しても何
段階かに区切り, 標本として抽出された信号レベルを段階数に変換する. 段階
数に応じた整数値を割り当てることによってアナログ量が整数値の列として表

[*3] Microchip Technology Inc., MCP4902/4912/4922 Data Sheet, DS22250A より
FIGURE 4-1.

現されることになる．この物理量の大きさに関して信号を離散化する処理を量
子化という．なお，量子化によって得られた整数値に対して2進数の数値に変
換することを符号化という．アナログ量が標本化・量子化・符号化を通じてデ
ジタル表現に変換されて，コンピュータ処理を行うことができるのである．た
とえば，音楽 CD の規格で「44.1 kHz/16 bit」とあるのは，1秒間に 44100 回の
音声データを抽出し，各音声データを 2^{16} 段階の信号レベルに変換し，16 ビッ
トのデジタル信号として録音していることを示している．

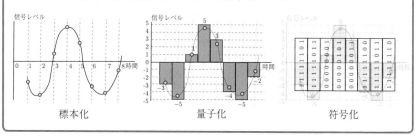

標本化　　　　　　量子化　　　　　　符号化

節末問題

6.1

(1)　身近に利用している電子機器の中で，A/D・D/A 変換を行っているも
のをあげよ．

(2)　その性能から，どれくらいのサンプリング周波数を必要としているか
述べよ．

(3)　その価格と，分解能・変換周波数のグラフを考慮して，どのような変
換方式が使われていると考えられるか推定せよ．

ねらい　身近に存在する電子機器の多くはマンマシンインターフェース（ここでは
人と小型コンピュータをつなぐインターフェース）を備えているため，A/D, D/A
変換装置を内蔵している可能性が高い．これらには高い精度を要求される機器もあ
れば，耐ノイズ性能の高い製品，低い精度でよいが高速に動作する必要がある製品，
コストに対する要求が厳しい製品など A/D, D/A 変換回路を採用する上でいくつか
の重要な要素が存在していると考えられる．これらの要素に加えて製品カタログ情
報などから実際の変換回路を推定し，現実的なレベルで理解する．

6.2 ● 形式言語

6.2.1 形式言語とオートマトン

　形式文法は，1950年代に言語学者 A. N. チョムスキーによって言語を生成するシステムとして定式化された．この形式文法によって生成される言語は形式言語とよばれる．形式文法として定義されるのは句構造文法，文脈依存文法，文脈自由文法，正規文法の4種類である．これら4種の言語の生成能力の違いを研究するのが形式言語理論である．形式文法により定義される言語は，言語が文法上正しく使われているかを識別するが，文章の意味内容については問題にしていない．形式文法は，結局のところ自然言語を完全に定義することはできす，自然言語に対する完全なモデルには至らなかった．しかしながら，コンピュータ上で使われる数式やプログラミング言語については容易に定義することができ，情報科学の分野では広く用いられる概念となった．現在でも，簡単なプログラミング言語を定義・作製する際には参考となる考え方である．

　オートマトンはコンピュータの数学的なモデルとして研究された．オートマトン理論は，有限オートマトン，プッシュダウンオートマトン，線形拘束オートマトン，チューリング機械の4種類のオートマトンの能力の違い（何ができるか，できないか）を研究する学問である．オートマトン理論は形式言語理論とは研究された時代も研究者の目的も立場もまったく異なるが，両者の間には密接な関係がある．

6.2.2 オートマトン

　図6.14で表されるように，形式言語議論について先に述べた4つの形式文法は，一見すると全く異なる概念に見えるが，オートマトン理論における4つのオートマトンとの間に等しい対応関係がある．すなわち，それぞれ4つの形式文法の生成規則による言語は，それに対応する4つのオートマトンによって認識することができる．このためオートマトンは形式言語で記述された文を識別するための仮想機械として利用される．本節では特に4つのオートマトン理論について具体的に説明する．

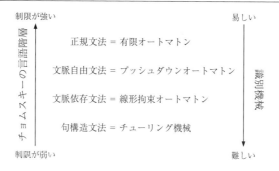

図 6.14　形式文法とオートマトンの関係

●有限オートマトン●　有限オートマトンは状態数が有限な認識機械である．この機械は一連の入力列に対してその入力に応じて状態を変化させ，入力終了時の状態に応じて「Yes」or「No」を出力する機能をもつ．有限オートマトンは状態制御部，入力用テープとテープからデータを読み出す読み取りヘッドによって構成され，模式図では図 6.15 のように記述することができる．

図 6.15　有限オートマトン

　ここでは有限オートマトンの定義と，理解を助けるため例として 2 進数を認識する簡単な有限オートマトンについて紹介する．有限オートマトン M は，3 つの集合 Q, Σ, F と，特別な状態 $q_0 \in Q$ および関数 δ を指定することにより定まる計算のモデルであり，以下のように表される．

$$M = (Q, \Sigma, \delta, q_0, F)$$

　また各要素は以下のとおりである：

　　Q：状態の集合

　　Σ：入力記号の集合

　　δ：状態遷移関数

q_0：初期状態

F：受理状態の集合

有限オートマトンの状態遷移関数は，状態 $p \in Q$ と，入力 $a \in \Sigma$ に対して次の状態 $q \in Q$ を定める関数であり，以下のように表される：

$$\delta(p, a) = q \quad (q \text{ は前ステップの値})$$

2 進数を認識する有限オートマトンについての記述は以下のとおりとする [9]．まず例題用のデータセットとしては 2 進数を 2 種類（例 1，例 2）と，2 進数ではない記号列として 2 種類（例 3，例 4）を用意する．ただし，2 進数は 0 から始まることはないとして定義する：

- 2 進数：　（例 1. 1101，例 2. 1000100）
- 2 進数ではない記号列：　（例 3. 0010110，例 4. 0110111）

2 進数を認識する有限オートマトンは 図 6.16 のように定義できる．動作の詳細を見ていくと，Σ によって入力値が 0, 1 のみであること，状態遷移関数 δ から入力の最初に 0 があると状態 q_1 で停止，最初が 1 なら状態 q_2 となり，それ以後入力が 0 または 1 の値では状態 q_2 を維持する．これによって入力が 0 から始まる数字列か，あるいは 2 進数かを認識することができる．例 1, 2 では，最初が 1 であるため状態 q_2 に遷移しその状態を維持するのに対して，例 3, 4 では状態 q_1 に遷移して停止する．なお，入力に 0, 1 以外の文字が入力された場合，Σ による定義以外の入力があったことになるため有限オートマトンではこれ以降の入力を受け付けずに停止する．

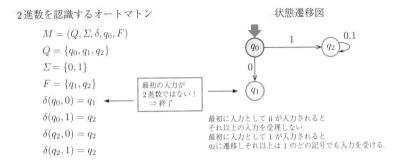

図 6.16　2 進数を認識する有限オートマトン

●**プッシュダウンオートマトン**● 次にプッシュダウンオートマトンについて述べる．プッシュダウンオートマトンは，有限オートマトンにプッシュダウンテープを取り付けた機械と考えることができる（図 6.17）．プッシュダウンテープは，読み書き可能な半無限長のテープでスタックメモリ（先入れ後出し）として働く．これは現在のコンピュータに存在するスタックメモリに対応するものだが，これによって入力と状態に加えて計算結果として保存するスタックのデータに基づいて状態遷移を定めることができる．このためプッシュダウンオートマトンの定義には，有限オートマトンのそれに加えてスタック記号の集合 Γ が加わる．

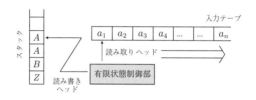

図 6.17 プッシュダウンオートマトン

すなわちプッシュダウンオートマトン M は，4 つの集合 Q, Σ, Γ, F と，初期状態 $q_0 \in Q$，初期スタック記号 $Z_0 \in \Gamma$ および状態遷移関数 δ を指定することにより定まる計算のモデルであり，以下のように表される．

$$M = (Q, \Sigma, \Gamma, \delta, q_0, Z_0, F)$$

各要素は以下のとおりとなる：

　　Q：状態の集合

　　Σ：入力記号の集合

　　Γ：スタック記号の集合

　　δ：状態遷移関数

　　F：受理状態の集合

ほとんどのプログラミング言語は，このプッシュダウンオートマトン（＝文脈自由文法）によって記述することが可能である．

●**チューリング機械**● チューリング機械は半無限長の読み書きが自由にできるテープを用いた有限状態機械であり（図 6.18），このような仕組みであ

れば人間が論理的に考えることのできる言語はすべて識別できる．また線
形拘束オートマトンは，チューリング機械に対して読み書きテープの使用で
きる範囲が入力記号の書かれていた範囲あるいはその定数倍に限定された
ものである．

図 6.18　*チューリング機械*

　チューリング機械 M は，4つの集合 Q, Σ, Γ, F と，初期状態 $q_0 \in Q$, 空
テープ記号 $\sqcup \in \Gamma$ および状態遷移関数 δ を指定することにより定まる計算
のモデルであり，以下のように表される：

$$M = (Q, \Sigma, \Gamma, \delta, q_0, \sqcup, F)$$

また各要素は以下のとおりである：

　　　Q：状態の集合

　　　Σ：入力記号の集合

　　　Γ：テープ記号の集合であり，$\Sigma \subset \Gamma$ である

　　　δ：状態遷移関数

　　　F：受理状態の集合

　例として，以下のように入力記号列の個数を調べて偶数か奇数かを調べ応
答を行うチューリング機械を考える [9]．

1. 入力記号の個数を数え，奇数個なら 1，偶数個なら 0 を出力する．
   例：入力記号 "$AAAAA =$"

2. 出力として，入力記号 "A" の個数が偶数なら，記号 = の右側に 0 を
   書き込み，奇数なら 1 を書き込む．書き込み後は書き込んだ位置で停
   止する．

　このチューリング機械の状態遷移関数について検証する．はじめに，それ
ぞれの状態の集合については以下のとおりである．

- $M = (Q, \Sigma, \Gamma, \delta, q_0, \sqcup, F)$
- $Q = \{q_0, q_1, q_{\mathrm{f}}\}$, 　$\Sigma = \{A, =\}$
- $\Gamma = \{A, =, 0, 1, \sqcup\}$, 　$F = \{q_{\mathrm{f}}\}$

Q は読み出すテープの値 Σ によって3つの状態をとる．読み出した A の記号が偶数番目であれば q_0，奇数番目であれば q_1，記号 A でなく記号 $=$ であれば状態を変えずにもう一度読み，空テープ記号 $\sqcup$（読み出せなかった場合）であれば状態 q_{f} をとる．Γ はテープ記号の集合で，入力記号の集合 Σ で定義したもののほかに出力記号 $0, 1$ などが含まれる．状態遷移関数は以下のように定義する．

- $\delta(q_0, A) = (q_1, A, R)$, 　$\delta(q_0, =) = (q_0, =, R)$
- $\delta(q_0, \sqcup) = (q_{\mathrm{f}}, 0, S)$, 　$\delta(q_1, A) = (q_0, A, R)$
- $\delta(q_1, =) = (q_1, =, R)$, 　$\delta(q_1, \sqcup) = (q_{\mathrm{f}}, 1, S)$

ここで R は次のテープ記号を読む，S は書き込み後停止の動作を意味する．

このチューリング機械における状態遷移関数について，動作の細部を確認していく．まず下記の2つの式では，それぞれ q_0（偶数のとき），q_1（奇数）のときに読み出した文字列が A であれば，それぞれ状態を q_1 および q_0 に変更し R（右側）に移動してテープの値を読む．

$$\delta(q_0, A) = (q_1, A, R), \quad \delta(q_1, A) = (q_0, A, R)$$

次に，読み出した値が $=$ であった場合は，状態 q_0, q_1 はそのままで R（右側）に移動してテープの値を読む．

$$\delta(q_0, =) = (q_0, =, R), \quad \delta(q_1, =) = (q_1, =, R)$$

最後に空テープ記号を読み出したとき，q_0（偶数）なら 0，q_1（奇数）なら 1 を出力して S (Stay) 状態，すなわち停止する．

$$\delta(q_0, \sqcup) = (q_{\mathrm{f}}, 0, S), \quad \delta(q_1, \sqcup) = (q_{\mathrm{f}}, 1, S)$$

このように各オートマトンはその構造が異なるために実現できる能力はさまざまに異なるが，これらは最初に述べた4種類の形式文法の言語生成能力とそれぞれ対応関係をもち，相互に変換することが可能である[4]．

---

[4] オートマトンに重点をおいて形式文法との関係を解説している書物として [9] がある．具体例や状態遷移図が多く取りあげられ，イメージしやすい．

6.3 ● データの符号化

データをあらかじめ適切に符号化しておくと，通信や蓄積・記録において誤りが生じたとき，その誤りを検出したり，自動的に訂正することができる．通信における情報伝達のモデルでは，情報源にある情報を符号化して通信路に流すと，通信路に誤り源からのノイズが入り，ノイズの入った符号を復号することで，受信者は情報を受け取ることができる．シャノンは1948年の論文「通信の数学的理論」において，通信路に雑音があっても，その通信路容量より小さい伝送速度であれば，符号化によって任意に小さい誤り率で情報を伝送できることを示した [3]．

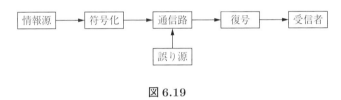

図 6.19

符号化には情報源符号化と通信路符号化，復号にも通信路復号と情報源復号がある．情報源符号化ではできるだけ少ない記号での効率のよい符号化を目指す一方，通信路符号化では通信路の誤りの影響を抑えるために符号の冗長性を確保する必要がある．以下で述べるのは情報源符号化についてである．

6.3.1 情報の定量化

生起確率が p の事象（通報）の情報量とは，以下の条件を満たす p の関数 $f(p)$ のことをいう．

1. 確率が小さい現象が起こったという通報のほうが確率が大きい事象の通報より情報量が大きい．たとえば「人が犬をかんだ」という事象の確率は「犬が人をかんだ」という事象の確率より小さいので，前者の情報量のほうが後者の情報量より大きい．すなわち，$f(p)$ は p の減少関数である．

2. 2つの独立事象 E_1, E_2 が同時に生起したという情報量は，それぞれの事象 E_1, E_2 が生起したという情報量の和である．したがって $E_1,$ E_2 の生起確率を p_1, p_2 とすると，E_1, E_2 が同時に起こる確率は $p_1 p_2$

であるから，$f(p_1 p_2) = f(p_1) + f(p_2)$ が成り立つ.

3.　近い確率の事象の情報量は近いので，$f(p)$ は p の連続関数である.

関数方程式 $f(p_1 p_2) = f(p_1) + f(p_2)$ を解くために，$p_1 = 2^{-q_1}, p_2 = 2^{-q_2}$ とおく.　q_1, q_2 は 0 以上の実数値である.　$g(x) = f(2^{-x})$ は x の連続関数で，コーシーの関数方程式 $g(q_1 + q_2) = g(q_1) + g(q_2)$ が成り立つ.　このことから，k を定数として，$g(x) = kx$ であり，$p = 2^{-x}$ に対して，$f(p) = kx = -k \log_2 p$ となる.　$f(p)$ が p の減少関数であることから，$k > 0$ であり，$f(p)$ は $-\log_2 p$ の正の定数倍であることがわかる.

2 進法の 1 シンボルをビットといい，2 進法 1 ビットで表現できる情報量も 1 ビットという.　事象 E が $M = 2^N$ 個の異なる値を等確率で取るとき，E は N ビットの 2 進数と 1 対 1 に対応するので，E は N ビットの情報量をもつという.　M が 2 のべき乗でないときも，E のもつ情報量を $\log_2 M$ ビットと定義する.

第 2 章ランダムフォレストの項で，事象 E が生起確率 p で生起するときは，その情報量を $\log_2 \dfrac{1}{p} = -\log_2 p$ と定めた.　$p \leq 1$ であることから，$-\log_2 p \geq 0$ となる.　情報量の単位はビットである.

また，M 個の独立な通報（事象）$a_1, \ldots, a_M$ があって，各通報が送られる確率，すなわち事象の生起確率が $p_1, \ldots, p_M$ であるとする：$p_1 + \cdots + p_M = 1$. このとき，1 通報（事象）あたりの平均情報量（エントロピー）H を

$$H = \sum_{i=1}^{M} p_i (-\log_2 p_i) = -\sum_{i=1}^{M} p_i \log_2 p_i$$

とした.　H は独立生起情報源のエントロピーともいう.

平均情報量を通報の立場から計算してみる.

例題 6.1　4 つの通報 a_1, a_2, a_3, a_4 をそれぞれ確率 $0.6, 0.2, 0.1, 0.1$ で発生する独立生起情報源がある.　この情報源から発生する通報のエントロピーを求めよ.

解　定義に従って計算すると，$-(0.6 \log_2 0.6 + 0.2 \log_2 0.2 + 0.1 \log_2 0.1 + 0.1 \log_2 0.1) = 1.57$ ビット.

エントロピーは次の性質をもつ.

1. エントロピーは0以上である. これは, 各事象の情報量が0以上であることから従う.

2. 独立事象 $a_1, \ldots, a_M$ の生起確率がすべて等しいとき, エントロピーは最大値 $\log_2 M$ をとる. これは, 不等式 $\log_e x \leq x - 1$ ($x > 0$, 等号成立は $x = 1$ のとき) を用いて証明できる.

6.3.2 符号の木

確率過程でモデル化された情報源は, 時々刻々アルファベットの要素である文字を出力する. この出力系列をなるべく短い系列で表現し直すのがデータ圧縮で, そのために用いるデータ変換が符号化である. したがって, 符号化とは, 情報源記号系列からなる通報を通信路記号系列に1対1に割り当てることである (一意復号性). 割り当てられた通信路記号系列を符号語, その長さを符号長という.

FF符号とよばれるものでは, データ系列を一定の長さの部分系列 (入力ブロック) に切り刻み, 各ブロックを一定の長さの符号語 (出力ブロック) に変換して, 順番に連接して出力する. 1対1であるから, 異なる通報が同じ符号語に対応することがあってはならない. 以下簡単のため, 0と1のみからなる二元符号を扱うが, 多元符号に一般化することも可能である.

例 6.1

通報	符号 I	符号 II	符号 III	符号 IV
a_1	0	0	1	00
a_2	1	01	01	01
a_3	01	011	001	10
a_4	10	0111	0001	11

これら4種類の符号のうち, 情報源と符号が1対1になっているのはII, III, IVである. このうちで III, IV は符号語の切れ目がその符号後より先のほうを読まなくてもわかるようになっている. これは, すべての符号語が他のどの符号語の語頭にも一致しないようになっているからである. ここで符号語 $u = u_1 u_2 \cdots u_m$ の語頭とは, その先端部分 $u_1 \cdots u_i$, $i = 1, 2, \ldots, m$, のことをいう. 以後このような符号を瞬時復号可能とよぶ.

　瞬時復号可能かどうかを見るには，符号の木を考えるとわかりやすい．木とは，連結で，サイクルをもたない無向グラフのことであり，根とよばれる特別な頂点をスタートとして，辺（枝）が伸びていくと考える．根以外の頂点のうち，接続する辺が 1 本しかないものを葉とよぶ．符号の木では，辺につけられたラベルを根から順にたどることで符号語が得られ，葉によって任意の語頭語を表現することができる（図 6.20）．

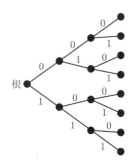

図 6.20　符号の木

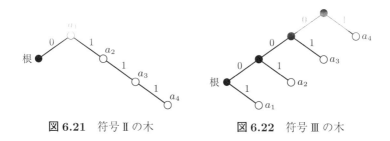

図 6.21　符号 II の木　　　　　　　図 6.22　符号 III の木

　したがって符号が瞬時復号可能であるための必要十分条件は，符号の木において，すべての符号語の終わりに対応する頂点（図中の白丸）が葉に対応づけられることになる．

6.3.3　関連事項

（a）　クラフトの不等式

　符号長がそれぞれ $l_1, \ldots, l_M$ の M 個の符号語からなる，瞬時復号可能な 2 元符号が構成できるための必要十分条件は $\sum_{i=1}^{M} 2^{-l_i} \leq 1$ が成り立つことで

ある.

　証明は, 符号の木を $\max\{l_1, \ldots, l_M\}$ 次まで伸ばして, 葉の個数を数える. なお,「瞬時復号可能」を「一意復号可能」に変えても成り立つ（マクミランの不等式).

(b)　平均符号長

　通報 $a_1, \ldots, a_M$ の生起確率をそれぞれ $p_1, \ldots, p_M$, 符号長をそれぞれ $l_1, \ldots, l_M$ とすると, 1 通報あたりの平均符号長 L は $L = \sum_{i=1}^{M} p_i l_i$ で与えられる.

例題 6.2　4 つの通報 a_1, a_2, a_3, a_4 をそれぞれ確率 $0.6, 0.2, 0.1, 0.1$ で発生する独立生起情報源がある. この情報源を符号 Ⅲ で符号化したときの平均符号長 L を求めよ.

解　定義に従って, $L = 1 \times 0.6 + 2 \times 0.2 + 3 \times 0.1 + 4 \times 0.1 = 1.7$ ビット.

(c)　情報源符号化定理

　一般に, 瞬時復号可能な二元符号に対して $H \leq L$ が成り立つ. すなわち, 平均符号長 L はエントロピー H より小さくなれない. また, $H \leq L < H+1$ を満たすような符号化が存在し, そのような符号化は, 通報 a_i に対応する符号語の長さ l_i を, $-\log_2 p_i$ 以上の最小の整数にとること, すなわち, 確率の高い通報の符号長を短くすることで実現される.

(d)　ハフマン符号

　与えられた独立生起情報源からの通報を符号化するとき, 平均符号長を最小にする符号を最短符号という. 最短符号の構成法の 1 つとしてハフマン符号が知られ, JPEG や ZIP などの圧縮フォーマットで用いられている. ハフマン符号の構成は以下のとおりである.

1. M 個の通報に対応する葉を作る. 生起確率の最も小さい葉を 2 つ選び, 枝で結んで頂点を作る. それぞれの枝に $0, 1$ を割り当てる（どちらを 0, どちらを 1 にしてもよい).

2. この頂点を新しい葉とみなし, もとの 2 つの葉の生起確率の和を新た

な葉の生起確率とする.

3. 葉が 1 枚になるまで繰り返す.

4. 葉が 1 枚になったら，そこからもとの葉に至るまでの枝に割り当てられた数字を順に読む.

例題 6.3　4 つの通報 a_1, a_2, a_3, a_4 をそれぞれ確率 $0.6, 0.2, 0.1, 0.1$ で発生する独立生起情報源がある．この通報を二元ハフマン符号で符号化せよ.

解　確率の小さい 2 つを合併するので，a_3 と a_4 を合併（確率 0.2），続いてそれを a_2 と合併（確率 0.4），最後にそれを a_1 と合併（確率 1）したところが根になる．a_1 に 0，a_2 に 10，a_3 に 110，a_4 に 111 を割り当てると，平均符号長は $1 \times 0.6 + 2 \times 0.2 + 3 \times 0.1 + 3 \times 0.1 = 1.6$ ビットになる．エントロピー 1.57 ビットにかなり近い値である.

●コラム 15　データ圧縮

データ圧縮には，元のデータに完全に復元できる可逆圧縮と，完全な元データには復元できない非可逆圧縮がある．前者はテキストデータやプログラムに，後者は音声や画像，動画などのマルチメディアファイルに用いられることが多い.

本文で扱ったハフマン符号以外にも多くの圧縮アルゴリズムが知られている．ランレングス法は，aaaaabbb を a5b3 と表すように，データを文字と繰り返し個数のペアで表現する方法で，同じ文字が並ぶ場合に有効なデータ圧縮である．LZ 法では，1 つのデータ内で同じ文字列が再度出現した場合，前に出現した文字列を位置番号もしくは辞書番号で表す．圧縮プログラム ZIP では LZ 法の一種である LZ77 法とハフマン法の組み合わせを用いている．ブロックソーティング法 (Burrows-Wheeler Transform) は，文字列を巡回させたものを辞書式順序でソートすることによって，同じ文字が並ぶデータに変換するもので，圧縮プログラム gzip2 や，生物のゲノム配列のマッピング (Bowtie2, BWA) に用いられている.

アナログの音声信号に対して標本化・量子化を行った後，さらにデータサイズを圧縮するために，MP3 ファイルではヒトが聞き取れない高音域のデータをカットする非可逆圧縮を行う．これにより，オリジナルの WAV ファイルの

1/10 程度にサイズを圧縮できる.

　静止画像の圧縮フォーマットとして古くから用いられる JPEG では, RGB 形式の画像を YUV 形式に変換し, ヒトの視覚が輝度 (Y) に比べて色差 (U, V) には鈍感であるという性質を利用して, 色差を空間方向に平均化する. さらに, 離散コサイン変換 (DCT) によって空間方向の高い周波数成分を削っている. 近年, 可逆圧縮手法である PNG の使用が増加している.

　動画の代表的な圧縮フォーマットには MPEG があり, DVD ビデオやデジタル放送, 移動体通信などで幅広く利用されている. 画像内の冗長性を削減するために DCT を用いるほか, 異なるフレーム間で似ている部分を探索し, 動きベクトルを推定して補償画像を作成するという方法で, 時間的な冗長性の削減を行う.

節末問題

6.2　既存の活用例や, 自身の業務に関することで, データ構造・アルゴリズムもしくは符号化・データ圧縮が活用できる状況を考えよ. 次に, その問題に必要なデータを列挙し, 問題解決によって期待されるサービス・価値・効用と, 問題解決において予想される困難とその対処案を検討せよ.

ねらい　本節の内容を, 自身の仕事や興味の対象に応用する.

6.4 ● データ構造

　計算機を用いて何らかの問題を解くとき, その手続き・解き方をアルゴリズムといい, その解き方を計算機上で実際に実行可能な命令列として表現したものをプログラムという. また計算機を用いて計算や処理を効率的に行うのに適したデータの保持方法を, データ構造という.

6.4.1　メモリとオーダー記号

　コンピュータ (PC) は中央演算処理装置 (CPU), 主記憶装置（メインメモリ）, 外部記憶装置, 周辺装置から構成されている. CPU は命令を高速で処理することができ, 1 秒間に何回命令処理ができるかをクロック周波数で表

す．ここで用いられる単位 GHz は 1 秒間に 10 億回の意味である．

　メインメモリはデータの書き込みと読み込みに特化しており，CPU とはバスを通して通信する．Dynamic RAM は，半導体素子を利用した記憶装置の 1 つで，記憶内容の維持のために繰り返し再書き込み動作を行う必要があるタイプのものをいう．低コストで大容量の製品を製造できるため，メインメモリとして用いられているが，電源を切ると内容が失われる．外部記憶装置や周辺装置（ディスプレイ，キーボード）などは，コントローラを介してバスに接続する．

　メモリは，1 ビットのデータを記憶するメモリセルを格子状に並べたものであり，コンピュータで実行されるプログラムや，プログラムが扱うデータを一時的に保持できる．各メモリセルには番地（アドレス）がついている．

図 6.23　メモリ

　ビッグ・オー記法は，アルゴリズムの計算量を入力サイズ N の関数として表すとき，その漸近的上界を示すものである．具体的には，（正の値をとる）関数 $f(x), g(x)$ に対し，十分大きなすべての N について $f(N) \leq c \cdot g(N)$ となる定数 c が存在するならば，$f(N) = O(g(N))$ と表し，$f(N)$ のオーダーは $g(N)$ であるという．

　たとえば，計算量が N によらない定数であるときオーダーは $O(1)$，N の 1 次式（以下）であるときオーダーは $O(N)$ となる．

6.4.2　配列，連結リスト，ハッシュテーブル

　利用者や外部システムからデータベースに対する処理要求（問い合わせ）を文字列として表したものを クエリという．ある要素 x をデータ構造に挿入する，削除する，含まれるかどうかを判定するといったクエリ処理をデータ構造に対して行う際，使用するデータ構造によって計算時間に差が生じる．ここでは，配列，連結リスト，ハッシュテーブルの 3 つのデータ構造と

その特色を述べる.

　配列は,複数のデータを連続的に並べたデータ構造である.各データをその配列の要素といい,自然数などの添字で識別する.連続するメモリ領域を必要なだけ確保することで,順番を保持してメモリに記録できる.

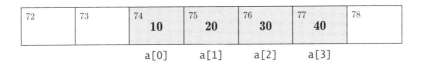

図 6.24　配列の例

配列のサイズを N とするとき,各クエリの計算量は次のようになる.

- i 番目の要素へのアクセス:$O(1)$
- 要素 x を最後尾に挿入:$O(1)$
- 要素 x を特定の要素 y の直後に挿入:$O(N)$
- 要素 x を削除:$O(N)$
- 要素 x を検索:$O(N)$

　連結リストは,各データが1つ前あるいは後(もしくはその両方)のデータの参照情報(リンク,ポインター)を持っているデータ構造のことである.番地だけでなく,ポインタをもつことで,配列の弱点である挿入・削除クエリに強い.

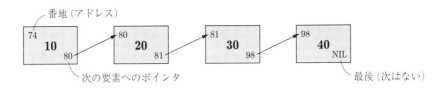

図 6.25　連結リストの例

　連結リストのサイズを N とするとき,各クエリの計算量は次のようになる.

- i 番目の要素へのアクセス:$O(N)$
- 要素 x を最後尾に挿入:$O(1)$

- 要素 x を特定の要素 y の直後に挿入：$O(1)$
- 要素 x を削除：$O(1)$
- 要素 x を検索：$O(N)$

ハッシュテーブルは，標識（キー key）と対応する値（value）のペアを単位としてデータを格納し，キーを指定すると対応する値を高速に取得できるデータ構造である．データ集合 S の各要素 x（キー）に対して，0 以上 M 未満の整数 $h(x)$（ハッシュ値）を対応させる．h をハッシュ関数という．ハッシュテーブルは各要素間の順序に関する情報をもたないので，配列 T を用意して，次のようなクエリ処理を行う．

- 要素 x を挿入する：$T[h(x)]$ に True を代入する
- 要素 x を削除する：$T[h(x)]$ に False を代入する
- 要素 x を検索する：$T[h(x)]$ が True かどうかを調べる

いずれも計算量は $O(1)$ に相当する．異なるキーが同じハッシュ値を持つ場合 $h(x) = h(y)$（ハッシュ値の衝突）にはそれらで連結リストを作り，$T[h(x)]$ にその連結リストの先頭を指すポインタを入れる．

6.4.3　スタックとキュー

スタックとキューも基本的なデータ構造の 1 つである．次の 3 つのクエリがあるとする：

- 要素 x をデータ構造に挿入する (push)
- データ構造から要素を 1 つ取り出す (pop)
- データ構造が空かどうかを調べる

スタックは，要素が入っていた順に一列に並べ，後に入れた要素から順に取り出すという規則で出し入れを行う．標語的に last-in first-out (LIFO) とよばれ，机の上に積み重なっている書類や本のイメージになる．例としては Web ブラウザの訪問履歴（戻るボタンが pop）やテキストエディタの undo がある．配列でスタックを実現すると，左側が閉じた行き止まりのトンネルに要素を積め込むようなイメージになる．

キュー（待ち行列）は逆に先に追加した要素ほど先に取り出すという，first-in first-out (FIFO) という規則で出し入れを行う．例としては，航空券

予約のキャンセル待ち処理や印刷機のジョブスケジューリングがある．配列でキューを実現すると，両側が開いており，右からキューに要素を入れて，左から出すイメージになる．

6.4.4　二分木

第2章で述べた木やグラフもデータ構造の一種とみなすことができる．頂点の集合 V と辺の集合 E の組を（無向）グラフという．グラフの各辺に向きがあるものを有向グラフという．無向グラフの例としては，ソーシャルネットワークや交通ネットワーク，有向グラフの例としてはタスクの依存関係やゲームの局面遷移があげられる．

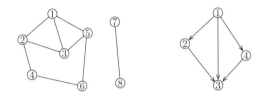

図 6.26　左図：無向グラフの例，右図：有向グラフの例

連続する頂点と辺が接続している系列を経路とよび，どの2つの頂点も経路で結ばれているグラフを連結という．すべての辺が異なる経路を小道，始点と終点が一致している小道を閉路，連結で閉路をもたない無向グラフを木という．

1つの頂点を根とした木を根つき木という．根つき木においては親と子，兄弟，葉が定義される．葉とは，根以外の頂点のうち，その頂点に接続している辺が1本しかないものをいう．

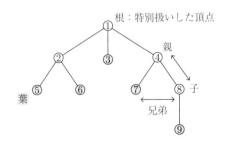

図 6.27　根つき木の例

　根つき木において，各頂点の子頂点の順序を考慮したものを順序木とい
う．順序木においては兄弟間で兄と弟の区別がつく．さらに，順序木におい
て，すべての頂点が高々2個の子頂点をもつものを二分木という．根と頂点
を結ぶ経路の長さを深さ，深さの最大値を高さといい，すべての深さが等し
い二分木を完全二分木という．完全二分木では，頂点数が N のとき深さは
$\log_2(N+1) - 1 = O(\log N)$ である．

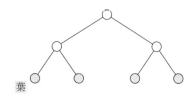

図6.28　完全二分木の例

　各頂点 v がキーとよばれる値 key[v] をもつ二分木で，以下の条件を満た
すものを二分ヒープという．

- 頂点 v の親頂点 p に対して，key[p] $\geqq$ key[v]
- 木の高さを h とすると，木の深さ $h-1$ 以下の部分は完全二分木であ
  り，木の深さ h の部分は左詰めになっている

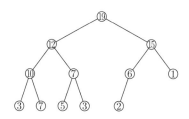

図6.29　二分ヒープの例

　二分ヒープのクエリ処理の計算量は次のようになる．

- 値 x を挿入する：挿入した後，形を整える．$O(\log N)$
- 最大値を取得する：根の値を取得する．$O(1)$
- 最大値を削除する：根を削除した後，形を整える．$O(\log N)$

節末問題

6.3 配列と連結リストそれぞれのデータ構造について，節中に述べた各クエリの計算量を確認せよ．

ねらい それぞれのデータ構造とその特徴を理解する．

7 標準ソフトの基本動作

R と Python はデータサイエンスにおいて標準規格のソフトである．多くの人が親しんでいるが，データサイエンティストにとっても，あらためて系統的に見直すことは有意義である．ここではその概要，基本操作，展開の実態を解説し，具体例での使用スキルの向上についての方策を説明する．経産省スキル項目「情報」にあるアルゴリズム，数値計算，分散・並列，コンピューティングについても触れる．

7.1 ● R 言語入門

R 言語[1] は 1990 年台に開発が始められ，統計解析に特化したオープンソースかつフリーのプログラミング言語である．ユーザーが作成した多数のパッケージがあり，2021 年 3 月 15 日現在で 17,305 個のパッケージが登録されている[2]．R では，データの変換，分析・グラフィック，レポーティングの一連の作業を行うことができる．RStudio[3] は，R でデータ分析やプログラミングを行うのに便利な機能が豊富に用意されている統合開発環境 (Integrated Development Environment IDE) で，多くの便利な機能やツールを追加してインタフェースを提供しているクロスプラットフォーム[4] なソフトウェアである．RStudio を使用するには，R と RStudio（デスクトップ版）の両方をコンピュータにダウンロードしてインストールする必要がある．図 7.1 は R の画面，図 7.2 は RStudio の画面である．

---

[1] https://cloud.r-project.org/
[2] https://cloud.r-project.org/index.html
[3] https://rstudio.com/products/rstudio/download/
[4] Windows, Mac, 各種 Linux 系の OS に対応している．

図 **7.1**　R の画面

図 **7.2**　RStudio の画面

7.1.1 プロジェクト機能

RStudio ではプロジェクトを作成してデータや分析コードを案件ごとに管理すると，ファイルやバージョンの管理が容易になる．プロジェクトの作成では

① New Project…
② New Directory
③ New Project
④ Directory name

によってプロジェクト名を指定し，次に Create project as subdirectory of: でプロジェクトを作成する場所を指定する．図 7.3 はプロジェクトを作成する際の手順である．

図 7.3　プロジェクト作成の設定画面

7.1.2 基本的な計算

四則演算は以下のように行うことができる．式の後ろに記載している「#（ハッシュ記号)」は，コメントアウトを意味するので，ハッシュ記号に続くすべての文字は同一の行にある限りコメントアウトされ，実行されない．

```
1  1 + 1 #足し算
```

```
## [1] 2
```

```
1  5 - 1 #引き算
```

```
## [1] 4
```

```
1  2 * 5 #掛け算
```

```
## [1] 10
```

```
1  10 / 2 #割り算
```

```
## [1] 5
```

R言語での計算の順番は，括弧，指数，乗算，除算，加算，減算である．

```
1  2 * 3 + 4
```

```
## [1] 10
```

```
1  2 * (3 + 4)
```

```
## [1] 14
```

変数には関数，分析結果，プロットなどのRオブジェクトを保持することができる．代入演算子は，左矢印「<-」がよく使用されるが，「->, =」を用いてもよい．変数名には，英数字，ピリオド (.)，アンダースコア (_) を含むことができるが，数字とアンダースコアから始めることはできない．ここでは，例のためxやyに代入しているが，一般的にはどのような変数かわかるような変数名がよい．

```
1  x <- 5
2  x
```

```
## [1] 5
```

```
1  y <- 8
```

```
## [1] 8
```

```
1  x + y    #代入した変数同士の計算
```

```
## [1] 13
```

　大文字，小文字，全角文字，半角文字は異なる文字として扱われる点に注意が必要である．また，数値を保持していた変数が，その後文字列を保持するというように上書きされていく．以下の例では最後に代入した 100 が変数 x として保持されている．

```
1  x <- 4
2  x <- "data"
3  x <- 100
4  x
```

```
## [1] 100
```

() で囲むことで，表示することも可能である．

```
1  (a <- 4)
```

```
## [1] 4
```

7.1.3　データ型について

データ型の確認，変換は表 7.1 に示した関数を用いる．

表 7.1　データ型の確認と変換

データ型	データ型の確認	データ型の変換
実数	is.numeric()	as.numeric()
論理値	is.logical()	as.logical()
整数	is.integer()	as.integer()
複素数	is.complex()	as.complex()
文字列	is.character()	as.character()

変数が numeric がどうかを確認する is.numeric 関数を用いてさきほど
作成した x のデータ型を調べてみる．TRUE と返されて，x が numeric（実
数）であることがわかる．

```
1  is.numeric(x)
```

```
## [1] TRUE
```

論理値 (logical) は，TRUE もしくは FALSE のどちらかの値をとる．TRUE
は「1」と同値，FALSE は「0」と同値である．変数が保持するデータ型の確
認のために用意された class 関数を使用して調べると，logical であるこ
とが示された．

```
1  logi <- TRUE
2  class(logi)
```

```
## [1] "logical"
```

2 つの数値を比較してみる．たとえば「==」は同値であるか，「!=」は同
値ではないかを確認することができる．

```
1  2 == 4  #2と 4は同値であるか
```

```
## [1] FALSE
```

```
1  2 != 4  #2と 4は異なるか
```

```
## [1] TRUE
```

```
1  2 < 4  #2は 4より小さいか
```

```
## [1] TRUE
```

```
1  2 <= 4  #2は 4以下か
```

```
## [1] TRUE
```

7.1.4　ベクトル

　ベクトル (vector) とは，同じ型の要素を集めたもので，異なる型を混在させることはできない．たとえば，c(1, 2, 3, 4, 5) は数値 1, 2, 3, 4, 5 をこの順番で並べたベクトルである．また，c("student01", "student02", "student3", "student4") は文字列型 "student01", "student02", "student3", "student4" を要素にもつベクトルである．c は結合 (combine) を表しており，複数の要素を結合してベクトルが作成される．

```
1  (vec00 <- c(1, 2, 3, 4, 5, 6, 7, 8, 9, 10))
```

```
## [1]  1  2  3  4  5  6  7  8  9 10
```

```
1  (vec01 <- c("room34", "room5", "room1", "room54"))
```

```
## [1] "room34" "room5"  "room1"  "room54"
```

vec00 に代入した 1 から 10 までベクトルの各要素との計算を行う．

```
1  vec00 + 2   #加算
```

```
## [1]  3  4  5  6  7  8  9 10 11 12
```

```
1  vec00 - 3   #減算
```

```
## [1] -2 -1  0  1  2  3  4  5  6  7
```

```
1  vec00 * 3   #乗算
```

```
## [1]  3  6  9 12 15 18 21 24 27 30
```

```
1  vec00 / 4   #除算
```

```
## [1] 0.25 0.50 0.75 1.00 1.25 1.50 1.75 2.00 2.25 2.50
```

上記で示したc(1, 2, 3, 4, 5, 6, 7, 8, 9, 10)は1:10でも表現できる.「:」は演算子で,連続した数字の列を生成する.

```
1  1:10
```

```
## [1]  1  2  3  4  5  6  7  8  9 10
```

Rではベクトルの次元を長さとよぶ.長さの等しいベクトルを2つ用意する.

```
1  x <- 1:10
2  y <- -5:4
```

次に2つのベクトル各要素同士で演算を行う.

```
1  x + y  #加算
```

```
## [1] -4 -2  0  2  4  6  8 10 12 14
```

```
1  x - y  #減算
```

```
## [1] 6 6 6 6 6 6 6 6 6 6
```

長さの異なる2つのベクトルに対する演算では,短い方のベクトルの再利用が行われる.短い方のベクトルの要素が長い方のベクトルの長さと同じになるまで繰り返される.

```
1  x + c(1, 2)
```

```
## [1]  2  4  4  6  6  8  8 10 10 12
```

長いベクトルが短いベクトルの倍数になっていない場合は,以下のように警告が現れる.

```
1  x + c(1, 2, 5)
```

```
## Warning in x + c(1, 2, 5): 長いオブジェクトの長さが短いオブジェクト
の長さの倍数
## になっていません
```

```
## [1]  2  4  8  5  7 11  8 10 14 11
```

ベクトルの各要素にアクセスするには，[] を使用する．R はインデックスが「1」から始まるため，x[0] には要素がない．連続した値は，演算子やc() を使用して取り出す．

```
1  x[1] #1番目（最初）の要素の抜き出し
```

```
## [1] 1
```

```
1  x[0]  #0番目には要素なし
```

```
## integer(0)
```

```
1  x[1:5]  #1〜5番目の連続した要素の抜き出し
```

```
## [1] 1 2 3 4 5
```

```
1  x[c(1,10)]  #1番目と 10番目の要素の抜き出し
```

```
## [1]  1 10
```

ベクトルの各要素に名前を与えることもできる．列名に，red・blue・yellow・green を与えてみる．

```
1  c(red = 5, blue = 6, yellow = 7, green = 8)
```

```
##    red   blue yellow  green
##      5      6      7      8
```

```
1  v <- 5:8
2  names(v) <- c("red", "blue", "yellow", "green")
3  v
```

```
##    red   blue yellow  green
##      5      6      7      8
```

7.1.5　関数

R 言語には，さまざまな関数 (function) が用意されている．たとえば，mean 関数は数値の平均を求める関数である．

```
1  mean(x)
```

```
## [1] 5.5
```

関数にはドキュメントが準備されており，参照することができ，help(mean) や ?mean で実行すると，図 7.4 のページが開く．

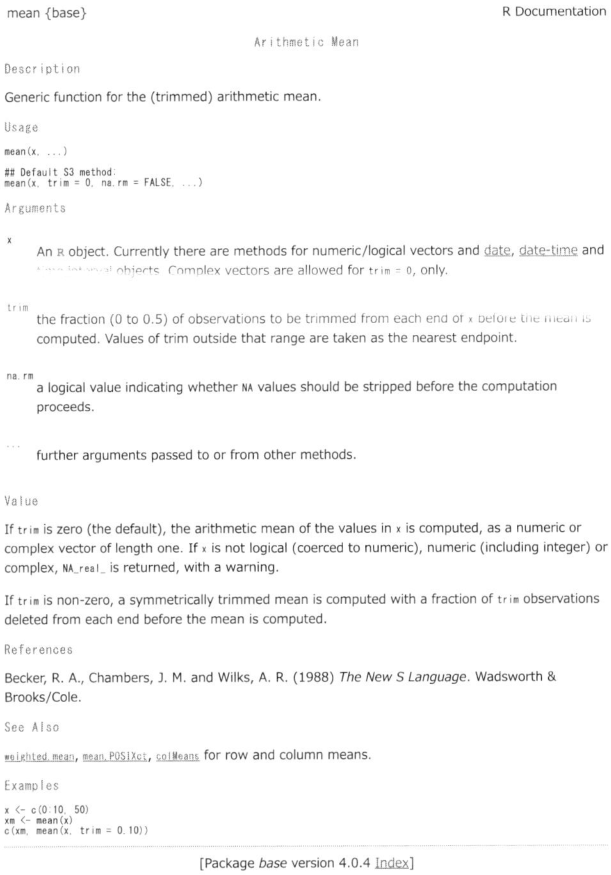

mean {base}   R Documentation

Arithmetic Mean

Description

Generic function for the (trimmed) arithmetic mean.

Usage

```
mean(x, ...)
## Default S3 method:
mean(x, trim = 0, na.rm = FALSE, ...)
```

Arguments

x　　An R object. Currently there are methods for numeric/logical vectors and date, date-time and time-interval objects. Complex vectors are allowed for trim = 0, only.

trim　　the fraction (0 to 0.5) of observations to be trimmed from each end of x before the mean is computed. Values of trim outside that range are taken as the nearest endpoint.

na.rm　　a logical value indicating whether NA values should be stripped before the computation proceeds.

...　　further arguments passed to or from other methods.

Value

If trim is zero (the default), the arithmetic mean of the values in x is computed, as a numeric or complex vector of length one. If x is not logical (coerced to numeric), numeric (including integer) or complex, NA_real_ is returned, with a warning.

If trim is non-zero, a symmetrically trimmed mean is computed with a fraction of trim observations deleted from each end before the mean is computed.

References

Becker, R. A., Chambers, J. M. and Wilks, A. R. (1988) *The New S Language*. Wadsworth & Brooks/Cole.

See Also

weighted.mean, mean.POSIXct, colMeans for row and column means.

Examples

```
x <- c(0:10, 50)
xm <- mean(x)
c(xm, mean(x, trim = 0.10))
```

[Package *base* version 4.0.4 Index]

図 7.4　mean 関数の画面

分散は var 関数，標準偏差は sd 関数，中央値は median 関数で得る．

```
1  var(x) #分散
```

```
## [1] 9.166667
```

```
1  sd(x)  #標準偏差
```

```
## [1] 3.02765
```

```
1  median(x)  #中央値
```

```
## [1] 5.5
```

最大値と最小値は各々 max(), min() で調べる．

```
1  max(x)
```

```
## [1] 10
```

```
1  min(x)
```

```
## [1] 1
```

7.1.6 データフレーム

データフレームは行と列をもち，各列は数値ベクトルや文字ベクトルなど異なる型のデータをまとめて 1 つの変数とする．行は観測値であり，列は変数である．data.frame 関数を使用してデータフレームを作成する．

```
1  x <- c(1:10)
2  y <- c(-4:5)
3  z <- c("ice cream", "apple pie", "tiramisu", "chocolate", "caramel",
         "candy","crepe","cookie","scone","gelato")
4  data.frame(x, y, z)
```

```
##     x  y          z
## 1   1 -4 ice cream
## 2   2 -3 apple pie
## 3   3 -2  tiramisu
## 4   4 -1 chocolate
## 5   5  0   caramel
## 6   6  1     candy
## 7   7  2     crepe
## 8   8  3    cookie
## 9   9  4     scone
## 10 10  5    gelato
```

```
1  data.frame(one = x, two = y, dessert = z) #列名を与える
```

```
##     one two   dessert
## 1     1  -4 ice cream
## 2     2  -3 apple pie
## 3     3  -2  tiramisu
## 4     4  -1 chocolate
## 5     5   0   caramel
## 6     6   1     candy
## 7     7   2     crepe
## 8     8   3    cookie
## 9     9   4     scone
## 10   10   5    gelato
```

行数は nrow 関数，列数は ncol 関数，両方を調べるのに dim 関数が用意されている．

```
1  cafe <- data.frame(one = x, two = y, dessert = z)
2  nrow(cafe)
```

```
## [1] 10
```

```
1  ncol(cafe)
```

```
## [1] 3
```

```
1  dim(cafe)
```

```
## [1] 10   3
```

　格納されているデータの一部を表示するには，head 関数と tail 関数を用いることができ，head 関数では行頭から 6 行，tail 関数では行末から 6 行が表示される．行頭から特定の行まで，たとえば 3 行までを表示したい場合は「,3」と入力する．

```
1 head(cafe)
```

```
##   one two   dessert
## 1   1  -4 ice cream
## 2   2  -3 apple pie
## 3   3  -2  tiramisu
## 4   4  -1 chocolate
## 5   5   0   caramel
## 6   6   1     candy
```

```
1 tail(cafe)
```

```
##    one two dessert
## 5    5   0 caramel
## 6    6   1   candy
## 7    7   2   crepe
## 8    8   3  cookie
## 9    9   4   scone
## 10  10   5  gelato
```

```
1 head(cafe, 3)
```

```
##   one two   dessert
## 1   1  -4 ice cream
## 2   2  -3 apple pie
## 3   3  -2  tiramisu
```

　列の情報を取得するには以下の 2 種類の方法がある．

```
1 cafe$dessert
```

```
##  [1] "ice cream" "apple pie" "tiramisu"  "chocolate" "caramel"
##  [6] "candy"     "crepe"     "cookie"    "scone"     "gelato"
```

```
1  cafe[, 3]
```

```
##  [1] "ice cream" "apple pie" "tiramisu"  "chocolate" "caramel"
##  [6] "candy"     "crepe"     "cookie"    "scone"     "gelato"
```

次に，行の情報を取得する．

```
1  cafe[2, ] #2行目
```

```
##   one two   dessert
## 2   2  -3 apple pie
```

各要素の取得を行う．たとえば 1 行 2 列目の要素は以下のように取得できる．

```
1  cafe[1, 2]
```

```
## [1] -4
```

また複数の要素の取得もでき，2 から 5 行目と 1 列目と 3 列目は以下のように取得できる．

```
1  cafe[2:5, c(1, 3)]
```

```
##   one   dessert
## 2   2 apple pie
## 3   3  tiramisu
## 4   4 chocolate
## 5   5   caramel
```

7.1.7 tidy data

H. ウィッカムが提唱した tidy data[5]は次のような構造を持ち，機械処理がしやすい．

1. 1 つの列が 1 つの変数を表す．
2. 1 つの行が 1 つの観測を表す．

[5] https://cran.r-project.org/web/packages/tidyr/vignettes/tidy-data.html

3. 1つのテーブルには同じデータセットだけを含み，種類の異なるデータは入らない [24].

表 7.2 は人間が理解しやすいデータ形式であり，表 7.3 は機械処理しやすいデータ形式である.

表 7.2 一般的なデータ表

studentid	toukei	jyoho	eigo	nihongo
student00	100	40	60	80
student01	20	20	50	10

表 7.3 tidy data

studentid	test	score
student00	toukei	100
student01	toukei	20
student00	jyoho	40
student01	jyoho	20
student00	eigo	60
student01	eigo	50
student00	nihongo	80
student01	nihongo	10

表 7.2 を表 7.3 に変換してみよう.

```
score_data <- data.frame(
  studentid = c("student00", "student01"),
  toukei = c(100,20),
  jyoho = c(40, 20),
  eigo = c(60, 50),
  nihongo = c(80, 10),
  stringsAsFactors = FALSE
)
score_data
```

```
##   studentid toukei jyoho eigo nihongo
## 1 student00    100    40   60      80
## 2 student01     20    20   50      10
```

登録されているパッケージは，`installed.packages()` で確認する. 新し

くパッケージをインストールするには，install.packages("パッケージ名")
とする．パッケージのインストールは一度でよい．パッケージを使用するに
は，library("パッケージ名") または require("パッケージ名") で読み込
む．tidyverse が登録されていない場合は，install.packages(tidyverse)
を実行し，その後 library(tydiverse) を実行する．

```
1  p = installed.packages()
2  head(rownames(p))
```

```
## [1] "abind"      "adabag"    "amap"      "askpass"
## [5] "assertthat" "backports"
```

```
1  library(tidyverse)
```

```
## -- Attaching packages ------------------- tidyverse 1.3.0 --
## √ ggplot2 3.3.3     √ purrr   0.3.4
## √ tibble  3.0.5     √ dplyr   1.0.3
## √ tidyr   1.1.2     √ stringr 1.4.0
## √ readr   1.4.0     √ forcats 0.5.0
## -- Conflicts --------------------- tidyverse_conflicts() --
## x dplyr::filter() masks stats::filter()
## x dplyr::lag()    masks stats::lag()
```

```
1  score_tidydata <- gather(score_data,
2    key = "test", value = "score",
3    toukei, jyoho, eigo, nihongo
4  )
5  score_tidydata
```

```
##   studentid    test score
## 1 student00  toukei   100
## 2 student01  toukei    20
## 3 student00   jyoho    40
## 4 student01   jyoho    20
## 5 student00    eigo    60
## 6 student01    eigo    50
## 7 student00 nihongo    80
## 8 student01 nihongo    10
```

　直観的に内容を理解できなかったり，関数が tidy data を前提としていな
い場合には，tidy data からデータフレームに変換する．

```
1  spread(score_tidydata, key = test, value = score)
```

```
##   studentid eigo jyoho nihongo toukei
## 1 student00   60    40      80    100
## 2 student01   50    20      10     20
```

7.1.8　ggplot2 を使用したグラフの作成

ggplot2 は R 言語の作図ツールで，Grammar of Graphics ともされている．複数の工程に可視化の作業を分割し，同一のデータセットから一連の工程を部分的に変更することで，さまざまなグラフを書くことができる．作成された図形は幾何学的オブジェクト (geometric object) で，`geom_` からはじまる各レイヤを「+」でつなぐとレイヤを重ねることができる．表7.4には作成ができる図の一覧である．

表 7.4

作成される図	関数
ヒストグラム	geom_histogram()
棒グラフ	geom_bar()
折れ線グラフ	geom_line()
散布図	geom_point()
箱ひげ図	geom_boxpoint()

ggplot2 は `library(tidyverse)` に格納されている．データセットはデータフレームや，データフレームを改善するためのデータ保持形式である tibble として，パッケージの中に含まれているものもある．たとえば，ggplot2 にある diamonds には約 5 万 4 千個のダイヤモンドに関するデータで格納されている．

```
1  library(ggplot2)
2  data(diamonds)
3  head(diamonds)
```

```
## # A tibble: 6 x 10
##   carat cut        color clarity depth table price    x    y    z
##   <dbl> <ord>      <ord> <ord>   <dbl> <dbl> <int> <dbl> <dbl> <dbl>
## 1 0.23  Ideal      E     SI2      61.5    55   326  3.95  3.98  2.43
## 2 0.21  Premium    E     SI1      59.8    61   326  3.89  3.84  2.31
## 3 0.23  Good       E     VS1      56.9    65   327  4.05  4.07  2.31
## 4 0.290 Premium    I     VS2      62.4    58   334  4.2   4.23  2.63
## 5 0.31  Good       J     SI2      63.3    58   335  4.34  4.35  2.75
## 6 0.24  Very Good  J     VVS2     62.8    57   336  3.94  3.96  2.48
```

summary 関数でデータの内容を確認することができる.

```
1  summary(diamonds)
```

```
##     carat               cut          color        clarity
##  Min.   :0.2000   Fair     : 1610   D: 6775   SI1    :13065
##  1st Qu.:0.4000   Good     : 4906   E: 9797   VS2    :12258
##  Median :0.7000   Very Good:12082   F: 9542   SI2    : 9194
##  Mean   :0.7979   Premium  :13791   G:11292   VS1    : 8171
##  3rd Qu.:1.0400   Ideal    :21551   H: 8304   VVS2   : 5066
##  Max.   :5.0100                     I: 5422   VVS1   : 3655
##                                     J: 2808   (Other): 2531
##      depth           table           price             x
##  Min.   :43.00   Min.   :43.00   Min.   :  326   Min.   : 0.000
##  1st Qu.:61.00   1st Qu.:56.00   1st Qu.:  950   1st Qu.: 4.710
##  Median :61.80   Median :57.00   Median : 2401   Median : 5.700
##  Mean   :61.75   Mean   :57.46   Mean   : 3933   Mean   : 5.731
##  3rd Qu.:62.50   3rd Qu.:59.00   3rd Qu.: 5324   3rd Qu.: 6.540
##  Max.   :79.00   Max.   :95.00   Max.   :18823   Max.   :10.740
##
##       y               z
##  Min.   : 0.000   Min.   : 0.000
##  1st Qu.: 4.720   1st Qu.: 2.910
##  Median : 5.710   Median : 3.530
##  Mean   : 5.735   Mean   : 3.539
##  3rd Qu.: 6.540   3rd Qu.: 4.040
##  Max.   :58.900   Max.   :31.800
##
```

price を x 軸においたヒストグラムを以下のように作成する.

```
1  x <- diamonds$price # データ
2  num <- nclass.Sturges(x) #階級数
3  breaks <- pretty(x, num) # 階級をだす
4  ggplot(data = diamonds) +
5   aes(x = price)+
6   geom_histogram(fill = "skyblue", breaks = breaks)
```

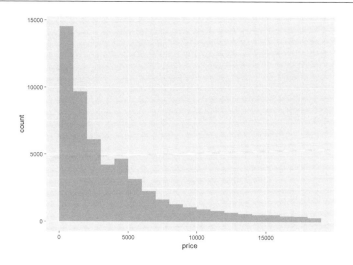

geom_point() で散布図（相関図，scatter diagram）を表示する．散布図は縦軸と横軸に 2 項目の量や大きさを対応させ，データを点でプロットした図で，2 つの変数の値の関係を知ることができる．diamonds の price（x軸）に対する carat（y 軸）の散布図を書いてみると，price が高くなるとともに，carat は大きくなることが確認できる．

```
1  e <- ggplot(data = diamonds) +
2    aes(x = price, y = carat)
3  e +
4    geom_point()
```

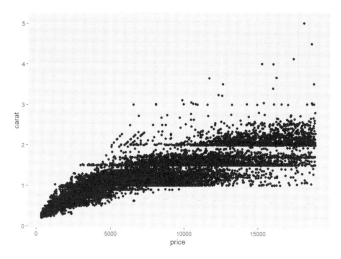

　diamonds データの color 別に各色を割り当てて, 散布図を作成する. aes 関数の color = ではデータに応じて色を変えることができる. 凡例が自動的に生成される.

```
1  e +
2    geom_point(aes(color = color))
```

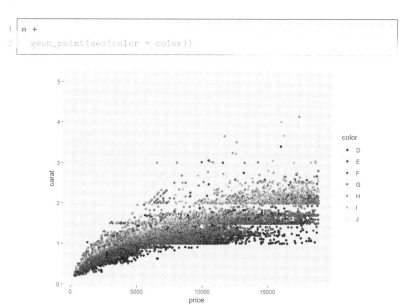

facet_wrap 関数は指定した変数の水準に応じて, データを分割する.

```
1  e +
2    geom_point(aes(color = color)) +
3    facet_wrap(~color)
```

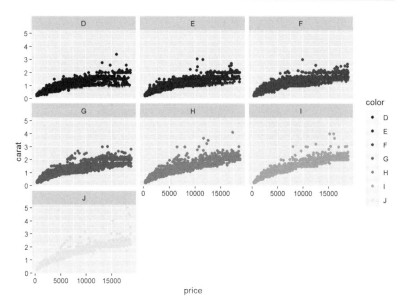

データの分割は facet_grid 関数でも行うことができる．パネルを横に
並べてみる．

```
1  e +
2    geom_point(aes(color = color)) +
3    facet_grid(. ~color)
```

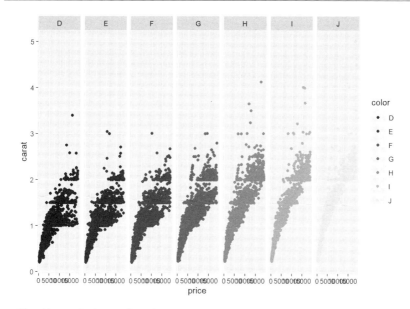

縦に並べると次のようになる.

```
1  e +
2    geom_point(aes(color = color)) +
3    facet_grid(color~.)
```

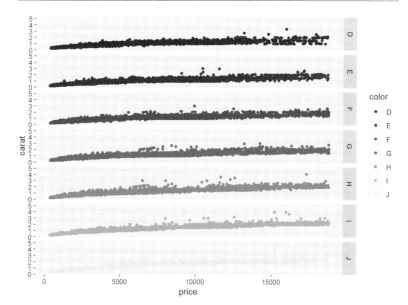

横と縦の両方に水準を設定することも可能である.

```
1  e +
2    geom_point(aes(color = color)) +
3    facet_grid(cut~clarity)
```

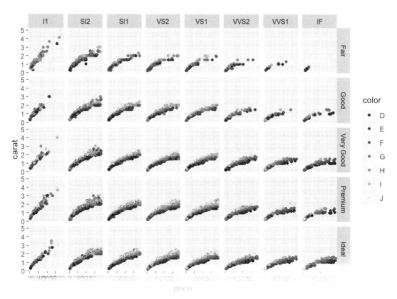

ggtheme は，よく使われるグラフのスタイルのテーマを集めたパッケージで，以下のような図が作成できる.

```
1  #install.packages("ggthemes")
2  library(ggthemes)
3  e +
4    geom_point(aes(color = color)) +
5    facet_wrap(~color) +
6    theme_tufte()
```

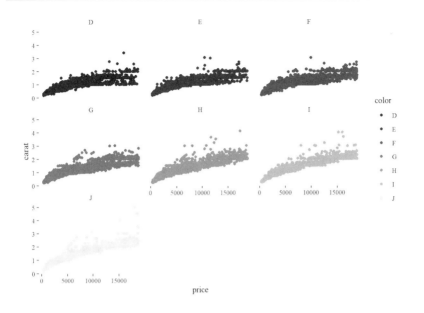

●コラム 16　　データサイエンスを始めた頃

　「データサイエンス」という言葉を初めて知ったのは，進学希望の大学を調べているときである．文系，理系の両方から進学でき，データサイエンスを学べること，また文系分野を含めた学問も学べるということに魅力を感じて，進学先を決めた．当時は 15 年くらい前で，統計学やデータサイエンスは現在ほど注目されていなかった．

　文系入試で入学したこともあり，入学後は必須科目であった数学，統計学といった授業についていくことに苦労したが，同級生と集まって勉強していた日々は良い思い出となっている．

節末問題

7.1　R パッケージにある mpg {ggplot2} データまたは Baseball{vcd} データを使用して，散布図を作成せよ．また内容を資料にまとめよ．資料には，データの内容，データの説明，散布図，解釈を含めよ．

ねらい　本節は R 言語の基本的な項目を取り上げ，パッケージやデータセットの内容の確認，データ型の確認方法，ggplot2 を使用した可視化の方法などを紹介した．本節で学んだ内容を ggplot2 に含まれているデータセット mpg や vcd に含まれている Baseball を用いて，データ内容の確認や可視化に取り組み，R 言語によるデータ分析を体験することがねらいである．

7.2 ● R を用いたクラスタリング

　特徴が似ているか否かを自動的に判断し，ビッグデータをグループ分けできれば，そのデータの特徴を捕まえることができるだろう．特徴抽出は入力されたデータから認識に至るパラメータを抽出する処理技術のことで，音声や画像にとどまらず，遺伝子やビジネスデータなどさまざまなところで用いられている．クラスター分析は，教師なし学習によって特徴抽出を実現する．そこでは，データ同士がどれだけ似ているか（類似度）を距離で測り，統計的な手法によってデータをいくつかのグループに分ける．大きく分けて，階層的クラスター分析と非階層的クラスター分析がある．

7.2.1　階層的クラスター分析

　階層的クラスター分析は，データ間の類似度と非類似度を距離で測り，距離が近いデータから順に集めてクラスターを作っていく方法で，グループの形成状態を樹形図（デンドログラム）で表現する．樹形図は逆さにした木の構造に似ているので，ツリー構造とよばれることもある．ラベルが付いている部分を「葉」とよび，葉と葉との距離（1 つの葉から上に伸びている線が他の線とつながるまでの高さ）が短いほどより近いと判断する．樹形図からは，いくつかの個体が階層的に集まり，1 つのクラスターを形成し，複数のクラスターが最終的に 1 つのクラスターになる様子が見て取れる．樹形図をある高さで横に切断すると，クラスターの数が定まり，個体が分類される．

　階層的クラスター分析の手順は以下のとおりである．

① 　1 つのデータを n 行ベクトルで表し，データを縦に並べてデータ行列をつくる．データ数が m であればデータ行列は (m, n) 型になる

② 　距離を定め，データ行列の各行ベクトル間の距離を測定して，距離行

列をつくる．距離行列は (m, m) 型となり，距離の性質から対称で，
対角成分は 0 である．

③ 後述するクラスター分析の方法（再近隣法，最遠隣法など）を選択し，
データをクラスターに分ける．

④ クラスターを 1 つのデータと考え，クラスター分析の方法でクラス
ター間の距離を測定して並び替え，コーフェン行列を作る．

⑤ コーフェン行列に基づいて樹形図を作成する．

図 7.5 に手順を図示する．

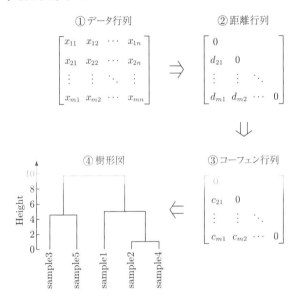

図 7.5 階層的クラスター分析の手順

最初に，データ行列は m 個の分析対象（個体）を n 個の項目に分けたデー
タの回答結果を表記したものとみなすことができる．次にデータ間の距離
の例として，ユークリッド距離とマンハッタン距離について述べると，2 つ
のデータ

$$X = (x_1, x_2, \ldots, x_n), \quad Y = (y_1, y_2, \ldots, y_n)$$

に対して，ユークリッド距離は

$$d(X, Y) = \sqrt{(x_1 - y_1)^2 + (x_2 - y_2)^2 + \cdots + (x_n - y_n)^2}$$

$$= \sqrt{\sum_{i=1}^{n} (x_i - y_i)^2}$$

マンハッタン距離は

$$d(X, Y) = |x_1 - y_1| + |x_2 - y_2| + \cdots + |x_n - y_n|$$

$$= \sum_{i=1}^{n} |x_i - y_i|$$

で与えられる.

表7.5 は, 2 つのカテゴリーの指標に対する 2 人の被験者のスコアを表したものである.

表7.5 データ例

	カテゴリ 1	カテゴリ 2
被験者 a	5	5
被験者 b	8	2

この場合, 被験者 a と被験者 b のユークリッド距離とマンハッタン距離は図7.6 のように表示される.

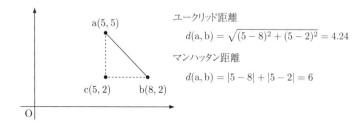

図7.6 距離

次に, 距離行列から階層的にコーフェン行列を作っていく手順を説明する. 第一段階で個体間の最短距離を用いて個体をグループ分けし, 距離行列を並べ替えて最初のコーフェン行列を定めるのは同じであるが, 第二段階以降, どのようにしてコーフェン行列を求めていくかはクラスタリングの方法によって異なる.

2 つのクラスターの個体間の距離のなかで, 最も近い個体間の距離をクラ

スター間の距離とする最近隣法，最も遠い個体間の距離をクラスター間の距離とする最遠隣法，個体間の距離の平均値を2つのクラスター間の距離とする群平均法，クラスター内の分散とクラスター間の分散の比を最大化する基準でクラスターを形成していくウォード法などがある．最後にコーフェン行列が得られると，デンドログラムを作成することができる．

ここからはR言語を用いた分析の例を示す．表7.6はダミーで与えられた成績データである．

表 7.6

	英語	現代社会	数学 I	化学
sample1	40	35	65	79
sample2	98	78	50	55
sample3	82	77	50	42
sample4	53	48	76	80
sample5	49	63	80	82
sample6	70	75	45	53

まず，データ行列を作成する．

```
1  test <- matrix(c(40, 35, 65, 79, 98, 78, 50, 55, 82, 77, 50, 42, 53,
       48, 76, 80, 49, 63, 80, 82, 70, 75, 45, 53), 6, 4, byrow = TRU
       E)
2  colnames(test) <- c("英語","現代社会", "数学 I", "化学")
3  rownames(test) <- c("sample1", "sample2","sample3", "sample4", "samp
       le5", "sample6")
4  test
```

```
##            英語  現代社会  数学 I  化学
## sample1    40       35      65     79
## sample2    98       78      50     55
## sample3    82       77      50     42
## sample4    53       48      76     80
## sample5    49       63      80     82
## sample6    70       75      45     53
```

次に距離行列を作成するために，dist関数を用いて距離を定める．dist関数では，ユークリッド距離 (euclidean)，マンハッタン距離 (manhattan)，キャンベラ距離 (canbera)，バイナリー距離 (binary)，ミンコフスキー距離

(minkowski), 最長距離 (maximum) を選択することができる.

```
1 | dis.test <- round(dist(test, method = "euclidean")) #ユークリッド距離
2 | dis.test
```

```
##          sample1 sample2 sample3 sample4 sample5
## sample2       78
## sample3       72      21
## sample4       21      65      62
## sample5       33      65      62      16
## sample6       60      29      17      52      51
```

hclust 関数を使用し, ウォード法を用いたコーフェン行列を作成し, デンドログラムを描く（図 7.7）. ここではクラスター数を 2 として樹形図を切断することにする.

```
1 | c.test <- hclust(dis.test, method = "ward.D2")
2 | plot(c.test, hang = -1) #-1で変数名を揃える
3 | rect.hclust(c.test, k = 2)
```

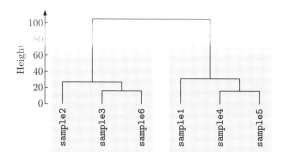

図 7.7　test データのデンドログラム

作成したデンドログラムで, sample1, sample4, sample5 がクラスター 1 に, sample2, sample3, sample6 がクラスター 2 に分類されていることが見て取れる.

```
1 | cutree(c.test, k = 2)
```

```
## sample1 sample2 sample3 sample4 sample5 sample6
##       1       2       2       1       1       2
```

次に summary 関数を出すと，分析内容のリストが表示される.

```
1 summary(c.test)
```

```
##              Length Class  Mode
## merge        10     -none- numeric
## height       5      -none- numeric
## order        6      -none- numeric
## labels       6      -none- character
## method       1      -none- character
## call         3      -none- call
## dist.method  1      -none- character
```

このリストでクラスタリングの過程は merge に格納されている．下図で，マイナス符号がついているのが個体の番号，マイナス符号がついていないのがクラスターの番号である．個体 4 と個体 5 がはじめに，個体 3 と個体 6 が次にクラスターを作っていることがわかる.

```
1 c.test$merge
```

```
##      [,1] [,2]
## [1,]  -4   -5
## [2,]  -3   -6
## [3,]  -2    2
## [4,]  -1    1
## [5,]   3    4
```

次に，クラスターの枝の長さは height に格納されている.

```
1 c.test$height
```

```
## [1]   16.00000  17.00000  27.53785  30.57232 104.80776
```

最終的なコーフェン行列は以下のように計算されている.

```
1 cophenetic(c.test)
```

```
##            sample1    sample2    sample3    sample4    sample5
## sample2 104.80776
## sample3 104.80776   27.53785
## sample4  30.57232  104.80776  104.80776
## sample5  30.57232  104.80776  104.80776   16.00000
## sample6 104.80776   27.53785   17.00000  104.80776  104.80776
```

　個体の樹形図と変数の樹形図を同時に図示し，色彩を用いて値の大小を表示する階層的クラスター分析のヒートマップを表示したのが図 7.8 である．横軸が個体の樹形図，縦軸が変数の樹形図となっている．この図は以下のプログラムで得られたものである．

```
1  palette <- colorRampPalette(c('#0033BB','#f0f3ff'))(256)
2  c.row <- hclust(dist(test, method = "euclidean"), method = "ward.D2"
       )
3  c.col <- hclust(dist(t(test), method = "euclidean"), method = "ward.
       D2")
4  heatmap(as.matrix(test),
5      Colv = as.dendrogram(c.col), Rowv = as.dendrogram(c.row),
6      scale = "none", col = palette, margins = c(7,1))
```

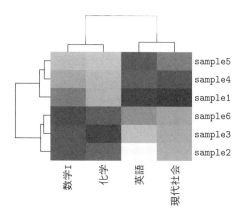

図 7.8　成績データのヒートマップ図

●コラム 17　　いろいろな距離

データ行列の行間の距離を計算するために，`dist` 関数は 6 種類の距離（ユークリッド距離，最大距離，マンハッタン距離，キャンベラ距離，バイナリー距離，ミンコフスキー距離）を指定することができる.

2 つのベクトル X と Y に対し，ユークリッド距離は

$$d(X,Y) = \sqrt{\sum_{i=1}^{n}(x_i - y_i)^2} \tag{7.1}$$

で与えられる. 最大距離は成分差の絶対値の最大値である：

$$d(X,Y) = \max_i\{|x_i - y_i|\} \tag{7.2}$$

マンハッタン距離は，成分差の絶対値の和である：

$$d(X,Y) = \sum_{i=1}^{n}|x_i - y_i| \tag{7.3}$$

キャンベラ距離はマンハッタン距離を変形した距離である：

$$d(X,Y) = \sum_{i=1}^{n}\frac{|x_i - y_i|}{|x_i| + |y_i|} \tag{7.4}$$

バイナリー距離は，ベクトルを 2 進数のビットとみなし，0 でない要素は「オ ... の要素は ... 少なくとも 1 つがオンのビットの中で，1 つだけがオンのビットの割合を表す.

ミンコフスキー距離は，ユークリッド距離とマンハッタン距離を一般化した距離で，$1 \leq p < +\infty$ に対して

$$d(X,Y) = \left(\sum_{i=1}^{n}|x_i - y_i|^p\right)^{1/p} \tag{7.5}$$

で与えられる. $p = 1$ がマンハッタン距離，$p = 2$ がユークリッド距離である. `dist` 関数では，$p = 2$ がデフォルトとなっているが，オプションで変更することが可能である.

`dist` 関数の内容は，`help(dist)` や `?dist` で参照することが可能であり，R の Examples には分析例も示されている.

7.2.2　非階層的クラスター分析

非階層的クラスター分析は，あらかじめクラスター数を決め，中心となる要素とクラスターとの距離を最小にすることでデータを分類する非階層的な方法である. 非階層的クラスター分析 k-means のプロセスは次のとおり

である.

① k 個のクラスター中心 (seeds) の初期値を適当に与える.
② 各データと k 個のクラスター中心との距離を求め，それぞれのデータを最も近いクラスターに分類する.
③ 形成されたクラスターの中心を求める.
④ クラスターの中心が変化しなくなるまで手順②，③を繰り返す.

ここでは iris データを用いて，非階層的クラスター分析を試みる.
最初に iris データの構造を確認する.

```
1 str(iris)
```

```
## 'data.frame':    150 obs. of  5 variables:
##  $ Sepal.Length: num  5.1 4.9 4.7 4.6 5 5.4 4.6 5 4.4 ...
##  $ Sepal.Width : num  3.5 3 3.2 3.1 3.6 3.9 3.4 3.4 2.9 ...
##  $ Petal.Length: num  1.4 1.4 1.3 1.5 1.4 1.7 1.4 1.5 1.4 ...
##  $ Petal.Width : num  0.2 0.2 0.2 0.2 0.2 0.4 0.3 0.2 0.2 ...
##  $ Species     : Factor w/ 3 levels "setosa","versicolor", ...
```

5 行目の Species は 3 種類の品種に関する情報なので除く.

```
1 iris_k <- iris[,-5]
```

次に上位 6 個体までのデータを確認する.

```
1 head(iris_k)
```

```
##   Sepal.Length Sepal.Width Petal.Length Petal.Width
## 1          5.1         3.5          1.4         0.2
## 2          4.9         3.0          1.4         0.2
## 3          4.7         3.2          1.3         0.2
## 4          4.6         3.1          1.5         0.2
## 5          5.0         3.6          1.4         0.2
## 6          5.4         3.9          1.7         0.4
```

取り除いた品種情報より，iris データの品種は 4 種類である. ここでは，試みとして 3 をクラスタ数として指定した非階層的クラスター分析を行うため，set.seed 関数で seed を指定する.

```
1  set.seed(123)
2  iris_c3 <- kmeans(x = iris_k, centers = 3, algorithm = "Hartigan-Won
     g")
3  iris_c3
```

```
## K-means clustering with 3 clusters of sizes 50, 62, 38
##
## Cluster means:
##   Sepal.Length Sepal.Width Petal.Length Petal.Width
## 1     5.006000    3.428000     1.462000    0.246000
## 2     5.901613    2.748387     4.393548    1.433871
## 3     6.850000    3.073684     5.742105    2.071053
##
## Clustering vector:
##   [1] 1 1 1 1 1 1 1 1 1 1 1 1 1 1 1 1 1 1 1 1 1 1 1 1 1 1 1 1 1 1
##  [31] 1 1 1 1 1 1 1 1 1 1 1 1 1 1 1 1 1 1 1 1 2 2 3 2 2 2 2 2 2 2
##  [61] 2 2 2 2 2 2 2 2 2 2 2 2 2 2 2 2 2 3 2 2 2 2 2 2 2 2 2 2 2 2
##  [91] 2 2 2 2 2 2 2 2 2 3 2 3 3 3 3 2 3 3 3 3 3 3 2 2 3 3 3 3 2 3
## [121] 3 2 3 2 3 3 2 2 3 3 3 3 3 2 3 3 3 3 2 3 3 3 2 3 3 3 2 3 3 2
##
## Within cluster sum of squares by cluster:
## [1] 15.15100 39.82097 23.87947
##  (between_SS / total_SS =  88.4 %)
##
## Available components:
##
## [1] "cluster"      "centers"      "totss"        "withinss"
## [5] "tot.withinss" "betweenss"    "size"         "iter"
## [9] "ifault"
```

結果を 2 次元に投影する.

```
1  library(useful)
```

```
## Loading required package: ggplot2
```

```
1  plot(iris_c3, data = iris_k)
```

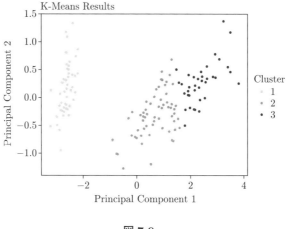

図 **7.9**

節末問題

7.2　下記の項目に解答せよ.

(1)　日頃取り扱っているデータでクラスタリング・グルーピングが適用可能なものを探せ.

(2)　クラスタリング・グルーピングを行うことでわかりそうなことや利点はなにか検討せよ.

> **ねらい**　実際の業務や研究においてどのようなデータがあり, 特徴抽出によって何が期待できるかを考える.

7.3 ● Python の基本操作と GPU

　この節では, Google Colaboratory（以下では, Google Colab と略記する）を利用した Python のプログラミングについて述べる. アルゴリズムを構成する四則計算・変数, 繰り返し処理, リスト, 条件分岐, 正規表現について述べた後, Numpy や PyTorch といったデータサイエンスを学習する上で欠かせない数値計算ライブラリの基本的な利用法について解説する. 読者が日々の研究や業務で活用できるように, 技術的な側面は極力触れず,「使え

るようになる」ことを前提として，説明する[6].

　Google Colab の基本的な利用方法について概要をまとめると下記のように
なる.

■Google Colab■　Google Colab は Python を Web ブラウザ上で実行す
るための環境で，講義と演習を組み合わせた講義形態を前提とした Python
プログラミング学習には大変有益なツールとなっている. Anaconda をイン
ストールした際に利用可能な Spyder とは少し異るが，Python プログラムが
どのように動くかということを簡単に確認しながら学習することができる.

■GPU の設定方法■　Google Colab で GPU (Graphic Processing Unit)
を利用するにはメニューの「ランタイム」を選択して「ランタイムのタイプ
を変更」と進み，「ハードウェアアクセラレータ」の「GPU」を選べばよい.
このような GPU は元々，画像処理用に開発されてきたが，近年では科学技
術計算，特に機械学習に用いられることが多いとされている.

■コードセル■　コードセルとは，Python のコードを書き込み実行するた
めのセルである. 実行するためには図 7.10 のような灰色のボックスにコー
ドを書く. 実行は，コードセルの左に表示される「実行ボタン」をクリック
するか，コードセルを選択した状態で Ctrl + Enter を押す.

図 7.10　コードセル

　図 7.11 のようなプログラムを書いて，それを実行するとターミナルウィ
ンドウなどに「Hello world」という表示が出力される. この print は，括
弧内に数字や引数を入力することで，それらを出力させるためのコマンドで
ある. 文字列を出力させたい場合には，文字列の両端に"を記載する必要が
ある.

---

[6] Python や分散・並列コンピューティングを用いた実例の解析については，まえがきで
記載したサポートサイトを参照されたい.

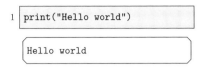

```
1  print("Hello world")
```

```
Hello world
```

図 7.11

7.3.1　Python の基本的な使用方法

◉**四則計算・変数**◉　　四則計算は図 7.12 のようにタイプすることで実装できる．次に，図 7.13 のように書くと変数を定義することになる．たとえば，1 行目で「a」という変数を生成し，これに「3」という数値を代入している．一般にプログラミング言語において「=」は「その右側と左側が等しい」という意味ではなく，「右側を左側に代入する」という意味で用いられる．

```
1  print(15 + 3) # 加法
2  print(10 - 2) # 減法
3  print(90 / 3) # 除法
4  print(51 * 4) # 乗法
```

```
18
8
30.0
204
```

```
1  a = 3 # a に 3 を代入
2  b = 15
3  print(a + b) # 加法
4  print(a - b) # 減法
5  print(b / a) # 除法
6  print(a * b) # 乗法
```

```
18
-12
5.0
45
```

図 7.12　四則計算　　　　　　　**図 7.13**　変数

◉**繰り返し処理**◉　　Python で繰り返し処理をするには for 文を使う．図 7.14 (a) のように書くと，

$$range(5)$$

に格納されている

$$0,\ 1,\ 2,\ 3,\ 4$$

という値が一行ごとに表示される．ところで，Python の場合，数字は 1 からではなく，0 から始まるため 0〜4 の値が格納されることとなる．

　繰り返し処理を実行する方法として，図 7.14 (b) のように while 文を利用

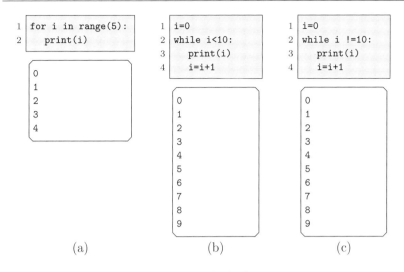

図 **7.14** 繰り返し処理

することも可能である．ここでは，while の右側に書いた条件が満たされる
場合のみ，下方の処理を繰り返すことになる．この場合，変数 i が 10 より
小さいとき処理が繰り返される．また，変数 i の値は while が 1 回実行さ
れるたびに 1 ずつ追加されている．その表記が，i = i + 1 である．これ
は，「変数 i に 1 を足した値を代入しろ」という命令となる．したがって，こ
の表記の前の変数 i に比べて，表記の後の変数 i は 1 だけ大きい値である．
また，while は図 7.14 (c) のようにして用いることもできる．この「!=」は
「この記号の右側と左側の値が等しくない」ということを意味する．ところ
で，for や while を記述した次の行は，⎡Tab⎤ で間隔（インデント）を開け
る必要がある．

●**リスト**●　複数個の値を代入することができる変数のことを Python では
リストとよぶ．図 7.15 (a) のように生成した変数「list_a」の要素にアクセ
スするには「list_a[0]」のようにリスト変数に添字を付ける．こうするこ
とで「list_a」に格納されている最初の値である「10」にアクセスできる．
また，図 7.15 (b) のような特別な変数も存在する．これをディクショナリと
よぶ．ディクショナリ変数には，キー (key) とそれに対応する値 (value) を
一組にして代入する．そして，キーの値 (January, February) を使ってディ

```
1  list_a=[10, 4, "aaa"]
2  print(list_a[0])
3  print(list_a[1])
4  print(list_a[2])
```

```
10
4
aaa
```

(a)

```
1  dict_a={'January':'1', 'February':'2
      '}
2  print(dict_a['January'])
3  print(dict_a['February'])
```

```
1
2
```

(b)

図 7.15　リスト

クショナリ変数 (1, 2) にアクセスすることで，そのキーに対応する値を取得
することができる．

● **条件分岐** ●　条件分岐を実装するために用いられる関数が if 文である．
図 7.16 は，キーが January であった場合（k=='January'），1 が表示され，
dict_a[k]=='2' の場合，February corresponds to 2 in dict_a. と表示され，
それら以外のすべての場合おいては，key is not January or February. と表
示するプログラムである．

```
1  dict_a={'January' : '1', 'February' : '2', 'May' : '5'}
2  for k in dict_a.keys():
3    if k == 'January':
4      print(dict_a[k])
5    elif dict_a[k] == '2':
6      print(k,"corresponds to",dict_a[k],"in dict_a.")
7    else:
8      print(k,"is not January or February.")
```

```
1
February corresponds to 2 in dict_a.
May is not January or February.
```

図 7.16　条件分岐

● **関数** ●　関数はあるプロセスの一群をまとめるための機能である．タイピ
ングしたプロセスを関数化することで，ソースコードの可読性が上がり，さ

らには処理に汎用性を与えることができる．同じ処理を変数の値だけを変えて何度も行いたい場合は同じ処理を何度も書くより，関数化して，必要なときにその関数を呼び出す，といったやり方が効率的である．

関数は，`def` を使って生成する．図 7.17 (a) のように func_1() という関数を作成し，それを main() の中で実行することができる．関数を作成する際に () が付属してるが，これは，引数（ひきすう，パラメータ）の受け渡しに使うためのものである．図 7.17 (b) のように書くと，Python という文字列が格納された変数 str_1 を関数 func_1() のパラメータとして関数が

```
1  def main():
2      func_1();
3
4  def func_1():
5      print("Hello")
6
7  main()
```

```
Hello
```

```
1  def main():
2      str_1 = "Python"
3      func_1(str_1);
4
5  def func_1(arg_1):
6      print("Hello", arg_1)
7
8  main()
```

```
Hello Python
```

(a)　　　　　　　　　　　　　　　(b)

```
1   def main():
2       numbers = [2, 4, 5, -2, 3]
3       result_1 = summation(numbers)
4       print(result_1)
5
6   def summation(arg_1):
7       sumvalue = 0
8       for number in arg_1:
9           sumvalue = sumvalue + number
10      return sumvalue
11
12  main()
```

```
12
```

(c)

図 7.17　関数

実行される．その後，`func_1()` 内では，パラメータ `str_1 == Python` を `func_1()` の中でのみ定義されるパラメータ変数である `arg_1` で受け取り それを利用して新たな処理が実行される．また，関数はその関数内で処理された結果の値を関数の呼び出し元に返すことができる．たとえば，図 7.17 (c) のように書くと，`summation()` の呼び出し元に対して，`summation()` で計算した結果が返ってくるので，その値を変数 `result_1` に格納すればその後の処理に利用することができる．

● **正規表現** ●　プログラミング言語は「正規表現」とよばれる文字列パターン表現方法をもつ．プログラミングで文字列を操作するための非常に強力なツールである．Python で正規表現を使用する場合は，re ライブラリを利用する．ここでは，re ライブラリの詳細を述べることはせず，利用方法について主に述べることにして，以下のような文を用いて正規表現を学ぶ．

> The Volatility Index Japan (VXJ) provides a measure of how volatile the Japanese stock market would be over the next month and it is based on Nikkei225 index options.

この文に存在するアラビア数字を抜き出したいとき，図 7.18 のようなプログラムを書く．このコードにおいて 4 行目の `\d+` が正規表現である．`\d` が「アラビア数字の任意の 1 文字」を表し，その後の `+` は「前の表現の 1 回以上の繰り返し」を意味している．すなわち，`\d+` は「1 つ以上のアラビア数字が連続した文字列」を意味する．関数 `re.findall()` は最初の引数に指定されたパターン（正規表現）を 2 番目で指定された文字列 (text) より検索して抽出するための役割を果たす．次に，図 7.19 のプログラムを実行すると，「大文字から始まり 1 字以上の小文字が続くアルファベットの列」が抜き出される．使用する正規表現において，`[A-Z]` は大文字，`[a-z]` は小文字を意味する．

```
1  import re
2  def main():
3      text = "The Volatility Index Japan (VXJ) provides a measure of ho
           w volatile the Japanese stock market would be over the next
           month and it is based on Nikkei225 index options."
4      liresult = re.findall("\d+", text)
5      print(liresult)
6
7  main()
```

```
['225']
```

図 7.18 テキストの抽出

```
1  import re
2
3  def main():
4      text = "The Volatility Index Japan (VXJ) provides a measure of ho
           w volatile the Japanese stock market would be over the next
           month and it is based on Nikkei225 index options."
5      liresult = re.findall("[A-Z][a-z]+", text)
6      print(liresult)
7
8  main()
```

```
['The', 'Volatility', 'Index', 'Japan', 'Japanese', 'Nikkei']
```

図 7.19 テキストの抽出

　図 7.20 のように，re.search() を用いると，文の最初 (^) にアラビア数字が含まれるかどうかを判定できる．

```
 1 import re
 2
 3 def main():
 4     text = "The Volatility Index Japan (VXJ) provides a measure of ho
               w volatile the Japanese stock market would be over the next
               month and it is based on Nikkei225 index options."
 5     if re.search("^\d", text):
 6         print("Yes")
 7     else:
 8         print("No")
 9
10 main()
```

No

図 7.20　テキストの判定

　図 7.21 のように,「(から始まり, 何らかの文字が 1 個以上連続し,) で終了する文字列」をすべて削除（何もないものに置換）することができる. 関数 re.sub() は第 3 引数の文字列から, 第 1 引数の文字列を同定し, それを第 2 引数の値で置換するためのものである. この場合, (と) をそれぞれ \(と \) のように表記しているが, これは (と) が正規表現のための記号として用いられるため, 正規表現としてそれらを利用したい場合には, そのための特別な表記としなければならないためである. この操作は,「エスケープする」と表現する. また, \w は「何らかの文字」, \s は「空白文字（スペースなど）」を意味する.

```
1  import re
2
3  def main():
4      text = "The Volatility Index Japan (VXJ) provides a measure of ho
           w volatile the Japanese stock market would be over the next
           month and it is based on Nikkei225 index options."
5      replaced_text = re.sub("\(\w+\)\s", "", text)
6      print(replaced_text)
7
8  main()
```

```
The Volatility Index Japan provides a measure of how volatile the
Japanese stock market would be over the next month and it is based
on Nikkei225 index options.
```

図 **7.21** テキストの置換

図 7.22 のように，関数 re.split() を利用すると「空白文字がひとつ以上連続した文字列 (\s+)」を区切り文字として分割することができる．これは文字列処理をする場合によく用いる関数である．

```
1  import re
2
3  def main():
4      text = "The Volatility Index Japan (VXJ) provides a measure of how
           volatile the Japanese stock market would be over the next mon
           th and it is based on Nikkei225 index options."
5      liresult = re.split("\s+", text)
6      print(liresult)
7
8  main()
```

```
['The', 'Volatility', 'Index', 'Japan', '(VXJ)', 'provides', 'a',
'measure', 'of', 'how', 'volatile', 'the', 'Japanese', 'stock',
'market', 'would', 'be', 'over', 'the', 'next', 'month', 'and',
'it', 'is', 'based', 'on', 'Nikkei225', 'index', 'options.']
```

図 **7.22** テキストの分割

● **ライブラリのインポート** ●　これまで関数を準備してプログラミングを便利にしてきたが，さまざまな便利な関数をまとめたライブラリが多く存在する．ここではそれらライブラリの使い方を紹介する．ライブラリは図 7.23 のように，import という表記によりプログラム中で使うことを宣言する．図 7.23 (a) では，statistics というモジュールを使うことを明示している．複数個のモジュールを呼び込むときは図 7.23 (b) のように書く．

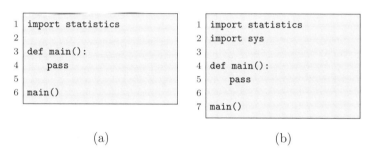

(a)   (b)

図 7.23　ライブラリのインポート

　たとえば，モジュール statistics を用いれば上で行った平均や標準偏差の計算は 1 行で可能である（図 7.21 (a)）．モジュールに入っている関数を使うときは「モジュール名.関数名 ()」という形式で実行可能である．また，モジュール math を用いれば数学で用いられるさまざまな関数を簡単に記述することができる（図 7.24 (b)）．

　これまでは Python にデフォルトで組み込まれているモジュールのみを使ってきたが，外部で用意されているモジュールを使うことも可能である．外部のモジュールはインストールしなければならないが，コマンドライン上で pip3 というコマンドを用いる．たとえば，数値計算を行うためのモジュール NumPy は以下のようにすることでインストールすることができる．現在使っている Python と pip3 が紐付いており，pip3 で外部からインストールしたライブラリを呼び出すことが可能である（図 7.25）．

```
1  import statistics
2
3  def main():
4      linumber=[1, 2, 3, 4, 5, 6, 7, 8]
5
6      print("mean:", statistics.mean(linumber))
7      print("sd:", statistics.stdev(linumber))
8
9  main()
```

```
mean: 4.5
sd: 2.449489742783178
```

(a)

```
1  import math
2
3  def main():
4      x=10
5      print("log_10:", math.log10(x))
6      print("log_2:", math.log2(x))
7      print("log_e:", math.log(x))
8
9      x=math.radians(180)  # 90度に対して単位をラジアンに変換
10     print(math.sin(x))
11     print(math.cos(x))
12     print(math.tan(x))
13
14 main()
```

```
log_10: 1.0
log_2: 3.321928094887362
log_e: 2.302585092994046
1.2246467991473532e-16
-1.0
-1.2246467991473532e-16
```

(b)

図 **7.24** 統計と数学モジュール

```
1  ! pip3 install numpy
```

```
Requirement already satisfired: numpy in /user/local/lib/python3.7/
dist-packages (1.19.5)
```

図 7.25

●**NumPy の基本的な使用方法**●　NumPy とは Python で利用可能な数値
計算のライブラリである．さまざまな計算をコマンド一行で実行可能であ
る．NumPy は図 7.26 のようにしてインポートする．読み込んだ NumPy
には np という略称を与えることが一般的である．

```
1  import numpy as np
2
3  def main():
4      pass
5
6  main()
```

図 7.26

　ベクトルは図 7.27 (a) のように生成する．要素の参照は通常の Python
配列と同じように扱うことが可能である（図 7.27 (b)）．ベクトルの四則
計算は図 7.27 (c) のようにする．NumPy は基本的に要素ごとに（これを
element-wise という）値を計算する．

```
1  import numpy as np
2
3  def main():
4      print(np.array([1, 2, 3]))
5
6  main()
```

```
[1 2 3]
```

(a)

```
1  import numpy as np
2
3  def main():
4      na = np.array([1, 2, 3])
5      print(na[2])
6
7  main()
```

```
3
```

(b)

```
1   import numpy as np
2
3   def main():
4       na = np.array([1, 2, 3])
5       nb = np.array([5, 7, 9])
6       print(na + nb)
7       print(na - nb)
8       print(na * nb)
9       print(nb / na)
10
11  main()
```

```
[ 6  9 12]
[-4 -5 -6]
[ 5 14 27]
[5.  3.5 3. ]
```

(c)

図 7.27　ベクトルの演算

　行列を生成するためにも，`np.array()` を利用する．さらに，行列のサイズは `.shape` によって確認することができる（図 7.28 (a)）．Numpy で生成した行列（以下，NumPy 配列）は図 7.28 (b) のようなアクセスの方法がある．行ごとまたは列ごとのアクセスである．図 7.28 (c) のようにすると行列に関するさまざまな統計値を得ることができる．図 7.28 (d) の `np.zeros()` や `np.ones()` を用いると引数で指定したサイズの，全要素が 0 または 1 の行列を生成することができる．

```
1  import numpy as np
2
3  def main():
4      na = np.array([[1, 2],
           [3, 4]])
5      print(na)
6      print(na.shape)
7
8  main()
```

```
[[1 2]
 [3 4]]
(2, 2)
```

(a)

```
1  import numpy as np
2
3  def main():
4      na = np.array([[1, 2],
           [3, 4]])
5      print(na[0,:])
6      print(na[:,1])
7
8  main()
```

```
[1 2]
[2 4]
```

(b)

```
1   import numpy as np
2
3   def main():
4       na = np.array([[1, 2],
            [3, 4]])
5       print(na.max())
6       print(na.min())
7       print(na.sum())
8       print(na.mean())
9       print(na.var())
10      print(na.std())
11
12  main()
```

```
4
1
10
2.5
1.25
1.118033988749895
```

(c)

```
1  import numpy as np
2
3  def main():
4      print(np.zeros((3,3)))
5      print(np.ones((4,4)))
6
7  main()
```

```
[[0. 0. 0.]
 [0. 0. 0.]
 [0. 0. 0.]]
[[1. 1. 1. 1.]
 [1. 1. 1. 1.]
 [1. 1. 1. 1.]
 [1. 1. 1. 1.]]
```

(d)

図 7.28　行列の演算

　四則計算は図 7.29 (a) のようにする．これもやはり，element-wise な計算
である．行列の掛け算は図 7.29 (b) のようにする．図 7.29 (c) のようにす
ると一様分布に従う乱数を生成することができる．図 7.29 の例は区間 [0, 1]

上の一様分布のものであるが，NumPy には一様分布以外にもたくさんの分布が用意されている．引数で指定するのは行列のサイズである．

```python
import numpy as np

def main():
    na = np.array([[1, 2],
        [3, 4]])
    nb = np.array([[5, 6],
        [7, 8]])
    print(na + nb)
    print(nb - na)
    print(na * nb)
    print(nb / na)

main()
```

```
[[ 6  8]
 [10 12]]
[[4 4]
 [4 4]]
[[ 5 12]
 [21 32]]
[[5.         3.         ]
 [2.33333333 2.         ]]
```

(a)

```python
import numpy as np

def main():
    na = np.array([[1, 2],
        [3, 4]])
    nb = np.array([[5, 6],
        [7, 8]])
    print(np.dot(na, nb))

main()
```

```
[[19 22]
 [43 50]]
```

(b)

```python
import numpy as np
np.random.seed(0)

def main():
    print(np.random.rand(3, 3))

main()
```

```
[[0.5488135  0.71518937 0.60276338]
 [0.54488318 0.4236548  0.64589411]
 [0.43758721 0.891773   0.96366276]]
```

(c)

図 **7.29**　行列の演算

　図 7.30 (a) のようにすると行列式と逆行列を計算することができる．正方行列に関する固有値，固有ベクトルは図 7.30 (b) のようにして求めることができる．

```
1  import numpy as np
2
3  def main():
4      na = np.array([[4, 15, 4], [-11, 5, 6], [2, 4, 8]])
5      print(np.linalg.det(na)) # 行列式
6      print(np.linalg.inv(na)) # 逆行列
7
8  main()
```

```
1348.0
[[ 0.01186944 -0.07715134  0.05192878]
 [ 0.07418398  0.01780415 -0.0504451 ]
 [-0.04005935  0.01038576  0.13724036]]
```

(a)

```
1  import numpy as np
2
3  def main():
4      na = np.array([[3, 4, 1, 4], [1, 2, 1, 1], [1, 1, 2, 1], [1, 1,
           1, 2]])
5      eigenvalue, eigenvector = np.linalg.eig(na)
6      print("eigenvalue",eigenvalue)
7      print("eigenvector",eigenvector)
8
9  main()
```

```
eigenvalue [0.45861873 6.54138127 1.         1.        ]
eigenvector [[-0.8983134  -0.82633465  0.68125794  0.80137532]
 [ 0.25366187 -0.32515178 -0.50330665  0.00189296]
 [ 0.25366187 -0.32515178 -0.45417196 -0.53425021]
 [ 0.25366187 -0.32515178  0.27622067 -0.26901807]]
```

(b)

図 7.30　固有値計算

7.3.2 PyTorch の基本的な使用方法

●テンソル●　PyTorch ではテンソルとよばれる NumPy の多次元配列に類似したデータ構造が用意されている．図 7.31 (a) の 1 行目で PyTorch をインポートし，2 行目では乱数のタネを 1 に固定している．5 行目のテンソルを生成するためのコマンドは torch.empty() で，引数の生成されるテンソルの次元数を指定する．また，一様分布に従うテンソル，全要素が 0 のテンソルはそれぞれ torch.rand() および torch.zeros() にて生成する．図 7.31 (b) のように配列より変換することもできる．dtype = torch.float

```
1  import torch
2  torch.manual_seed(1)
3
4  def main():
5      tx = torch.empty(3,3)
6      print(tx)
7
8  main()
```

```
tensor([[2.2111e-06, 3.0746e-41, 3.3631e-44],
        [0.0000e+00,        nan, 3.0746e-41],
        [1.1578e+27, 1.1362e+30, 7.1547e+22]])
```

(a)

```
1  import torch
2  torch.manual_seed(0)
3
4  def main():
5      tx = torch.tensor([2,
           4], dtype=torch.floa
           t)
6      print(tx)
7
8  main()
```

```
tensor([2., 4.])
```

(b)

```
1  import torch
2  torch.manual_seed(0)
3
4  def main():
5      tx = torch.tenso
           r([[2,4],[6,8]],dtyp
           e=torch.float)
6      print(tx.size())
7
8  main()
```

```
torch.Size([2, 2])
```

(c)

図 **7.31**　テンソル

を指定しているが，これはデータを float 型で扱うための指定である．深層学習を行う際にテンソルの掛け算を行うことがあり，その際にはテンソルのサイズを事前に確認しておきたいことがある．そのときは，図 7.31 (c) のように .size() を用いることで確認できる．

●**四則計算**●　テンソルの四則計算は図 7.32 (a) のように行う．NumPy と同じようにやはり element-wise な計算である．行列の積は図 7.32 (b) のように torch.matmul() を利用するのが楽である．

```
1  import torch
2  torch.manual_seed(0)
3
4  def main():
5      tx = torch.tensor([[2,
           4], [6, 8]], dtype=t
           orch.float)
6      ty = torch.tensor([[1,
           2], [3, 4]], dtype=t
           orch.float)
7      print(tx + ty)
8      print(tx - ty)
9      print(tx * ty)
10     print(tx / ty)
11
12 main()
```

```
tensor([[ 3.,  6.],
        [ 9., 12.]])
tensor([[1., 2.],
        [3., 4.]])
tensor([[ 2.,  8.],
        [18., 32.]])
tensor([[2., 2.],
        [2., 2.]])
```

(a)

```
1  import torch
2  torch.manual_seed(0)
3
4  def main():
5      tx = torch.tensor([[2,
           4], [6, 8]], dtype=t
           orch.float)
6      ty = torch.tensor([[1,
           2], [3, 4]], dtype=t
           orch.float)
7      print(torch.matmul(tx, t
           y))
8
9  main()
```

```
tensor([[14., 20.],
        [30., 44.]])
```

(b)

図 7.32　四則計算

●**変数の計算**●　PyTorch では「NumPy 配列」，「テンソル」，「GPU 上（CUDA を利用する際の）のテンソル」，この 3 つの変数のタイプを自由に変換することが可能である．しかしながら，NumPy 配列から直接 GPU 上

のテンソルへの変換はできない．図 7.33 のプログラムにおいて，6 行目は
NumPy 配列を生成し，8 行目はその NumPy 配列をテンソルに変換する．
さらに，NumPy 配列に戻すためには 10 行目のように `.numpy()` を利用す
る．12 行目では CUDA のデバイスを定義している．この環境で GPU を
利用するには画面上のメニュー「ランタイム」から「ランタイムのタイプを
変更」と進み，「ハードウェアアクセラレータ」の「GPU」を選択する．定
義したデバイスに変数を送るには `.to()` を利用する．

```
 1  import torch
 2  torch.manual_seed(0)
 3  import numpy as np
 4
 5  def main():
 6      na = np.ones(5)
 7      print("NumPy:", na)
 8      ta = torch.tensor(na, dtype=torch.float)
 9      print("Torch:", ta)
10      na = ta.numpy()
11      print("NumPy:", na)
12      device = torch.device("cuda")
13      ca = ta.to(device)
14      print("CUDA:", ca)
15      ta = ca.to("cpu", dtype=torch.float)
16      print("Torch:", ta)
17
18  main()
```

```
NumPy: [1. 1. 1. 1. 1.]
Torch: tensor([1., 1., 1., 1., 1.])
NumPy: [1. 1. 1. 1. 1.]
CUDA: tensor([1., 1., 1., 1., 1.], device='cuda:0')
Torch: tensor([1., 1., 1., 1., 1.])
```

図 7.33　変数の計算

● **勾配の計算** ●　深層学習の最も基本的な構成要素は行列の掛け算と微分で
ある．

　テンソル型の変数を生成する際に，`requires_grad=True` を追加するだ
けである（図 7.34）．ここで，具体的な問題として以下の関数を考えること

```
1  import torch
2
3  def main():
4      tx = torch.tensor(5, dtype=torch.float, requires_grad=True)
5      print(tx)
6
7  main()
```

```
tensor(5., requires_grad=True)
```

図 7.34

にする.

$$y = x^2 + 2$$

この関数を微分すると,

$$\frac{\mathrm{d}y}{\mathrm{d}x} = 2x$$

となる. よって $x = 5$ のときの微分係数は 10 となる. これを PyTroch で実装すると図 7.35 のようになる. 1 行目で x に 5 が代入され, 5 行目で y が与えられ, 微分は 6 行目のように backward() によって行う.

```
1  import torch
2
3  def main():
4      tx = torch.tensor(5, dtype=torch.float, requires_grad=True)
5      ty = tx**2 + 2
6      ty.backward()
7      print(tx.grad)
8
9  main()
```

```
tensor(10.)
```

図 7.35

この程度の微分だと Pytorch のライブラリはさほど有難くないかもしれないが, 以下のような計算となると, 随分と便利であることがわかる. ここで

は, 1 行 2 列の行列 ts と 2 行 2 列の行列 tt と 2 行 2 列の行列 tu と 2 行 1 列
の行列を順に掛けることで, 最終的に 1 行 1 列の行列の値, すなわちスカラー
値 ty を得る. tv を tt および tu で微分した値を 15, 16 行目で計算し, 出力
させている. その際, tt および tu の各成分を変数と置き換えてから微分し,
その後で tt および tu の各成分の値を代入することで微分係数を求めている.

```python
import torch

def main():
    # 行列の定義
    ts = torch.tensor([[1, 1]], dtype=torch.float)
    tt = torch.tensor([[2, 4], [6, 8]], dtype=torch.float, requires_g
        rad=True)
    tu = torch.tensor([[1, 2], [3, 4]], dtype=torch.float, requires_g
        rad=True)
    tv = torch.tensor([[1], [1]], dtype=torch.float)
    # 行列の計算
    ta = torch.matmul(ts, tt)
    tb = torch.matmul(ta, tu)
    tc = torch.matmul(tb, tu)
    ty = torch.matmul(tc, tv)
    ty.backward()
    print(tt.grad)
    print(tu.grad)

main()
```

```
tensor([[17., 37.],
        [17., 37.]])
tensor([[ 68., 100.],
        [100., 148.]])
```

図 7.36

次に, 以下の関数の極小値を勾配法を用いて求めることを考える.

$$y = (x+1)^2 + 2$$

初期パラメータを $x_0 = 1.6$ とし, 極小値を探索する. これは解析的に解く
のはとても簡単で, 括弧の中が 0 になる値, すなわち $x = -1$ のとき, 極小
値 $y = 2$ をとる. これを PyTorch を用いて実装すると図 7.37 のようにな

```
 1  import torch
 2
 3  def main():
 4      tx = torch.tensor(1.6, dtype=torch.float, requires_grad=True)
 5      epoch, update_value, lr = 1, 5, 0.1
 6      while abs(update_value) > 0.001:
 7          ty = (tx + 1)**2 + 2
 8          ty.backward()
 9          with torch.no_grad():
10              update_value = lr * tx.grad
11              tx = tx - update_value
12              print("Epoch␣{:4d}:\tObjective␣=␣{:5.3f}\tSolution␣=␣{:7.4
                    f}".format(epoch, ty, tx.numpy()))
13          tx.requires_grad = True
14          epoch = epoch + 1
15
16  main()
```

```
Epoch    1: Objective = 8.760 Solution =   1.0800
Epoch    2: Objective = 6.326 Solution =   0.6640
Epoch    3: Objective = 4.769 Solution =   0.3312
Epoch    4: Objective = 3.772 Solution =   0.0650
Epoch    5: Objective = 3.134 Solution = -0.1480
Epoch    6: Objective = 2.726 Solution = -0.3184
Epoch    7: Objective = 2.465 Solution = -0.4547
Epoch    8: Objective = 2.297 Solution = -0.5638
Epoch    9: Objective = 2.190 Solution = -0.6510
Epoch   10: Objective = 2.122 Solution = -0.7208
Epoch   11: Objective = 2.078 Solution = -0.7767
Epoch   12: Objective = 2.050 Solution = -0.8213
Epoch   13: Objective = 2.032 Solution = -0.8571
Epoch   14: Objective = 2.020 Solution = -0.8857
Epoch   15: Objective = 2.013 Solution = -0.9085
Epoch   16: Objective = 2.008 Solution = -0.9268
Epoch   17: Objective = 2.005 Solution = -0.9415
Epoch   18: Objective = 2.003 Solution = -0.9532
Epoch   19: Objective = 2.002 Solution = -0.9625
Epoch   20: Objective = 2.001 Solution = -0.9700
Epoch   21: Objective = 2.001 Solution = -0.9760
Epoch   22: Objective = 2.001 Solution = -0.9808
Epoch   23: Objective = 2.000 Solution = -0.9847
Epoch   24: Objective = 2.000 Solution = -0.9877
Epoch   25: Objective = 2.000 Solution = -0.9902
Epoch   26: Objective = 2.000 Solution = -0.9921
Epoch   27: Objective = 2.000 Solution = -0.9937
Epoch   28: Objective = 2.000 Solution = -0.9950
Epoch   29: Objective = 2.000 Solution = -0.9960
Epoch   30: Objective = 2.000 Solution = -0.9968
```

図 7.37

る．出力中，`Objective` は関数の値，`Solution` はその時点での解である．
最終的に $x = -0.9968 \fallingdotseq -1$ のとき，最適値 $y = 2$ が出力されている．4 行
目で最初のパラメータを発生させている．通常は乱数によってこの値を決め
るが，ここでは 1.6 とする．次の 5 行目では，最初のエポック（勾配法の反
復回数），ty の更新された値，勾配法におけるステップサイズを定義する．
6 行目は終了条件である．以上のような凸関数においては勾配の値が 0 にな
る点が本当の最適値ではあるが，計算機的には `uddate_value` を更新する値
が大体 0 になったところで計算を打ち切る．この場合，「大体 0」を「0.001」
とした．7 行目は目的の関数，8 行目で微分をしている．11 行目の計算で x
を更新する．これが上述の勾配降下法の式である．9 行目はその更新値を計
算するためのものである．また，値の更新によって `requires_grad=True`
が消えてしまうため（PyTorch の仕様），12 行目で再度追加する．

節末問題

7.3　`https://archive.ics.uci.edu/ml/machine-learning-databases/`
`iris/iris.data` からアヤメのデータをダウンロードし，「外花被片の長さ」・
「外花被片の幅」・「内花被片の長さ」・「内花被片の幅」・「アヤメの種類」に
対して回帰分析，主成分分析，因子分析を行った後，機械学習により「アヤ
メの種類」を分類せよ．特に，機械学習を行う際にはニューラルネットワー
ク，サポートベクターマシン，ランダムフォレスト，ロジスティック回帰[7]
を用いよ．当該設問を進める上で，Scikit-Learn などの必要と思われるライ
ブラリを適宜，インポートせよ．

ねらい　ここでの一連の解析をプログラミングできるようになると，有名なデー
タセットである MNIST (Mixed National Institute of Standards and Technology
database) などを解析することができるようになる．MNIST は縦横 28 ピクセル，
合計 784 ピクセルよりなる画像データで，画像には手書きの 1 桁の数字（0 から 9）
が含まれている．公式 Web サイトでは，学習データセット 6 万個とテストデータ
セット 1 万個，全部で 7 万個の画像からなるデータセットが無償で提供されている
が Scikit-Learn の datasets にも準備されている．アヤメや MNIST のデータに対し

---

[7] いずれも本書姉妹編（基礎）で扱う．

て回帰分析，主成分分析，因子分析，機械学習などを行うことで，一連のデータ解析手法を身に着けることになる.

参考文献

● 和書

[1] 大槻兼資 著，秋葉拓哉 監修『問題解決力を鍛える！ アルゴリズムとデータ構造（KS 情報科学専門書）』講談社，2020

[2] 斎藤康毅 著『ゼロから作る Deep Learning —Python で学ぶディープラーニングの理論と実装』オライリージャパン，2016

[3] 汐崎陽 著『情報・符号理論の基礎（第 2 版）』オーム社，2019

[4] 数理人材育成協会 編『データサイエンス リテラシー 〜 モデルカリキュラム準拠』培風館，2021

[5] 鈴木貴 著『数理腫瘍学の方法—計算生物学入門』培風館，2020

[6] 鈴木貴 著『数理医学入門（共立講座 数学の輝き 1）』共立出版，2015

[7] 中村真志 著『アフター・ビットコイン —仮想通貨とブロックチェーンの次なる覇者 』新潮社，2017

[8] 西川仁・佐藤智和・市川治 著，清水昌平 編『テキスト・画像・音声データ分析（データサイエンス入門シリーズ）』講談社，2020

[9] 藤原暁宏 著『はじめて学ぶオートマトンと言語理論』森北出版，2015

[10] 松村優哉・湯谷啓明・紀ノ定保礼・前田和寛 著『R ユーザのための RStudio［実践］入門—tidyverse によるモダンな分析フローの世界—』技術評論社，2018

[11] 三石大・吉廣卓哉・白鳥則郎 著『データベース：ビッグデータ時代の基礎（未来へつなぐデジタルシリーズ）』共立出版，2014

● 洋書

[12] Davis, R., *Business Process Modelling with ARIS: A Practical Guide*, Springer, 2000.

[13] Lander, P. J., *R for Everyone: Advanced Analytics and Graphics, 2nd Edition*, Addison-Wesley Professional, 2017.（高柳慎一・津田真樹・牧山幸史・松村杏子・簑田高志 訳『みんなの R 第 2 版』マイナビ出版，2018）

[14] Norvig, P. and Russell, S., *Artificial Intelligence: A Modern Approach,*

Global Edition, Pearson Education Limited, 2021.

[15]   Patterson, J. and Gibson, A., *Deep Learning: A Practitioner's Approach*, O'Reilly Media, 2017.（本橋和貴・牧野聡・新郷美紀 訳『詳説 Deep Learning — 実務者のためのアプローチ』オライリージャパン，2019）

[16]   Seidlmeier, H., *Process Modeling with ARIS: A Practical Introduction*, Vieweg+Teubner, 2004.

● 論文

[17]   Binder, A., Montavon, G., Lapuschkin, S., Müller, K. R., and Samek W., Layer-Wise Relevance Propagation for Neural Networks with Local Renormalization Layers, *Artificial Neural Networks and Machine Learning - ICANN 2016 - 25th International Conference on Artificial Neural Networks*, **9887**, 63–71, 2016.

[18]   Dudík, M., Erhan, D., Langford, J., and Li L., Doubly Robust Policy Evaluation and Optimization, *Statistical Science*, **4**, 485–511, 2014.

[19]   Krizhevsky, A., Sutskever, I., and Hinton, G. E., ImageNet Classification with Deep Convolutional Neural Networks, *Proceedings of the 25th International Conference on Neural Information Processing Systems*, **1**, 1097–1105, 2012.

[20]   Le, Q. V., Ranzato, M., Monga, R., Devin, M., Chen, K., Corrado, G. S., Dean, J., and Ng, A. Y., Building High-Level Features Using Large Scale Unsupervised Learning, *Proceedings of the 29th International Conference on Machine Learning*, 507–514, 2012.

[21]   Lundberg, S. M. and Lee, S. I., A Unified Approach to Interpreting Model Predictions, Proceedings of the 31st International Conference on Neural Information Processing Systems, 4768–4777, 2017.

[22]   Ribeiro, M. T., Singh, S., and Guestrin, C., "Why Should I Trust You?": Explaining the Predictions of Any Classifier, *Proceedings of the 22nd ACM SIGKDD International Conference on Knowledge Discovery and Data Mining*, 1135–1144, 2016.

[23]   Szegedy, C., Vanhoucke, V., Ioffe, S., Shlens, J., and Wojna, Z., Rethinking the Inception Architecture for Computer Vision, *2016 IEEE Conference on Computer Vision and Pattern Recognition (CVPR)*, 2818–2826, 2016.

[24]   Wickham, H., Tidy Data, *Journal of Statistical Software*, **59**, 1–23, 2014.

あとがき

　今，大学では初等・中等教育の改革と連動した形で，数理・データサイエンス・AI のリテラシーと応用基礎のカリキュラムが広められている．一方で，社会人教育も急務な課題である．急速に進行する少子高齢化と相まって，男女を問わず，産業を担うべく 30 代に，また人生を再定義すべく 50 代に大学に改めて籍を置く人も見受けられる．Society 5.0 を牽引するために，年間 2,000 人の新たな数理・データサイエンス・AI エキスパート人材の輩出が必要であるとされる．本書が扱うのはエキスパートを含む，独り立ちレベル人材育成のための教材である．

　大阪大学に数理・データ科学教育センター MMDS が発足したのは 2015年 10 月である．以来，文理融合・数理モデル・データ科学に関する大学院前期課程での学際プログラム，全学部生を対象とした数理・データサイエンス・AI カリキュラム，関西地区 6 大学と連携し，大学院後期課程と博士取得社会人を対象としたデータ関連人材育成事業を通して，大学でのデータサイエンス教育のカリキュラム開発と実践を行ってきた．

　MMDS が社会人教育に関わるのは 2019 年からである．厚生労働省の委託を受け 2 年間にわたり，「データサイエンスを活用した分野」における小人数リカレント授業のための標準カリキュラム「基礎コース」「応用コース」を開発するとともに，経済団体・自治体・企業・学界・研究所・大学から 12名の委員を招へいして検討委員会を開催し，300 余社からの企業アンケートを回収してニーズとシーズの調査に務めた．この間，数理人材育成協会（HRAM）は社会人を対象としたパイロット授業を実施し，コンテンツ制作をサポートした．これらのコンテンツ（動画）は，厚生労働省の HP からアクセスすることが可能である．本書はこのうちの「応用コース」をもとに，配列を適宜組み替え，コラムを入れて，自習が容易となるように工夫したものである．

　「応用コース」パイロット授業の修了判定会では，受講生がメンターの指

導を受けて社会人として対面する課題に取り組んだ研究発表を行い，ウェブを活用して活発に討論する様子が垣間見られた．

　本書は経産省スキル項目に準拠して配列したが，各節はほぼ独立している．HRAM 応用コースでは社会人が動機を持続できるように，概念的なものからより実践的なものに移行するように順番を替えて授業をしている．毎週オンデマンド教材 2 コマ視聴で 90 分を体験してもらったあと，本書章末問題を使ったオンライン演習 90 分で，課題提示，自習，グループ分け，グループワーク，グループ発表，解説・講評を実施する．全 20 週，合計 60 時間のコースである．

　現在，HRAM は大学低学年次（リテラシー），高学年次（応用基礎）でのデータサイエンス科目に対応して，「初級コース」「AI コース（予定）」を開講しているが，「基礎コース」はこれらのコースと「応用コース」をつなぎ，体系化したデータサイエンスのコースを提供するもので，まえがきに述べた本書の姉妹編である『データサイエンティスト教程　基礎』は，その教科書となる．

　実際に，個々のデータの特性を見極め，必要な情報を取り出すさまざまな技法に習熟していることが，データサイエンティストの基盤技術であり，これらの方法を適切に使用するためには，ツールが活用できるだけでなく，統計学の基礎理論を理解しておくことが有用である．さらに統計学の理論をよりよく理解するためには，上記姉妹編で扱う多変数の微積分，最適化，微分方程式，ベクトル空間，行列の特異値分解，確率と確率分布，正規分布のような数学基礎が有効である．HRAM 初級コース教科書である [4] では，記述統計，推定・検定，時系列解析，多変量解析の初歩について扱い，データサイエンスへの導入を図っているが，上記基礎コースではこれらの項目をより深め，相関と回帰，最尤推定とベイズ推定，統計的パターン認識，統計的検定，重回帰分析，一般化線形モデル，主成分分析，クラスター分析，ベイジアンネットワーク，EM アルゴリズム，隠れマルコフ・カルマンフィルタ，サポートベクターマシン，暗号と認証の各項目について教授し，教育実践している．MMDS が製作し，厚生労働省に納めた基礎コース，応用コースの音声動画コンテンツは同省 HP[※8]で公開される予定である．

※8 https://www.mhlw.go.jp/stf/seisakunitsuite/bunya/koyou_roudou/
jinzaikaihatsu/program_development_list.html

　まえがきにも記載したが，幸い HRAM「応用コース」はその後，経済産業省による「第4次産業革命スキル習得講座」に引き続き厚生労働省による「専門実践教育訓練給付制度有効指定講座」に認定された．読者諸氏には，本書を通して最先端のデータサイエンスを概観されるとともに，さらに実践に向けた動機を得られることを期待している．

　本書の編集にあたり学術図書出版社の貝沼稔夫氏に多大のご尽力をいただいた．ここに謝意を表する．

令和3年8月吉日

鈴木　貴　（編者）

索　　引

編者	鈴木 貴	大阪大学特任教授，数理人材育成協会代表理事
著者	松原 繁夫	大阪大学特任教授
	高野 渉	大阪大学特任教授
	下川 和郎	大阪大学特任准教授
	中村 直俊	大阪大学特任准教授
	中澤 嵩	大阪大学准教授
	上阪 彩香	大阪大学特任助教

データサイエンティスト教程　応用

2021 年 9 月 20 日　　第 1 版　第 1 刷　印刷
2021 年 10 月 10 日　　第 1 版　第 1 刷　発行

編　　集	一般社団法人 数理人材育成協会	
発 行 者	発 田 和 子	
発 行 所	株式会社	学術図書出版社

〒113-0033　東京都文京区本郷 5 丁目 4 の 6
TEL 03-3811-0889　振替 00110-4-28454
印刷　三松堂（株）